Sonja Veelen

HOCHSTAPLER

Wie sie uns täuschen. Eine soziologische Analyse

Tectum Verlag

Sonja Veelen

HOCHSTAPLER
Wie sie uns täuschen. Eine soziologische Analyse

© Tectum Verlag Marburg, 2012
ISBN: 978-3-8288-2932-9

Umschlagabbildung: © Kolibra - Fotolia.com |
Umschlaggestaltung: Ina Beneke | Tectum Verlag   ·
Lektorat: Gerrit Köhler
Grafische Überarbeitung: Andreas Thies
Druck und Bindung: Schaltungsdienst Lange, Berlin
Printed in Germany

Besuchen Sie uns im Internet
www.tectum-verlag.de

Bibliografische Informationen der Deutschen Nationalbibliothek
Die Deutsche Nationalbibliothek verzeichnet diese Publikation in der
Deutschen Nationalbibliografie; detaillierte bibliografische Angaben sind
im Internet über http://dnb.ddb.de abrufbar.

„Sie müssen, um in einer solchen Rolle bestehen zu können, eigentlich nichts können, sondern was sein."

Gert Postel, Hochstapler

Inhalt

Einleitung

Als Ende der 1990er Jahre bekannt wurde, dass Gert Postel, Postbote ohne medizinische Vorbildung, knapp zwei Jahre lang leitender Oberarzt in der psychiatrischen Abteilung eines sächsischen Krankenhauses war, ging dieser „Fall" durch die Medien: Wie war so etwas nur möglich? Wie konnte eine solche Scharade so lange Zeit unentdeckt bleiben? Bis heute hat das Interesse an diesem Hochstapler nicht nachgelassen. Immer wieder berichtet er in Lesungen, Vorträgen, TV-Reportagen und Interviews, wie er die Menschen damals genarrt hat[1].

Zu noch größerer Berühmtheit hat es der Schuster Wilhelm Voigt gebracht, der am 16. Oktober 1906 als Hauptmann verkleidet das Köpenicker Rathaus besetzte. Seine Geschichte ging um die ganze Welt, wurde mehrfach verfilmt und literarisch aufbereitet[2]; ebenso die Geschichte des jugendlichen Scheckbetrügers und Hochstaplers Frank Abagnale, die durch Steven Spielbergs Verfilmung *Catch Me If You Can* (2002) bekannt wurde. Es folgten der Dokumentarfilm *Die Hochstapler*, der 2006 bundesweit in die Kinosäle kam – darin berichten Peter Groth, Jürgen Harksen, Torsten Schmitt und Mark Z. über ihre vermeintlichen Hochstapeleien[3] – und 2009 das Drama *So glücklich war ich noch nie*, das den fiktiven Hochstapler und Betrüger Frank (Devid Striesow) bei seinem Wechselspiel von Identitäten begleitet[4].

Das soziale Phänomen der Hochstapelei erfreut sich offensichtlich großer öffentlicher und medialer Aufmerksamkeit – und polarisiert.

---

1 Eine schöne Übersicht über seine Medienpräsenz liefert die Gert-Postel-Fanhomepage: http://www.gert-postel.de. Siehe auch: Dokumentation „Hochstapler: Von professionellen Lügnern und Betrügern" vom 25.01.2011 bei SPIEGEL TV.

2 Exemplarisch seien genannt die Edition *Der Hauptmann von Köpenick: Ein deutsches Märchen in drei Akten* von Carl Zuckmayer, das als Taschenbuch bei Fischer in den Jahren 1961,1964, 1973, 1977, 1984, 1991, 2006 und 2008 erschienen ist, sowie die gleichnamige Verfilmung aus dem Jahre 1956 mit Heinz Rühmann in der Hauptrolle (Regisseur: Helmut Käutner).

3 Wir werden später sehen, dass es sich bei den Vieren größtenteils um Betrüger handelt, aber die Wahl des Titels markiert das öffentliche Interesse an dem Phänomen namens Hochstapelei.

4 Verwiesen sei auch auf die TV-Produktion *Gier: Der Fall des Hochstaplers Dieter Glanz*, die ebenfalls 2009 ausgestrahlt wurde.

Denn einerseits entfesseln Hochstapler Wut und Empörung, andererseits erhalten sie Sympathien und Bewunderung. Die Fragen, die sie durch ihre Taten aufwerfen, sind jedoch stets die gleichen: Wie gelingt es Hochstaplern, so überzeugend zu sein? Wieso fallen sie nicht auf? Sind ihre „Opfer" so leicht zu täuschen gewesen oder gehen Hochstapler so geschickt vor, dass wir selbst auch darauf hereingefallen wären? Die alles entscheidende Frage, deren Antwort vermeintlichen Schutz vor den Machenschaften der Hochstapler gewährt, lautet also: Welche Tricks wenden Hochstapler an, um ihre gefälschte Identität so überzeugend darzustellen?

Mit der Beantwortung dieser Frage hat sich vor allem die Populärwissenschaft auseinandergesetzt; zahlreiche belletristische Erzählungen berichten satirisch, komisch oder kriminalistisch über die oft amüsantdreisten Taten der Hochstapler[5]. Auch einige (ehemalige) Hochstapler wissen Ihre Taten literarisch zu vermarkten und berichten als Experten über ihr „Handwerk"[6]. Nicht selten erhält der Leser dabei Tipps, wie er sich selbst in der Kunst des Hochstapelns schulen kann[7].

Auch in der Forschung wurde Hochstaplern einige Aufmerksamkeit entgegengebracht. So haben beispielsweise verschiedene Kriminologen und Psychologen versucht, dem geistigen Zustand des Hochstaplers auf die Schliche zu kommen, den Hochstapler begrifflich zu fassen und seine Taten zu analysieren[8]. Die Literaturwissenschaft hat sich vor allem an Thomas Manns Werk *Bekenntnisse des Hochstaplers Felix Krull* abgearbeitet, aber Täuschung und Hochstapelei auch in anderen deutschsprachigen Romanen untersucht[9].

Jedoch in der Soziologie, die sich als Disziplin versteht, die die allgemeine gesellschaftliche Ordnung zu erklären versucht, und als solche

---

5 Stellvertretend genannt und verwiesen sei hier auf das neuere Werk von Hans A. Poigneé (*Betrüger und Hochstapler: Satirische Einblicke in eine rare Spezies*, 2010) sowie auf den „Klassiker" von Egon Larsen (*Hochstapler. Die Elite der Gaunerwelt*, 1986).

6 Zum Beispiel: Frank Abagnale (*Mein Leben auf der Flucht*, 2003), Jürgen Harksen (*Wie ich den Reichen ihr Geld abnahm*, 2010), Gert Postel (*Doktorspiele*, 2003 und *Die Abenteuer des Dr. Dr. Bartholdy. Ein falscher Amtsarzt packt aus*, 1985).

7 Explizit zum Beispiel bei Serner 1981 und Flynn 1987.

8 Vgl. zum Beispiel Abraham 1925, Blum 2010, Deutsch 1955 und 1965, Kets de Vries 2004, Gedimann 1985, Grünberg 2007,Rattner 1996a, 1996b, Schilling 1957 und Wulffen 1923.

9 Vgl. z.B. Kern 2004.

Erkenntnisse bezüglich dieser speziellen Durchbrechung der gesellschaftlichen Ordnung liefern könnte, sind die Hochstapler bislang ein nahezu unbeschriebenes Blatt geblieben: In soziologischen Lexika sucht man vergebens nach den Begriffen „Hochstapler" und „Hochstapelei"; kein spezieller Forschungszweig weist den Weg zu bereits vorliegenden Untersuchungen oder Abhandlungen über sie. Allenfalls im Zusammenhang mit Phänomenen wie Betrug, Schwindel und Identitätsfälschung wird dem Hochstapler eine Randnotiz gewidmet. Diesen Zustand soll das vorliegende Buch[10] ändern und die Forschungslücke über dieses Aufmerksamkeit erregende gesellschaftliche Phänomen füllen. Zu diesem Zweck wird eine soziologische Begriffsdefinition des Hochstaplers entwickelt und ein Konzept über die Techniken zur Herstellung dieser gefälschten Identität entworfen. Dieses Konzept erhebt keinen Anspruch auf Vollständigkeit, aber es versteht sich als Basis, auf der weitere Forschung betrieben werden kann.

Da im Fokus der Analyse einzig die Frage stehen soll, mit welchen Techniken der Hochstapler seine gefälschte Identität herstellt, werden Fragen und Urteile bezüglich seiner psychischen Verfassung ausgeklammert. Ebenso unbeachtet bleibt die Intention des Hochstaplers, da die technische Umsetzung einer Hochstapelei unabhängig von ihrem Zweck ist. Auch eine Beleuchtung juristischer, ethischer und moralischer Bewertungen der hochstaplerischen Taten kann in diesem Sinne nicht zielführend sein und ist daher nicht Gegenstand der Betrachtung. Lediglich für eine erste Annäherung an den Gegenstand sollen psychologische, juristische oder auch populärwissenschaftliche Erkenntnisse herangezogen werden.

Es handelt sich also nicht intentionell um eine Anleitung zur Hochstapelei (obschon sich einige hilfreiche Tricks für Anwärter ableiten lassen werden), vielmehr soll dem Leser und der Leserin[11] eine analytische

---

[10] Diese Abhandlung basiert auf einer 2007 eingereichten Diplomarbeit (Originaltitel: *Techniken zur Herstellung gefälschter Identität. Eine soziologische Analyse der Hochstapelei.*), die auf mehrfachen Wunsch hin nun (leicht überarbeitet) veröffentlicht wurde.

[11] Die Leserinnen und Leser mögen mir verzeihen, dass der besseren Lesbarkeit wegen im Weiteren auf eine Doppelausweisung beider Geschlechter verzichtet wird. Das heißt, obwohl jeweils von dem Hochstapler und dem Täuscher etc. die Rede sein wird, sind inhaltlich und gedanklich auch jeweils die Hochstaplerinnen und Täuscherinnen etc. gemeint.

„Brille" gereicht werden, durch die sich röntgenartig die tieferliegenden Strukturen der Mechanismen und Techniken der Hochstapelei erkennen und verstehen lassen.

Bevor die eingangs gestellte Frage, mit welchen Techniken ein Hochstapler seine falsche Identität herzustellen vermag, beantwortet werden kann, muss geklärt werden, was unter einem Hochstapler zu verstehen ist. Zu diesem Zweck wird der Gegenstand der Betrachtung zunächst näher beleuchtet, von ähnlichen Phänomenen abgegrenzt, und es wird eine Definition erstellt, die die Grundlage für die weitere Analyse bildet. Anhand dieser kann – vor allem im Rückgriff auf Überlegungen des Soziologen Pierre Bourdieu – ermittelt werden, welche Techniken ein Hochstapler per definitionem anwenden muss, um als solcher zu gelten, und welche weiteren technischen Anforderungen sich dadurch für ihn ergeben. Durch das Aufzeigen einiger „Schwachstellen" der Gesellschaft wird der Blick auf mögliche „Schlupflöcher" für die Hochstapelei gerichtet. (TEIL 1)

Über die Metapher der Schauspielkunst und Konzepte des Soziologen Erving Goffman werden im nächsten Kapitel ein griffiges Instrumentarium zur Beschreibung der Hochstapelei erarbeitet und Basistechniken der Hochstapelei transparentgemacht. Für die Ermittlung weiterer und diffizilerer Techniken der Hochstapelei werden neben populärwissenschaftlichen Ideen auch Konzepte aus der Sozialpsychologie herangezogen und auf ihre Nutzbarkeit für den Hochstapler theoretisch untersucht. Schließlich gibt es einige Überlegungen zu der Frage, welche Hilfsmittel dem Hochstapler für seine Täuschung nützlich sind und wie er sie beschafft. (TEIL 2)

Um die theoretisch erarbeiteten Ergebnisse auf ihre Nutzbarkeit hin zu überprüfen, gegebenenfalls zu erweitern und ihre praktische Anwendung zu veranschaulichen, folgt eine exemplarische Filmanalyse entlang eines zu diesem Zweck erarbeiteten Leitfadens. (TEIL 3)

Die daran anknüpfende Interpretation eines von der Autorin selbst geführten Interviews mit dem Hochstapler Gert Postel wird die bisher gewonnen Ergebnisse um weitere Erkenntnisse aus der Empirie ergänzen. (TEIL 4)

In der Schlussbetrachtung wird es schließlich darum gehen, die Ergebnisse zusammenzufassen und einen Ausblick auf mögliche und erforderliche Anschlussforschung zu geben. (TEIL 5)

TEIL 1: BASISWISSEN ZUR HOCHSTAPELEI

Wer oder was ist ... der Hochstapler?

Die Hochstapler und ihre Hochstapeleien sind in den Sozialwissenschaften ein weitgehend vernachlässigtes Thema. Vergeblich sucht man in soziologischen Lexika nach dem Stichwort „Hochstapler" oder „Hochstapelei" (vgl. z.b. Bernsdorf 1969; Endruweit 2002; Fuchs-Heinritz 1995; Hartfiel 1972; König 1980; Reinhold 1997; Schöck 1975; Vierkandt 1982). Lediglich im Zusammenhang mit Abhandlungen über Täuschung und Betrug, über Akteure, die versuchen, eine falsche Identität vorzuspiegeln, werden Hochstapler am Rande erwähnt (vgl. z.B. Goffman 1991: 56 und Ottermann 1998: 87).

Will man ihnen, wie es das Vorhaben dieser Untersuchung ist, dennoch nähertreten, ist es jedoch unumgänglich, sie zunächst begrifflich zu fixieren und von anderen Phänomenen abzugrenzen. Zu diesem Zweck – und mangels einer soziologischen Definition – sollen Definitionen aus allgemeinen Nachschlagwerken und Abhandlungen verschiedener Forschungsdisziplinen eine erste Orientierung geben und den Weg für die folgende Analyse weisen.

Annäherung: Was Hochstapler ausmacht

In der Brockhaus Enzyklopädie ist zu lesen:

> „Hochstapler [Rotwelsch, zu hoch ‚vornehm' und stap(p)eln ‚tippeln', ‚betteln'], urspr.: vornehm auftretender Bettler, heute: jemand, der eine hohe gesellschaftl. Stellung vortäuscht, um sich Vorteile zu verschaffen" (Brockhaus 2006: 551).

Ähnlich definiert wird der Hochstapler im freien Internetlexikon Wikipedia:

> „Hochstapler sind Personen, die mehr scheinen wollen als sie sind, indem sie einen höheren gesellschaftlichen Rang, eine bes-

sere berufliche Position oder ein größeres Vermögen vortäuschen"
(http://de.wikipedia.org/wiki/Hochstapler).

Beide Definitionen verweisen auf ein scheinbar wesentliches Element:
das Vorspielen einer „höheren Position", das auch die etymologische,
also wortgeschichtliche Herangehensweise unterstreicht. So erläutert
der Kriminologe Kaiser:

> „Er [der Begriff ‚Hochstapler'] wird abgeleitet von dem Wort ‚Sta-
> buler', das bereits im 17. Jahrhundert auftaucht und soviel be-
> deutet wie Bettler oder Brotsammler" (Kaiser 1987: 74; vgl.
> Wermke u. a. 2007: 341).

Durch die Scholaren, die dem Rotwelsch lateinische Endungen und
Wortschöpfungen zufügten, wurden aus „stabulus", dem Wort für
Bettelstab, die Worte „Stabler" und Hochstapler (Kaiser 1987: 74). Dabei bezieht sich die Vorsilbe „hoch" im Sinne von Wichtigtuerei auf die
Art und Weise der Bettelei, wie Kaiser beschreibt. So sei der Hochstapler ursprünglich ein sich wichtigmachender Bettler gewesen, der
durch sein vornehmes Auftreten auffiel (Kaiser 1987: 74 f). Bezogen auf
die heutige Wortbedeutung beschreibt Kaiser:

> „Der Hochstapler macht sich gegenüber seinem Opfer nicht nur
> wichtiger, als er in Wirklichkeit ist. Er ist auch ein Mensch, der
> [...] sich als Mitglied einer einflussreichen Gruppe oder Schicht
> ausgibt, ohne ihr tatsächlich anzugehören". (Kaiser 1987: 74 f; vgl.
> Wulffen 1923: 50; vgl. Haag 1977: 6; vgl. Wermke u. a. 2007: 341).

Das Vortäuschen der Zugehörigkeit zu einer höheren sozialen Schicht
scheint für die soziologische Definitionsbildung folglich ein entschei-
dendes Kriterium zu sein, sodass der Hochstapler (vorläufig) als jemand bezeichnet werden soll, der – ausgehend von seiner tatsächlichen Stellung im sozialen Raum – eine falsche und höhere soziale
Position vortäuscht zu besitzen als er tatsächlich hat.

Somit gilt es zu definieren, was, soziologisch gesehen, soziale Positionen und dementsprechend falsche bzw. höhere soziale Positionen sind.
Zuvor soll jedoch auf einen weiteren Begriff eingegangen werden, der
im Zusammenhang mit Hochstapelei immer wieder fällt und auch in
den oben genannten Definitionen auftaucht: der Betrug.

Abgrenzung: Was Hochstapler von Betrügern unterscheidet

Dass Betrüger und Hochstapler nicht gleichzusetzen sind, zeigt ein Blick in das Strafgesetzbuch: Hochstapelei existiert nicht als Delikt. Strafrechtlich fällt dieses Vergehen meist unter Betrug (§ 263 StGB)[12], Urkundenfälschung (§ 267 StGB)[13], Amtsanmaßung (§ 132 StGB)[14] oder Missbrauch von Titeln, Berufsbezeichnungen und Abzeichen (§ 132a StGB)[15].

Wie genau der Hochstapler und der Betrüger voneinander abgegrenzt werden können, ist hingegen nicht so leicht zu klären. Einige Autoren haben den Versuch einer Abgrenzung unternommen. So sieht Kaiser den Unterschied in der Tatausführung, genauer, in „der Art der Vertrauenswerbung beim Opfer":

> „Während der Hochstapler sich fälschlich als Mitglied einer einflussreichen Gruppe ausgibt und sich mit dieser vorgetäuschten Zugehörigkeit in das Vertrauen der Opfer einschleicht, erwirbt der sonstige Schwindler das Vertrauen seiner Opfer allein durch seine betrügerische Offerte, die dem Opfer Erfüllung materieller und immaterieller Bedürfnisse verspricht". (Kaiser 1987: 76; vgl. Haag 1977: 10).

Ähnlich zieht Aschaffenburg die Grenze:

> „[Hochstapler] unterscheiden sich von den Betrügern bloß durch die eigentümliche Methodik ihres Betrügens. Sie legen sich einen Beruf bei, einen Namen oder Titel, die sie nicht haben, und erwecken auf diese Weise in ihren Opfern ein Vertrauen, das selbstverständlich nicht verdient ist, dessen sie aber bedürfen, um auf Kosten ihrer Opfer leben und ihre Umgebung ausbeuten zu können." (Aschaffenburg 1907: 544).

---

[12] Vgl. Tröndle/Fischer 2007: 1736-1796.

[13] Vgl. Tröndle/Fischer 2007: 1923-1957.

[14] Vgl. Tröndle/Fischer 2007: 933-937.

[15] Vgl. Tröndle/Fischer 2007: 937-943.

Demnach bleibt die Täuschung über die soziale Position entscheiden-des Moment der Hochstapelei.

Middendorf unterscheidet nach den Kriterien Zeit (1) und Ziel (2):

> (1) „Der Hochstapler spielt seine [...] Rolle in der Regel eine lange Zeit hindurch. Man kann seine Taten einen Dauerbetrug auf der-selben Ebene nennen, während der Mehrfachbetrüger ohne diese Rolle immer wieder straffällig wird" (Middendorf 1980: 180).

Dies scheint mir insofern keine überzeugende Abgrenzung zu sein, als dass der Zeitfaktor zu vage bleibt. Übernehmen lässt sich hingegen die an Kaiser und Aschaffenburg angelehnte Bemerkung, dass der Betrü-ger gelegentlich „ohne diese Rolle", ohne die Einnahme einer höheren sozialen Position, auskommt, der Hochstapler hingegen nicht.

Weiterhin postuliert Middendorf:

> (2) „Je stärker sich das Interesse des Täters auf die Erlangung von Vermögenswerten verschiebt, desto mehr ist er Betrüger" (Mid-dendorf 1980: 180).

Dieses Kriterium ist für die vorliegende Analyse nicht gewinnbrin-gend, denn für die Betrachtung der Techniken, mit deren Hilfe eine falsche Identität im Sinne der Vortäuschung einer sozial höheren Posi-tion hergestellt wird, ist irrelevant, ob die Hochstapelei Selbstzweck ist oder anderen Zielen dient. Daher klammern wir intentionale Aspekte wie angekündigt aus.

Wir halten also fest: Der Betrüger kommt (gelegentlich) ohne die Vor-täuschung einer anderen Gruppen-/Schichtzugehörigkeit aus, der Hochstapler nicht. Das unterscheidet beide voneinander.

Lediglich zum Schmunzeln sei abschließend die eher persönlich wer-tende statt wissenschaftlich erklärbare Abgrenzung von Hopmann erwähnt, der findet: Die Begriffe Betrüger oder Schwindler sind

> „beides Charakterisierungen, die jeder Hochstapler, jede Hoch-staplerin von Rang als beleidigend zurückweisen müßte. Denn

20

bloßer Betrug oder Schwindel ist Handwerk, wahre Hochstapelei dagegen eine Kunst" (Hopmann 1993: 423).

Demnach widmet sich dieses Buch nun der ‚Kunst', in die sich scheinbar fließend gelegentlich das bloße Handwerk mischt.

Hochstapler dingfest gemacht: eine soziologische Definition

Um zu einer handhabbaren Definition zu gelangen, gilt es zu klären, was unter sozialen Positionen zu verstehen ist und wie sich entsprechend „falsche" und „höhere" soziale Positionen definieren lassen. Dies soll in diesem Kapitel erarbeitet werden.

Dazu wird ein Modell des französischen Soziologen Pierre Bourdieu herangezogen. Dies ist zwar nicht als allgemeine Theorie der sozialen Welt, der sozialen Klassen oder Schichten zu verstehen, wie er selbst einräumt (vgl. Bourdieu 1989: 407, 410), aber es ist ein Modell für die Betrachtung sozialer Ungleichheit (vgl. ebd.: 407 f). Es kann zudem nicht nur die Verteilung der sozialen Positionen und ihre Unterschiede darstellen – was eine Definition der sozialen Positionen impliziert –, sondern diese Unterschiede auch erklären (vgl. ebd.). So scheint mir die Verwendung seines Modells methodisch gewinnbringend zu sein, weil es verspricht, durch sein erklärendes Moment[16] zur Ausgangsfrage weiterführende Erkenntnisse beizutragen.

Das Modell, das Bourdieu vorschlägt, um die Verteilung der sozialen Positionen und Unterschiede abbilden zu können, umreißt zunächst einen sozialen Raum (vgl. Bourdieu 1989: 407) – ein mehrdimensionales Konstrukt (vgl. Bourdieu 1982: 277; vgl. Bourdieu 1991: 9), das verschiedene Felder und Positionen enthält (vgl. ebd.: 10 f). Ihre Anordnung ist (vereinfacht) als Koordinatensystem vorstellbar[17], in dem auf der Ordinate, der vertikalen Achse, der Umfang des Kapitals eines Akteurs dargestellt werden kann – je nachdem weiter „oben" oder „unten" (ebd.: 11; vgl. Bourdieu 1992: 35; vgl. Abb. 1).

---

[16] Das erklärende Moment wird im Kapitel *Hindernis 1: Die Aneignung eines „fremden" Lebensstils* (S. 32 ff) näher erläutert.

[17] Zur Veranschaulichung siehe die Abbildung auf Seite 22.

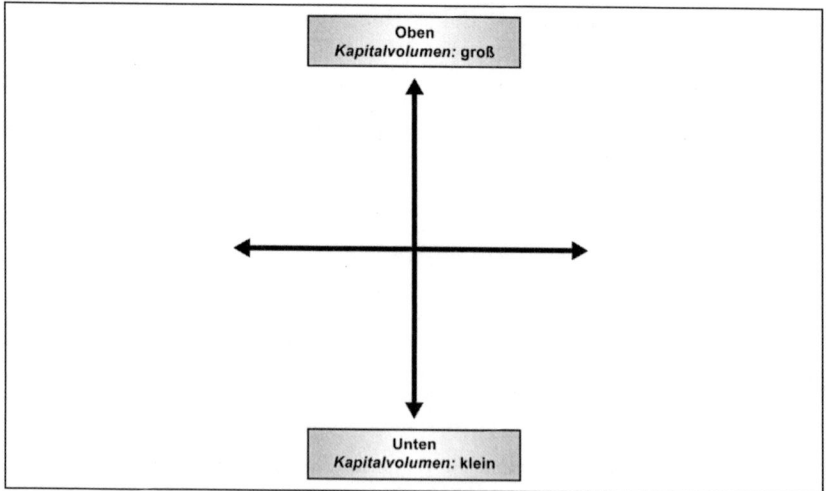

Abb. 1 : Vereinfachte schematische Darstellung des Bourdieu'schen Sozialraum-Modells (vgl. dazu das Diagramm in Bourdieu 1982: 212 f)

Wobei Kapital im Gegensatz zum Alltagsverständnis nicht allein im ökonomischen Sinne zu verstehen ist, sondern in ökonomisches, kulturelles und soziales Kapital differenziert wird (vgl. Bourdieu 1989: 408). Was sich hinter diesen drei Kapitalarten verbirgt, soll ein Exkurs klären.

Exkurs: Die Kapitalarten

Ökonomisches Kapital[18] umfasst alle Formen materiellen Reichtums und ist nahezu unmittelbar in Geld umtauschbar (vgl. Schwingel 2000: 86; vgl. Bourdieu 1992: 52).

Kulturelles Kapital kann in drei verschiedenen Formen existieren: Die erste Form umfasst alle kulturellen Fähigkeiten und Fertigkeiten, alles kulturelle Wissen, das *inkorporiert*, also verinnerlicht wurde und nicht kurzfristig weitergegeben oder verschenkt werden kann (vgl. Bourdieu 1992: 53, 56; Schwingel 2000: 86 f). Die zweite Form umfasst jegliches *institutionalisiertes kulturelles Kapital*, worunter beispielsweise Bildungstitel, Diplome etc. fallen. Sie stellen sozusagen die offizielle Anerkennung dieses Kapitals dar (vgl. Bourdieu 1992: 53, 62; Schwingel 2000: 88 f). Die dritte Form ist der *objektivierte* Zustand kulturellen Kapitals, der beispielsweise Bücher, Gemälde, Maschinen und Instrumente bezeichnet und übertragbar ist (vgl. Bourdieu 1992: 53, 57; Schwingel 2000: 86).

Das *soziale Kapital* schließlich umfasst alle Ressourcen, die durch ein dauerhaft bestehendes Beziehungsnetz mobilisiert werden können. Es ist also entsprechend hoch, wenn ein ausgedehntes Netzwerk besteht und steigt mit dem Umfang des Kapitals, das deren Mitglieder wiederum besitzen (vgl. Bourdieu 1992: 63 f).

Als von anderen wahrgenommene und als legitim anerkannte Form der drei oben erläuterten Kapitalarten sei schließlich noch das *symbolische Kapital* genannt. Es lässt sich gemeinhin gut durch die Begriffe Renommee, Ansehen und Prestige beschreiben (vgl. Bourdieu 1991: 11); ist sozusagen die Anerkennung von bestimmten Akteuren und Gruppen (vgl. Schwingel 2000: 92).

Es befinden sich also alle Akteure, die ein gleich großes Kapitalvolumen besitzen (in der schematischen Darstellung, Abb. 1), auf je einer Höhe.

---

[18] Kursiv gedruckte Worte sind im *Glossar* auf Seite 185 ff noch einmal aufgeführt und erklärt bzw. markieren englischsprachige Begriffe sowie Film-/Buchtitel und -kapitel. Andere Hervorhebungen dienen lediglich der besseren Übersichtlichkeit.

Wie sich ihr Kapital zusammensetzt, wie viel ökonomisches, kulturelles und soziales Kapital sie besitzen, geht daraus noch nicht hervor. So rücken wir (im Geiste) in einem zweiten Schritt entlang der waagerechten Achse alle Akteure zueinander, die sich nicht nur auf gleicher Höhe befinden, sondern zudem in etwa gleich viel kulturelles, soziales und ökonomisches Kapital besitzen (vgl. Bourdieu 1991: 11; vgl. Bourdieu 1982: 210). Diese Akteure mit gleicher Kapitalmenge und gleicher Kapitalzusammensetzung befinden sich in jeweils dem gleichen „Feld".

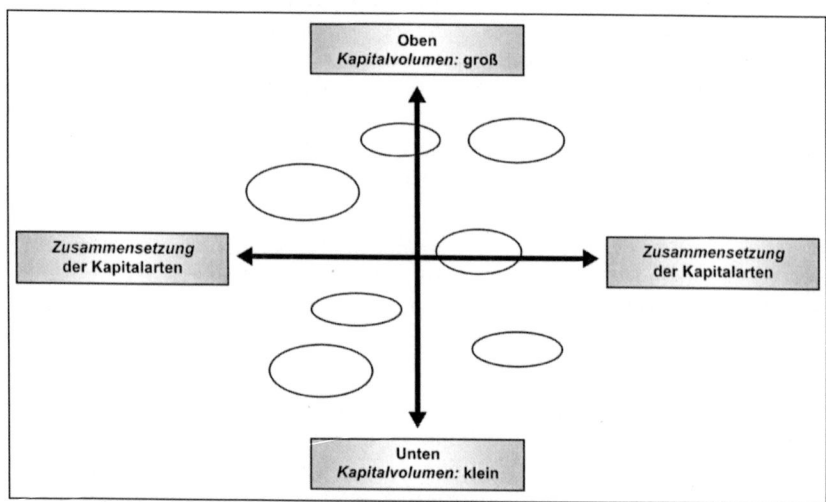

Abb. 2: Vereinfachte schematische Darstellung des Bourdieu'schen Sozialraum-Modells mit exemplarischer Andeutung von Feldern und Feldpositionen

Zur Veranschaulichung dient die Abb. 2. Die Ellipsen bilden (exemplarisch) die Felder ab.

Alle Akteure, die sich im selben Feld befinden, haben demnach in etwa gleich viel Kapital und eine ähnliche Zusammensetzung der Kapitalarten (gleich viel ökonomisches, soziales und kulturelles Kapital).[19] Und umgekehrt: Je nachdem, wie viel Kapital ein Akteur hat und aus

---

[19] Empirisch lassen sich die Feldzugehörigkeiten recht gut über die statistische Erhebung der sozialstrukturellen Merkmale Einkommen, Bildung und Beruf fassen, wie Bourdieu zeigen konnte (vgl. Bourdieu 1982).

welchen Kapitalarten sich dieses zusammensetzt, befindet er sich in einem ganz bestimmten Feld des skizzierten Koordinatensystems.

Für die Definition der sozialen Position ergibt sich daraus:

Die **soziale Position** eines Akteurs ist seine Stellung innerhalb der einzelnen Felder, die sich je nach Umfang und Art der Zusammensetzung seines tatsächlich verfügbaren und reproduzierbaren Kapitals ergibt. Daraus ist ableitbar: Eine **„falsche"** **soziale Position** reklamiert ein Akteur, der hinsichtlich seines Kapitalumfangs und seiner Kapitalzusammensetzung täuscht.

Wie eine **höhere soziale Position** von einer niedrigeren unterscheidbar ist, deutet bereits die von Bourdieu vorgegebene Skizze an: Viel Gesamtkapital bedeutet demnach eine hohe Position, wenig Gesamtkapital eine niedrige. Wie lässt sich aber die Kapitalzusammensetzung beschreiben und in ein „höher" oder „tiefer" übersetzen? Welche Rangfolge gibt es bezüglich der Kapitalsorten? Bei Bourdieu erfahren wir, „daß zwar jedes Feld über seine eigene interne Logik und Hierarchie verfügt, die Rangfolge zwischen den verschiedenen Kapitalsorten [...] sich jedoch als tendenzielle Dominanz des ökonomischen Feldes" auswirkt (Bourdieu 1991: 11).

Um zu verstehen, was diese Rangplätze bedeuten (und warum es erstrebenswert sein kann, hinsichtlich seiner sozialen Position zu täuschen) folgt ein Exkurs.

Die Formulierung, dass eine Feld über andere Felder „dominiert", bedeutet nichts anderes, als dass diejenigen Akteure, die sich legitimerweise in diesem dominierenden Feld befinden, mehr Macht haben, als diejenigen, über deren Felder sie „dominieren". Dabei geht es nicht um eine direkte Verfügungsmacht, sondern – vereinfacht gesprochen – um die Macht, zu bestimmen was „in" ist, wessen Geschmack der „richtige" ist.

Ein Beispiel: Wäre kulturelles Kapital die dominierende Kapitalsorte, wäre es vermutlich „in", Kant, Schiller und Goethe zitieren zu können, die Wohnung voller literarischer Werke zu haben und am Wochenende zu selbstinszenierten Theaterstücken einzuladen. Dominiert das ökonomische Kapital, gilt es als „chic", sich mit Symbolen zu umgeben, die für Reichtum stehen: die Gucci-Handtasche, das Diamant-Collier, der Porsche vor der Tür der eigenen Villa, und an den Wochenenden wird zu Empfängen mit Champagner und Kaviar eingeladen.

Die Macht besteht darin, dass diejenigen, die den „legitimen" Geschmack (nämlich ihren!) vorgeben und sich mit den entsprechend legitimen Dingen und Tätigkeiten umgeben, zum einen das meiste Ansehen genießen, und zum anderen eine Art Trendsetter, Vorbilder etc. für diejenigen sind, die sich in den tiefer gelegenen, dominierten Feldern befinden und gern ebenso viel Macht und Ansehen hätten[20].

Konkret: Tragen Frauen, die im Besitz des dominierenden Kapitals sind, beispielsweise Louis-Vuitton-Handtaschen, so ist damit zu rechnen, dass Frauen, die (aufgrund mangelnden Kapitals) etwas tiefer sozial positioniert sind, sich ebenfalls solche Taschen zulegen – notfalls auch imitierte, wenn das Geld nicht für den Erwerb der echten reicht. Damit soll Beobachtern gezeigt werden: Ich gehöre dazu. Der Trick besteht allerdings darin, dass a) die (machtvollen) oben positionierten sich in der Regel von den tiefer gelegenen Schichten abgrenzen wollen und daher solche Symbole zum „Trend" erklären, die sich Nicht-Mitglieder faktisch (im Falle der Dominanz des ökonomischen Kapitals) nicht leisten können.

So fahren Urlaubsreisende auf die „Reichen-Insel" Sylt, um zu demonstrieren, dass Sie in dieser Gruppe „mitspielen können", gleichzeitig müssen sie aber auf einem Campingplatz campieren und können sich kein einziges Fischbrötchen leisten – wodurch sie schmerzhaft merken, dass Sie doch nicht ganz dazu gehören. Würde die Gruppe mit dem dominierenden Kapital nun beschließen, dass Urlaube in Helsinki erstrebenswert sind, würde die tiefer positionierte Schicht dann eben diesem Ziel nacheifern[21].

Wenn Bourdieu davon spricht, dass eine tendenzielle Dominanz des Ökonomischen vorherrscht, dann drückt sich darin vorsichtig aus, dass

---

[20] Diese Aussage ist ein wenig verkürzt. Primär streben lediglich diejenigen der dominierenden Gruppe nach, die sich im mittleren Bereich befinden. Diejenigen, die so wenig Kapital besitzen, dass Sie in der Abbildung 1 auf der untersten Höhe einzuzeichnen wären, haben andere Ziele. Hierauf näher einzugehen würde allerdings den Rahmen dieses Büchleins sprengen und kann bei Bourdieu (1991) vertiefend nachgelesen werden.

[21] Wobei die dominierende Gruppe natürlich nur solche Orte zu „In-Zielen" erklären würde, die für diejenigen, die weniger (ökonomisches) Kapital besitzen als sie selbst, nicht erschwinglich sind. Denn das oberste Ziel besteht ja darin, die dominierende Gruppe zu bleiben, was nur funktioniert, wenn die Abgrenzung zu den tiefer positionierten Gruppen gelingt.

diese Dominanz nicht stets gegeben ist. Faktisch ist sie das Ergebnis von Kämpfen, die die Akteure miteinander führen (zwischen den Feldern, aber auch innerhalb der einzelnen Felder), bei denen – neben der verfügbaren Menge – es immer auch darum geht, welche Kapitalsorte die dominierende ist; vergleichbar mit der Trumpffarbe in einem Kartenspiel.

Und weil die Akteure nur „Gewinnchancen" im Sinne von Macht und Ansehen haben, wenn das Kapital dominiert/Trumpf ist, von dem sie am meisten haben, bleibt umkämpft, welche Kapitalsorte ausschlaggebend sein soll.

Folglich müsste die Definition der **höheren sozialen Position** also lauten: Je größer das Gesamtkapital und der Anteil des dominierenden Kapitals an diesem, desto höher ist die soziale Position.

Da sich laut Bourdieu jedoch in unserer Gesellschaft die Dominanz des Ökonomischen behauptet, soll im Weiteren der Begriff des „dominierenden Kapitals" durch den des „ökonomischen" ersetzt werden.

Somit ergibt sich: **Je größer das Gesamtkapital und der Anteil des ökonomischen Kapitals an diesem, desto höher ist die soziale Position.**

Auf dieser Basis lässt sich der Hochstapler soziologisch wie folgt definieren:

Ein Hochstapler ist jemand, der vortäuscht, eine im sozialen Raum höher gelegene Position (= mehr Kapitalvolumen und hoher Anteil ökonomisches Kapital) zu haben, als er tatsächlich aufgrund seines vorhandenen und reproduzierbaren Kapitalvolumens und dessen Zusammensetzung hat.

Was macht die Hochstapelei so schwierig?

Ausgehend von der nun vorliegenden Definition des Hochstaplers, soll in diesem Kapitel untersucht werden, worin die primären Aufgaben, Schwierigkeiten und Chancen einer Hochstapelei bestehen.

Was der Hochstapler erreichen will – eine Zielbeschreibung

Gemäß unserer Definition und dem Wissen um die feldspezifischen Besonderheiten, lässt sich als Primärziel und -aufgabe des Hochstaplers folgern: **Der Hochstapler muss vortäuschen, ein größeres Kapitalvolumen und eine andere Kapitalstruktur (mit überwiegend ökonomischem Anteil) zu besitzen, als er tatsächlich (aufgrund seines vorhandenen und reproduzierbaren Kapitals) hat. Dabei müssen die vorgetäuschte Menge und Struktur jeweils der in dem Feld üblichen Zusammensetzung entsprechen, zu dem er seine legitime Zugehörigkeit vortäuschen will.**

Das war's schon? Nicht ganz. Denn die „Spieler"/Akteure innerhalb eines Feldes verbindet weit mehr als die ähnliche Kapitalmenge, die Kapitalzusammensetzung und die Stellung im sozialen Raum: sie eint ein spezifischer Lebensstil (vgl. Bourdieu 1992: 36).

Um bei eindeutigen Definitionen zu bleiben: Der Begriff Lebensstil meint die Summe dessen, was Bourdieu mit Geschmack und Praxis bezeichnet.

Inhaltlich ist **Geschmack** nach Bourdieu „die Grundlage alles dessen, was man hat [...] und wie man für die anderen ist" (Bourdieu 1982: 104). Geschmack kann auch als ästhetische Einstellung oder als „System von Klassifikationsschemata" (ebd.: 283) verstanden werden. Letztlich betrifft der Begriff alles, was unterschieden und bewertet wird, was sich angeeignet wird (vgl. ebd.: 278) – von Kosmetik, Kleidung und Wohnungsausstattung (vgl. ebd.: 107, 283) über Eigenschaften und Merkmale, bis zu den primären Geschmacksnerven (vgl. ebd.: 185; 228).

Als **Praxis/Praktiken** werden alle praktischen Handlungen (kulturelle, sportliche, pädagogische, sexuelle, etc.), Lebensweisen bezeichnet (vgl. Bourdieu 1982: 581, 728; vgl. Bourdieu 1992: 35); angefangen beim „Umgang mit einer bildenden Kunst" oder dem Musizieren (Bourdieu 1982: 35), der Art, wie der Essenstisch für Gäste gedeckt wird bis hin zu sportlichen Betätigungen (vgl. ebd.: 283) und wie man diese ausführt („Tennis im bunten T-Shirt oder Bermuda-Hemd, in Trainingsanzug oder gar Badehose zu spielen, ist eben ein *anderes Tennis*" (ebd.: 338)). Praktiken können verstanden werden als „eine besondere Art und Weise des Seins und Tuns, der Lebensart, der Art, sich mit etwas zu beschäftigen und der Art, davon zu sprechen" (ebd.: 787). Zum besseren Verständnis für den Zusammenhang zwischen sozialer Position und Lebensstil erläutert Bourdieu:

> „Das Ganze läßt sich so veranschaulichen, daß Sie auf ein unteres Blatt (mit den sozialen Positionen)[22] ein Transparentpapier legen, auf dem bestimmte Präferenzen, Praktiken usw. eingetragen sind. Schauen Sie sich jetzt einmal die Position ‚Intellektueller'[23] an, sehen Sie sofort: ah ja, der liest die und die – eher linke – Zeitung, fährt eine ‚Ente' usw." (Bourdieu 1992: 36 f; Bourdieu 1982: 212 ff).

Die dadurch aufgezeigte Korrespondenz zeigt: Es lassen sich theoretische Klassen[24] im Sinne von

> „Ensembles von Akteuren mit ähnlichen Stellungen [herauspräparieren], die aller Voraussicht nach ähnliche Dispositionen und Interessen aufweisen, folglich auch ähnliche Praktiken" (Bourdieu 1991: 12).

---

[22] Zum Beispiel auf die Abb. 1 (S. 22).

[23] Die „Intellektuellen" stehen für eine gleich positionierte (also im gleichen Feld (vgl. Abb. 2, S. 24) befindliche) Gruppe von Individuen; man könnte sie beliebig ersetzen durch andere und beliebig anders bezeichnete Gruppen.

[24] Der Begriff „theoretisch" verweist darauf, dass die Mitglieder einer sozialen Klasse nicht als zählbare biologische Individuen verstanden werden sollen und keine real existierenden Gruppen darstellen (vgl. Bourdieu 1979: 187; vgl. Bourdieu 1982: 175; Bourdieu 1989: 408). Sie wurden lediglich „auf dem Papier" konzipiert und fassen Akteure mit ähnlichen Dispositionseigenschaften zusammen, die „nur um den Preis politischer Arbeit zu realen, effektiv mobilisierten und organisierten Gruppen werden können" (Bourdieu 1989: 408).

Die Klassen lassen sich also aufgrund eben dieser Geschmackspräferenzen und Lebensweisen, „durch die Unterschiede, die sie zwischen schön und hässlich, fein und vulgär machen" voneinander unterscheiden (Bourdieu 1982: 25). Der Lebensstil eint und trennt sie gleichermaßen, weist ihnen Positionen/Zugehörigkeiten [genauso (deterministisch)] zu, wie Umfang und Struktur des Kapitals es tun. Der Lebensstil bezeichnet demnach „den einheitlichen Gesamtkomplex distinktiver[25] Präferenzen" (ebd.: 283).

Wir halten schematisch[26] fest:

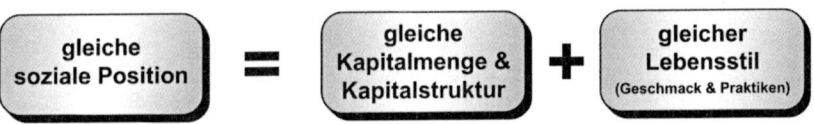

Daraus lässt sich für die „Arbeit" des Hochstaplers folgern: **Er muss** (zu dem oben Genannten) **den mit der falschen sozialen Position korrespondierenden Lebensstil vortäuschen zu besitzen.**

Warum vor allem die Imitation des entsprechenden Lebensstils ein so wichtiges und zugleich schwieriges Element einer überzeugenden Hochstapelei ist, zeigt das nächste Kapitel.

---

[25] Distinktiv = unterscheidend; hier gemeint als Präferenzen, die sich von denen der Akteure in anderen sozialen Positionen unterscheiden und dadurch unterscheidend sind. Dazu sei ergänzend bemerkt: „jede Praxis ist distinktiv, Unterschied setzend, gleichviel ob jemand mit ihr die Absicht verfolgt oder nicht" (Bourdieu 1991: 21).

[26] Dieses Schema ist stark vereinfacht. Genau genommen ist der Zusammenhang zwischen sozialer Position und Lebensstil „kein mechanischer" (Bourdieu 1992: 31), aber es besteht eine starke „Korrespondenz" (ebd.: 35). Zur detaillierteren Darstellung müsste der Faktor der sozialen Herkunft (Bourdieu 1982: 34, 411) mit berücksichtigt werden, aber für die Zwecke dieses Buches ist das vereinfachte Schema ausreichend.

Welche Hindernisse der Hochstapler bewältigen muss

Um überzeugend zu sein, muss der Hochstapler also hinsichtlich seines **Kapitals** und hinsichtlich seines **Lebensstils** täuschen. Was das für konkrete Aufgaben an ihn richtet, wollen wir in diesem Kapitel untersuchen.

Hindernis 1: Die Aneignung eines „fremden" Lebensstils

Wie bereits angedeutet, ist es weitaus schwieriger, den Lebensstil einer „fremden" Gruppe zu imitieren, als es zunächst scheinen mag. Dies wird deutlich, wenn wir uns den Zusammenhang zwischen Lebensstil und der Position im sozialen Raum genauer anschauen sowie Bourdieus Habituskonzept als erklärende These dazu (vgl. Bourdieu 1982: 216 ff; vgl. Bourdieu 1992: 34). Darum geht es in diesem Kapitel.

Zunächst wollen wir den Gedanken zulassen, dass der Zusammenhang zwischen der statistisch feststellbaren Relation zwischen Lebensraum (sozialer Position) und Lebensstil weitaus weniger kausal und aussagekräftig sein könnte, als es uns die statistische Relation glauben machen will (vgl. Bourdieu 1982: 38 ff). Zur Veranschaulichung: Nur weil eine hohe Geburtenzahl mit einem hohen Storchvorkommen (statistisch messbar) korreliert, bedeutet das noch lange nicht, dass der Storch die Kinder bringt. Wir wollen Zweifel an der Korrelation, dem sich (scheinbar) direkt bedingenden Zusammenhang zwischen sozioökonomischen Faktoren (wie Beruf, Einkommen und Bildung) und Lebensstil hegen. Denn mit

> „dem bloßen Aufweis einer hohen Korrelation zwischen einer sogenannten ‚unabhängigen' (zum Beispiel Schulbildung) und einer ‚abhängigen' Variablen (zum Beispiel Musikvorlieben) hat man so lange nichts begriffen und erklärt, als man nicht analytisch bestimmt, was im Einzelfall [...] jedes Glied (zum Beispiel Ausbildungsniveau und Kenntnis von Komponisten) *bezeichnet*" (Bourdieu 1982: 39).

Der Zweifel scheint begründet, wenn man sich bewusstmacht, dass die sozioökonomischen Faktoren mit Faktoren korrelieren, die weder mit schulischer Bildung noch mit finanziellen Einschränkungen direkt zusammenhängen – Kunst könnte z.b. theoretisch jeder mögen, faktisch können dem aber nur Akteure aus ganz bestimmten Gruppen/in ganz bestimmten Positionen etwas abgewinnen (vgl. Bourdieu 1982: 25).

Vereinfacht gesagt: Es ist nicht überzeugend, dass eine bestimmte Menge Geld, gepaart mit einem bestimmten Beruf oder einem bestimmten erreichten Bildungsabschluss zu einer bestimmten Geschmacksausprägung (z.b. der Vorliebe für Schwertfisch, rote Sofas, Rollkragenpullover, Fußball etc.) führt. Und doch scheint es so zu sein. Bourdieu lehrt uns genauer hinzuschauen:

Will man herausbekommen, was bewirkt, dass die Mitglieder einer Klasse nahezu gleiche Dispositionen haben, dann gilt es, innerhalb der angeblich verursachenden, bestimmenden, unabhängigen Variablen zu suchen, welcher Aspekt in ihr denn bestimmend (determinierend) ist bzw. was innerhalb der verursachten, beeinflussten, der abhängigen (determinierten) Variablen beeinflusst, bestimmt wird (vgl. Bourdieu 1992: 46 f).

Bourdieu nimmt also an, dass – obwohl der Verdacht naheliegt – nicht die sozioökonomischen Bedingungen mehr oder weniger automatisch dazu führen, dass sich bestimmte Lebensstile, Geschmackspräferenzen entwickeln. Er vermutet, dass ein ganz bestimmtes weiteres Element existiert, das diesen Zusammenhang verursacht. Dieses Element bezeichnet Bourdieu konkret als **Habitus** (vgl. ebd.: 31). Damit meint er eine Klasse bestimmter Dispositionsmerkmale und Eigenschaften, die durch die Verinnerlichung der Klassenlage, also der sozialen Position, erzeugt werden (vgl. Bourdieu 1982: 175). Je nachdem, unter welchen Bedingungen, in welcher Position im sozialen Raum ein Akteur aufwächst, bilden sich also bestimmte Eigenschaften und Merkmale heraus: eine bestimmt Art zu gehen, zu sprechen, wahrzunehmen, Geschmäcker, Antipathien, etc. (vgl. Bourdieu 1979: 207). Es ist also nicht zufällig, welche Schuhe man trägt, welches Parfum man kauft und welche Gangart man hat – sondern solche Eigenschaften und Merkmale entstammen dem Habitus, der wie ein „durch primäre Sozialisation jedem Individuum eingegebenes immanentes Gesetz" fungiert (ebd.: 178). Insofern ist der Habitus das Element, das

1. in den Personen durch ihre soziale Position entsteht, wobei die soziale Position wiederum durch sozioökomische Faktoren, wie Bildung, Einkommen und Beruf bestimmt wird.

= *Die soziale Position bestimmt den Habitus.*

Der Habitus seinerseits erzeugt erstens die klassifizierbaren Praxisformen (also die Art, welchen Bezug jemand zu Gütern, Eigenschaften, etc. hat) und zweitens die Klassifizierung/Bewertung dieser Praxisformen (gut/schlecht; schön/hässlich) (vgl. Bourdieu 1982: 277 f). Somit ist der Habitus das Element, das

2. den Lebensstil als Summe von Geschmack und Praktiken bestimmt

= *Der Habitus bestimmt den Lebensstil.*

Das bedeutet, es besteht keine direkte Beziehung zwischen sozialer Position und Lebensstil, sondern die Beziehung besteht zwischen sozialer Position und Habitus sowie zwischen Habitus und Lebensstil. Der Habitus ist das Element, das

3. soziale Position und Lebensstil miteinander verbindet.

= *Eine bestimmte soziale Position führt zu einem bestimmten Habitus und der wiederum zu einem bestimmten System von Dispositionseigenschaften und Merkmalen.*

Der Habitus ist sozusagen der Vermittler zwischen beiden, was sich schematisch wie folgt zeigen lässt:

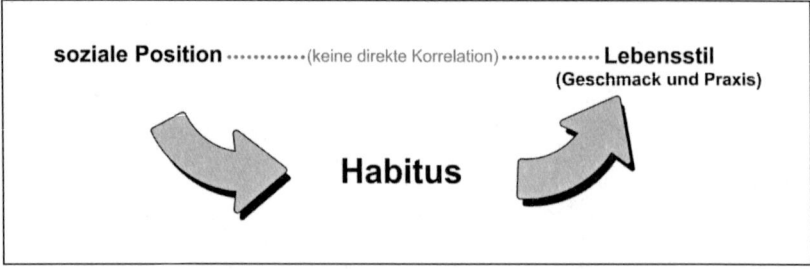

Abb. 3: Schematische Darstellung der Verbindung von Lebensstil und sozialer Position

Der Anschein einer direkteren Korrelation mag dadurch entstehen, dass „der Geschmack fast immer aus denselben ökonomischen Bedingungen hervorgeht, in deren Rahmen er agiert" (Bourdieu 1982: 590). Mit anderen Worten: Meist bleibt ein Akteur in der sozialen Position verhaftet, aus der sein Habitus stammt. Dass ein Kind aus einer Arbeiterfamilie ein Lehrer oder gar Professor wird, kommt nur selten vor.

Erst wenn sich die soziale Position aufgrund veränderter ökonomischer Bedingungen ändert, der Geschmack und die Praxisformen jedoch gleich bleiben, zeigt sich der Einfluss/die Existenz des Habitus (vgl. Bourdieu 1982: 585 f). Ein Beispiel: Aus dem Arbeiterkind wird ein Zahnarzt, der – entgegen der Zahnarztkollegen aus akademischem Hause – lieber Pommes isst als Rosmarinkartoffeln und lieber Fußball spielt als Golf[27]. Der Habitus erklärt also, warum Systematik herrscht in den Dispositionen,

„in den ‚Eigenschaften'[...], mit denen sich die Einzelnen wie die Gruppen umgeben – Häuser, Möbel, Gemälde, Bücher, Autos, Spirituosen, Zigaretten, Parfumes [sic!], Kleidung – und in den Praktiken, mit denen sie ihr Anderssein dokumentieren – in sportlichen Betätigungen, den Spielen, den kulturellen Ablenkungen" (Bourdieu 1982: 282 f). Denn sie entspringen alle der „ursprünglichen Einheit des Habitus" (ebd.).

Das bedeutet zugleich, dass der Habitus ein

„System von Grenzen ist. Wer zum Beispiel über einen kleinbürgerlichen Habitus verfügt, der hat eben auch, wie Marx einmal sagte, Grenzen seines Hirns, die er nicht überschreiten kann. Deshalb sind für ihn bestimmte Dinge einfach undenkbar, unmöglich" (Bourdieu 1992: 33)[28].

---

[27] An dieser Stelle sei angemerkt, dass die Bsp. hier sehr schematisch sind, um Tendenzen und Wahrscheinlichkeiten auszudrücken und zu beschreiben. Es soll selbstverständlich kein Pauschal- und Generalurteil über die Geschmackspräferenzen von Zahnärzten, Kindern aus Arbeiterfamilien oder anderen Personen gefällt werden.

[28] Ähnliches postuliert Elias für den (verhältnismäßig kleinen) Bereich der Sprache: „Als Muttersprache erlernen sie [die Kinder] die Sprache einer ganz bestimmten Gesellschaft [...]. Sie eröffnet ihnen die Tür zur Symbolwelt in einer sehr selektiven und damit beschränkten Weise" heißt es bei ihm (Elias 2001: 196 f). Denn sie verbauen auch Erfahrungen und Chancen zum Erwerb von Wissen (ebd.). Genauso ist es auch mit dem Habitus.

Die Vorstellung, beispielsweise für eine Handtasche mehrere Tausend Euro auszugeben, wird ihn [den Mann mit dem kleinbürgerlichen Habitus] schockieren; selbst wenn er die finanzielle Möglichkeit hätte, würde er eine solche Kaufaktion nicht nutzen können, weil er sich innerlich dagegen versperrt[29] [30].

Der Hochstapler muss also die Grenzen des Habitus, die in ihm fest eingeschriebenen Eigenschaften und Merkmale (die dem Habitus entstammen) überwinden.

Dass diese Wesenheit – also wie ein Mensch denkt, fühlt, wahrnimmt, bewertet und handelt – Ausdrucksform des Habitus ist, ist den Akteuren kaum bewusst und unterliegt keiner absichtsvollen Kontrolle. Das macht die einheitlichen Klassifikationsschemata/den Geschmack gerade so wirkungsvoll. So führen die Akteure ihre praktischen Handlungen routiniert und automatisch aus, ohne sich zu vergegenwärtigen, dass diese nicht individuell, sondern systematisch sind (vgl. Bourdieu 1982: 284, 727 f). Sie sind davon überzeugt, dass die Wahl für ein Ledersofa und die Tatsache, dass sie am liebsten italienische Nudelgerichte essen, einzig ihrem ,persönlichen Geschmack' entspringt.

In der Spielmetapher gesprochen könnte man sagen, jede Klasse von Akteuren spielt nach ganz spezifischen Regeln. Diese Regeln sind den Akteuren nicht bewusst in der Form, dass sie sie sprachlich formulieren könnten, aber sie wenden sie automatisch an. Die Tatsache, dass die Regeln innerhalb eines Feldes gleich sind, alle Akteure in diesem Feld gleich spielen, eint sie zu einer Klasse. Die Tatsache, dass in anderen Klassen andere Regeln gelten und folglich anders gespielt wird, trennt die Klassen voneinander und macht sie unterscheidbar. Ein Spieler, der an einem „fremden" Tisch mitspielen will, wird folglich sofort als „Fremdspieler" auffallen, weil er die unausgesprochenen Regeln nicht beherrscht und nach anderen, dort nicht akzeptierten Regeln spielt, oder weil er durch ein kleines Zögern verrät, dass er die Regeln nicht so selbstverständlich beherrscht wie die anderen.

Der Hochstapler muss sich die der „neuen" sozialen Position entsprechenden Dispositionsmerkmale, den Habitus, aneignen und sich so routiniert geben, dass er nicht als „Neuer" auffällt. Er muss (in der

---

[29] Dennoch sind nicht alle seine Reaktionen und Handlungen vorhersehbar; gibt es innerhalb dieser Grenzen einen großen Handlungsspielraum, den er nutzt (vgl. Bourdieu 1992: 33).

[30] Zur „Passung" der inneren und äußeren Zwänge siehe Bourdieu 1983: 80 f.

Spielemetapher gesprochen) so routiniert spielen, als hätte er schon immer nach den an diesem Tisch geltenden Regeln gespielt.

Grenzkontrolle: Codeabfrage

Dabei funktioniert jede einzelne Disposition/Regel wie ein Code, im Sinne einer „binären Leitdifferenz [...] zur Erzeugung von binären Differenzen oder Unterscheidungen", wie Luhmann den Begriff definiert (Krause 2001: 114). Der Geschmack (einer Klasse) gibt vor, welcher Code (für sie) gültig ist. Mit Bourdieu gesprochen: Geschmack bildet „den praktischen Operator für die Umwandlung der Dinge in distinkte und distinktive Zeichen" (Bourdieu 1982: 284). Das bedeutet nichts anderes, als dass der Geschmack eine Art Türsteher ist, der entscheidet, wer der Klasse beitreten darf und wer nicht bzw. der „erkennt", wer ihr angehört und wer nicht. Und da „die Aversion gegen andere unterschiedliche Lebensstile eine der stärksten Klassenschranken dar[stellt]", wie Bourdieu vermutet (ebd.: 105), ist mit drastischer Strenge bei der Beurteilung zu rechnen.

Der Hochstapler muss also sehr strenge „Türsteher" (das Geschmacksurteil der zu Täuschenden und die zu Täuschenden selbst) überlisten.

In gewisser Weise lassen sich die theoretischen Klassen im Sinne Luhmanns als operativ geschlossene Funktionssysteme[31] beschreiben, deren Codes allerdings jeweils ein Konglomerat aus sehr vielen und zum Teil sehr verschiedenen Codes besteht; also nicht immer binär ist.

Dass dieses Konglomerat, diese große Summe der Codes eine besondere Herausforderung für den Hochstapler darstellt, soll die exemplarische Nennung einiger Bereiche zeigen, die (neben den „formalen"

---

[31] Niklas Luhmann beschreibt die Gesellschaft als „funktional differenziert" (Luhmann 2002: 745). Als Voraussetzung für diese funktionale Differenzierung konstatiert er eine „operative Schließung der Funktionssysteme" (ebd.: 745 f). Für jedes einzelne dieser Funktionssysteme postuliert Luhmann, dass es „einen binären Code benutzt, der nur in diesem und in keinem anderen System benutzt wird" (ebd.: 748) – das Wirtschaftssystem beispielsweise benutzt den Code Geld/kein Geld. Das sichert den Fortbestand des Systems, die Reproduktion (die „Autopoiesis", um in Luhmanns Termini zu sprechen). Das heißt, die Systeme definieren sich über die Abgrenzung, über den Unterschied zu ihrer Umwelt/zu anderen Systemen (ebd.: 745 f). Dabei stellen die Codes „für alles, was in ihrem Anwendungsbereich [...] vorkommt, ein Negativkorrelat zur Verfügung. Also wahr/unwahr; geliebt/nicht geliebt; Eigentum haben/nicht haben; Prüfung bestehen/nicht bestehen" (ebd.: 750).

Voraussetzungen wie Kapitalmenge und -zusammensetzung) dem habituellen Geschmacksurteil unterliegen und mit Codes belegt sind: Der Einrichtungsstil, die Einstellung zur Malerei und zur Kunst allgemein, die Kleidung, Musikvorlieben, Filmvorlieben (vgl. ebd.: 171), die Körperhaltung, Körperpflege/-kosmetik, Ernährung, Hobbys, sportliche Betätigungen (vgl. ebd.: 310 ff; 328 ff). Relevant ist, welches Auto man fährt, welche Zeitung man liest, wo man Ferien macht, wie der Garten gestaltet ist, welche politische Neigung man hat (vgl. ebd.: 355), die Aussprache, die Gangart, die Umgangsformen (vgl. ebd.: 374), die Weltanschauung (vgl. ebd.: 443), die Werte, Mimik und Gebärden, „die Art zu gestikulieren oder zu gehen, sich zu setzen oder zu schnäuzen, beim Sprechen oder Essen den Mund zu bewegen"[32] (Bourdieu 1982: 727 f).

Zusammenfassend lässt sich sagen: Die Imitation des mit der fremden sozialen – hier: höheren – Position korrespondierenden Lebensstils ist für eine überzeugende Hochstapelei so wichtig, weil der Lebensstil (als Summe von Geschmack und Praktiken) als (beinahe) untrügliches Erkennungszeichen für die Zugehörigkeit zu einer Gruppe/Klasse gilt.

Da sich die Klassen primär durch unterschiedliche Lebensstile voneinander abgrenzen – vor allem von den unteren Positionen, aus denen der Hochstapler per definitionem kommt – sind die „Grenzkontrollen" ziemlich streng, so dass der Hochstapler sehr überzeugend sein muss.

Dies setzt voraus, dass er die Eigenschaften und Merkmale, die zu dem vorzutäuschenden Lebensstil gehören, kennt. Die Schwierigkeit dabei:

1. Die Dispositionsmerkmale eines Lebensstils sind größtenteils unbewusst und unausgesprochen. Sie wirken wie eine Art Geheimcode, der den Mitgliedern automatisch weitervererbt wird.

2. Es gibt unzählige Eigenschaften und Merkmale, die zu einem Lebensstil gehören, sodass es unzählige „Grenzen" und Kontrollen gibt.

Erschwerend hinzu kommt, dass der Lebensstil der eigenen sozialen Position jeweils so tief eingeschrieben ist, dass es den Hochstapler

---

[32] Wie sehr sich Statusunterschiede in Körper(haltung) manifestieren, zeigen auch Analysen der Körpersprache. So ist beispielsweise bei Dieball zu lesen: „Sozial höher gestellte Menschen nehmen in ihrer Körper- und Sitzhaltung mehr Raum für sich in Anspruch als Menschen, die sozial niedriger stehen. Sie geben sich von der Körperhaltung her offener, weil sie sich für weniger angreifbar, weniger verletzlich halten" (Dieball 2002: 23).

einige Mühe kosten wird, die Merkmale und Eigenschaften, die zu seinem (ursprünglichen) Lebensstil gehören, zu unterdrücken; zumal ihm diese ebenso unbewusst sind, wie den Mitgliedern anderer Positionen/Klassen die ihren.

Hindernis 2: Das Vortäuschen von Kapitalbesitz

Die Imitation des Lebensstils, der mit der sozialen Position korrespondiert, in die der Hochstapler sich begeben will, ist nur eines seiner drei Ziele. Was neben dem Lebensstil als „Code" abgefragt wird, ist zudem die Kapitalmenge und -zusammensetzung.

Die Hürde scheint hier recht eindeutig: Der Hochstapler hat schlicht weniger Geld, weniger materielle Güter (*ökonomisches Kapital*), Titel, Diplome, Zeugnisse (*institutionalisiertes kulturelles Kapital*), Wissen (*inkorporiertes kulturelles Kapital*), Bücher, Gemälde (*objektiviertes kulturelles Kapital*), einflussreiche soziale Beziehungen (*soziales Kapital*) und Renommee (*symbolisches Kapital*) als die Mitglieder der Gruppe, zu der er sich als zugehörig ausgeben will – und muss das überzeugend verbergen.

Zudem wird es – wie wir im vorangehenden Kapitel erfahren haben – nicht genügen, eine teure Uhr zu tragen, einen teuren Anzug anzuhaben, ein teures Auto zu fahren. Nein, es wird auch wichtig sein, von welcher Marke, welcher Optik diese Güter sind, in welcher Weise sie zur Schau gestellt werden, wenn der Hochstapler nicht als solcher auffallen will. Aber damit sind wir schon wieder im Bereich des Lebensstils, was zeigt, wie verzahnt beide Bereiche sind.

So wollen wir im Folgenden untersuchen, wie es dem Hochstapler gelingen kann, diese Hürden zu überwinden und – ohne im Besitz all dieser Kapitalien und des entsprechenden Lebensstils zu sein – als Mitglied einer bestimmten Gruppe, für die beides kennzeichnend ist, betrachtet zu werden.

Was macht die Hochstapelei möglich?

Als eine Hürde haben sich das Geschmacksurteil der zu Täuschenden und die zu Täuschenden selbst erwiesen, die wir daher als eine Art „Türsteher" bezeichneten. Wie kann es dem Hochstapler gelingen, diese so strengen „Türsteher" zu überlisten? Um dieser Frage nachzugehen, betrachten wir in diesem Kapitel die Codeabfragen an den Klassengrenzen genauer und begeben uns auf die Suche nach Schwachstellen im System und damit potenziellen Schlupflöchern für den Hochstapler.

Metaphorisch lässt sich eine Klassengrenze als langer Flur veranschaulichen. Dieser Flur ist jedoch nicht frei zu durchschreiten, sondern jeweils nach wenigen Metern versperrt eine geschlossene Tür den Weg. Für jede Tür gibt es, wie oben beschrieben, ein anderes Schloss/einen bestimmten Code, und nur wer alle Codes[33] kennt, kann den Flur passieren - so die Annahme. Bei genauer Betrachtung stellen wir jedoch einige „Lücken" fest:

Unvollständige Prüfungen

Auch wenn die Regeln/Codes unzählig sind, so werden doch nicht immer alle zu gleicher Zeit abgefragt. Am Bankschalter werden z.B. keine Tischmanieren (er zerschneidet den Salat/er zerschneidet ihn nicht; er stößt beim Umrühren an den Rand seiner Kaffeetasse/er stößt nicht daran; etc.) überprüft, und beim Dinner werden selten Kontoauszüge zur Überprüfung des Barvermögens (besitzt mehr als eine Million/besitzt weniger als eine Million) verlangt. Während der Chirurg operiert, wird ihn keiner nach seinem Medizinexamen fragen, bei seiner Bewerbung auf die Stelle hingegen schon.

Das heißt, die „Überprüfung" auf den Besitz bestimmter Kapitalien und bestimmter Bereiche des Lebensstils ist oft selektiv. Das verschafft

---

[33] Hierzu zählen nicht nur die den Lebensstil betreffenden Codes, sondern auch die Codes, die zeigen: Ich habe die entsprechende Kapitalmenge und -zusammensetzung, die hier erforderlich ist.

dem Hochstapler einigen Spielraum: Er muss nur die Codeabfragen erfüllen, die auf dem „Flurabschnitt" abgefragt werden, den er (aktuell) passieren will, um in der Metapher zu bleiben.

Daraus lässt sich schließen, dass die Anforderung an die Hochstapelei sehr von den zu passierenden Flurabschnitten abhängt: Je nachdem, wie viele verschiedene Codes der Hochstapler erfüllen, wie viele Menschen er überzeugen und wie dauerhaft er dies tun muss, wird die Hochstapelei zu einer simplen oder eben äußerst diffizilen Angelegenheit.

Nicht alles ist überprüfbar

Ein weiteres Schlupfloch (für den Hochstapler) nennt Bourdieu selbst: **„Die Diskrepanz zwischen Nominellem und Realem"** (Bourdieu 1982: 751; Hervorh. des Verf.). Das heißt: Oft besteht nicht die Möglichkeit, das Nominelle zu überprüfen und mit dem Realen abzugleichen. So häuften sich z.B. in den Nachkriegsjahren die Anstellungen „falscher Ärzte" in Westdeutschland. Aufgrund von zerstörten oder ausgelagerten Archiven, unterbrochenen Verbindungen zu Besatzungszonen und zum östlichen Teil Deutschlands waren kaum Nachweise über tatsächliche Studien und Abschlüsse vorhanden oder einzusehen. Eine Chance, die viele Medizinstudenten ohne fertigen Abschluss und Soldaten, die sich medizinische Kenntnisse im Sanitätsdienst angeeignet hatten, nutzten: Wer eidesstattlich bekundete, ein abgeschlossenes Medizinstudium zu haben, konnte als Arzt eine Anstellung finden (vgl. Middendorf 1980: 174).

Auch heute können nicht in allen Situationen entsprechende Nachweise gefordert werden – und müssen daher auch nicht in allen Situationen erbracht werden. Und genau da öffnet sich ein weiteres Schlupfloch für den Hochstapler, eine Möglichkeit, den oder die „Türsteher" zu überlisten.

Warum das funktioniert, hängt mit der dritten (hier bereits angedeuteten) Schwachstelle zusammen: unserer Art, wie wir Situationen beurteilen und auf sie reagieren.

Symbole können lügen

Um zu begreifen, warum und wie die Diskrepanz zwischen Nominellem und Realem eine Chance bzw. Ansatzpunkte für eine Hochstapelei bietet, wollen wir in diesem Kapitel betrachten, wie Akteure zu Situationsdeutungen kommen und ihre Reaktionen daran ausrichten. Wie kommen wir zu der Annahme, ein bestimmter Mann sei Arzt? Wie kommen wir auf die Idee, ein anderer sei arm oder reich, Professor oder Bauarbeiter?

Eine verständliche und meines Erachtens überzeugende Perspektive darauf liefern die Grundprämissen[34] des Symbolischen Interaktionismus[35], die zu diesem Zwecke hier vorgestellt werden sollen. Sie lauten:

1. Menschen handeln „Dingen" gegenüber entsprechend der Bedeutung, die diese für sie haben.

2. Die Bedeutung dieser Dinge entsteht in der sozialen Interaktion oder leitet sich daraus ab.

3. Diese Bedeutung wird erst nach einem interpretativen Prozess handlungswirksam.

(vgl. Blumer 1973: 81; Eberle/Maindonk 1994: 56; Wenzel 2000: 48 f)

Ein Beispiel, das den Aussagegehalt dieser drei Prämissen veranschaulicht:

Zwei Passanten warten darauf, dass die Fußgängerampel auf „grün" springt und sie die Straße überqueren können. Da huscht eine schwarze Katze vor ihnen auf die Fahrbahn - und wird von einem Auto überrollt, bevor jemand eingreifen kann.

Passant 1, Herr Maier, setzt nach einem kurzen Blick auf das Geschehen seinen Weg unbeirrt fort, als die Ampel auf „grün" schaltet.

---

[34] Nach Blumer beruht der Symbolische Interaktionismus „letztlich auf [diesen] drei einfachen Prämissen" (Blumer 1973: 81).

[35] Im Bewusstsein dessen, dass der Symbolische Interaktionismus kein einheitliches Theorieprogramm und zahlreiche Vertreter mit unterschiedlichen und zum Teil nicht zusammenzubringenden Konzepten hervorgebracht hat, sei hier angemerkt, dass ich mich im Weiteren lediglich auf das Theorieprogramm von Herbert Blumer, den Begründer des Begriffes „Symbolischer Interaktionismus", und ideenverwandte Interaktionisten beziehen werde (vgl. Eberle/Maindonk 1994: 55 f; Treibel 1997: 113).

Passant 2, Frau Müller, schreit auf und stürzt schluchzend und wild mit den Armen gestikulierend auf die Überreste der Katze zu.

Passant 1, Herr Maier, hasst Katzen, weil ihn in Kindertagen ein solcher Vierbeiner derartig blutiggekratzt und -gebissen hat, dass er ein Trauma erlitten hat (Prämisse 2). Seitdem geht er diesen Tieren grundsätzlich aus dem Weg (Prämisse 1). Nachdem er erkannt hat, dass vor ihm eine Katze überfahren wurde, setzt er daher seinen Weg unbeirrt fort (Prämisse 3).

Passant 2, Frau Müller, mag Katzen. Schon seit Kindertagen hat sie stets eine Katze als Haustier und erfreut sich an ihrer Gesellschaft (Prämisse 2). Deshalb geht Frau Müller liebevoll und fürsorglich mit Katzen um (Prämisse 1). Als Frau Müller erkannt hat, dass vor ihr eine Katze überfahren wurde, ist sofort ihr Mitleid geweckt und sie läuft zu ihr (Prämisse 3).

Das Beispiel macht den leitmotivischen Tatbestand des Symbolischen Interaktionismus deutlich: Eine Situation eröffnet prinzipiell mehrere Handlungsmöglichkeiten. Welche Option ausgewählt wird, hängt ab „von den unterschiedlichen Deutungen eben dieser Situation" (Eberle/Maindonk 1994: 57; vgl. Thomas 1973: 333 f).

Auf der Suche nach der „richtigen" Deutung, dienen Symbole den Menschen zur Orientierung (vgl. Hülst 1999: 207). Wobei ein Symbol, „ganz allgemein gesprochen, ein Zeichen für etwas anderes [ist], sei dieses Zeichen nun ein Wort, eine Abkürzung, ein Bild usw." (Eberle/Maindonk 1994: 58)[36]. Dies weist bereits auf eine weitere Annahme der Vertreter des Symbolischen Interaktionismus: „daß die gesamte Wahrnehmung symbolisch vermittelt ist" (ebd.).

Anders als die Katze in dem obigen Beispiel, die für Herrn Maier auf eine negative Erfahrung verweist und für Frau Müller ein Symbol für positive Empfindungen ist, gibt es in einer Gesellschaft auch viele Symbole, die nicht nur mit individuellen Bedeutungen belegt sind, sondern für einen bestimmten Personenkreis eine ähnliche Bedeutung haben. Eine ausgestreckte Hand des Gegenübers ist in der europä-

---

[36] Vgl. auch Schütz, der als gemeinsamen Nenner verschiedenster Symboltheorien extrahiert, dass Symbole auf etwas anderes als sich selbst verweisen (Schütz 1971: 339) – zum Beispiel auf „soziale Unterschiede, die der Hochstapler zu unterwandern versucht", wie Hülst anmerkt (Hülst 1999: 49).

ischen Gesellschaft als Begrüßungszeichen etabliert; die Reaktion wird in den meisten Fällen eine ebenfalls ausgestreckte Hand sein, die die dargebotene umschließt und schüttelt.

In dieser Tatsache, dass die Mitglieder einer Gesellschaft ein standardisiertes Zeichen- und Verarbeitungssystem, ein „System kulturell etablierter Symbole und Bedeutungen" miteinander teilen (Garfinkel 1973: 191 f; vgl. Wilson 1973: 56 f, 66), liegt nun die Schwachstelle des Türstehers bzw. das optimale Schlupfloch für den Hochstapler (vgl. Meinertz 1955: 171). **Denn da die Symbole aufgrund ihrer verweisenden Eigenschaft keine überprüfbaren Mitteilungen sind, können sie zur Manipulation der Handlungsorientierungen – und damit der Handlungen selbst – eingesetzt werden** (vgl. Hülst 1999: 67, 277; Hervorh. des Verf.). Denn wer die standardisierte (oder noch besser: die individuelle) Bedeutung bestimmter Zeichen und Symbole für eine gesellschaftliche Gruppe (bzw.: ein Individuum) kennt, kann letztere gezielt einsetzen, um gemäß der ersten und dritten Prämisse[37] des Symbolischen Interaktionismus gewünschte Reaktionen und Handlungen hervorzurufen (vgl. Petersohn 1976: 95).

Das heißt, der Einsatz von Symbolen ist für einen Täuschungskünstler wie den Hochstapler ein wichtiges Mittel, denn: „Täuschen heißt, Herrschaft über Interpretationen zu übernehmen" (Kern 2004: 3).

Es ist also Aufgabe des Hochstaplers,

> „diejenigen ‚materiellen Merkmale' zu identifizieren, die in den Augen der Beobachtenden jemand als jemanden bestimmtes erscheinen lassen: Adlige als Adlige, Reiche als Reiche, Ärzte als Ärzte, Offiziere als Offiziere usw. Es gilt also, die Insignien einer wirklichen Erscheinung zu finden, mit denen einer möglichen Existenz zu einer scheinbaren Wirklichkeit verholfen werden kann" (Hopmann 1993: 424).[38]

---

[37] Die zweite Prämisse taucht hier nicht mehr auf, weil sie den Ursprung der Bedeutung zu erklären versucht (vgl. Eberle/Maindonk 1994: 60), die für die Arbeit des Hochstaplers keine Relevanz hat. Um erfolgreich zu sein, reicht es für ihn aus, die Bedeutung der Zeichen/Symbole zu kennen.

[38] Auch Thomas Mann verweist in seinem Roman *Felix Krull. Bekenntnisse des Hochstaplers Felix Krull. Der Memoiren erster Teil* auf die Macht der Symbole und deren Differenz zum Realen: „Den Anzug, die Aufmachung gewechselt, hätten sehr vielfach die Bedienenden ebenso gut Herrschaft sein und hätte so mancher

Das heißt, der Hochstapler muss 1. herausfinden, welche Symbole für welche gesellschaftliche Gruppe/Person mit welchen Deutungen belegt ist, und kann dann 2. diese verwenden, um seine „Opfer" zu einer bestimmten Deutung zu lenken.

Faktisch bedeutet das: Insofern eine Diskrepanz zwischen dem Nominellen und dem Realen besteht, muss der Hochstapler das geforderte Kapital nicht tatsächlich besitzen, sondern es genügt, seine „Opfer" mit Hilfe bestimmter Symbole zu der Deutung zu bringen, er sei im Besitz davon.

Das geht besonders gut, weil eine vierte Schwachstelle existiert: der Zwang zu vertrauen und hin und wieder beinahe automatisch zu reagieren.

Ohne Vertrauen geht's nicht

Obwohl nachweislich und wie oben angedeutet bestimmte Glaubwürdigkeitskriterien nicht verlässlich auf den Wahrheitsgehalt einer Aussage verweisen (vgl. Jammer 1991: 21), lassen sich Menschen dennoch oft durch wenige Anhaltspunkte, die in sich schlüssig scheinen und in das eigene Weltbild passen, blenden. Das liegt nicht allein daran, dass diese Menschen zu gutgläubig sind, sondern auch an einem anderen Faktor, dessen Auswirkungen dem Hochstapler in vielerlei Hinsicht zugutekommt: die Komplexität unserer Welt. Sie sorgt dafür, dass wir nicht in der Lage sind, „alle Menschen, Ereignisse und Situationen, mit denen wir es auch nur an einem einzigen Tag zu tun haben, in allen Einzelheiten zu analysieren (Cialdini 1997: 229). Das heißt, **es sind Mechanismen zur Reduktion dieser Komplexität erforderlich** (vgl. Baumgart 1991: 56; Voss 2006: 168) – und diese sind es, die dem Hochstapler Vorteile verschaffen (vgl. Ernst 1984: 21).

Konkrete Mechanismen, die zur Reduktion der Komplexität führen und nun vorgestellt werden sollen, sind Urteilsheuristiken und Vertrauen.

---

von denen, welche, die Zigarette im Mundwinkel, in den tiefen Korbstühlen sich rekelten – den Kellner abgeben können. Es war der reine Zufall, daß es sich umgekehrt verhielt" (Mann 1985: 241).

Urteilsheuristiken

Als Urteilsheuristiken werden Faustregeln, Automatismen und Stereotype bezeichnet, die helfen, „Dinge anhand weniger Schlüsselmerkmale einzuordnen und dann ohne nachzudenken zu reagieren, wenn bestimmte Auslösemechanismen vorhanden sind" (Cialdini 1997: 23). Dabei dient oft schon nur ein einziges Merkmal als Auslösemechanismus für die Urteilsheuristiken, wie z.B. die ausgestreckte Hand eines Gegenübers, die unmittelbar zum Urteil „Begrüßungsritual" führt. Das heißt, wenn der Hochstapler solche Symbole einsetzt, nimmt die Wahrscheinlichkeit weiter ab, dass die Täuschung hinterfragt wird, weil die Reaktion beinahe unbewusst erfolgt.

Umgekehrt „neigen Menschen nur zu kontrolliertem, überlegtem Verhalten, wenn sie sowohl die nötige Motivation als auch die Fähigkeit dazu haben" (ebd.: 24), wobei kontrolliertes Verhalten eine gründliche Analyse auf Grundlage aller verfügbaren Informationen bezeichnet (ebd.). Das heißt, der Hochstapler muss mit einer eingehenderen Prüfung rechnen, wenn sein Gegenüber eine hohe Motivation zur Überprüfung hat. Vor dieser näheren Überprüfung schützt den Hochstapler ein anderer Mechanismus zur Komplexitätsreduktion: das Vertrauen.

Vertrauen

Prinzipiell sind Interaktionen/Handlungssituationen immer mit Unsicherheit verbunden, da die Folgehandlungen des Interaktionspartners nicht kontrollierbar sind (vgl. Antfang 1994: 4). „Vertrauen reduziert diese Unsicherheit", weil sie Zukunft vorwegnimmt. Man handelt, als sei man sich der Zukunft sicher (vgl. Luhmann 1989: 8) und „senkt somit auch die Vorbereitungs- und Überprüfungskosten" (Antfang 1994: 4).

Folglich steigt die Notwendigkeit von Vertrauen mit dem Grad der Komplexität (vgl. Luhmann 1989: 17) und damit die Chance für den Hochstapler, der Überprüfung zu entgehen. Gelingt es also dem Hochstapler zu erreichen, dass ihm der zu Täuschende/die zu Täuschenden vertraut/vertrauen, sinkt die Wahrscheinlichkeit, dass dieser/diese ihn einer genaueren Überprüfung unterziehen (vgl. Eschenbach 1956: 28). Zudem ist es ab einer bestimmten Vertrauensebene „nicht mehr opportun, die Handlungen der Vertrauenspartner in Zweifel zu ziehen" (Antfang 1994: 13; vgl. Luhmann 1989: 32). Von Vertrauen kann dabei nur gesprochen werden, wenn es ausschlaggebend für die Entscheidung ist und „der mögliche Schaden größer wäre als der erstrebte Vorteil" (Luhmann 2001: 24, 148). Vertrauen ist also eine risikohafte

Entscheidung (vgl. Müller 1988: 41), eine *„riskante Vorleistung"* (Luhmann 1989: 23; Hervorh. des Verf.). Diese erscheint besonders am Anfang einer Beziehung verhältnismäßig wenig riskant, da der mögliche Schaden durch einen Vertrauensbruch zu diesem Zeitpunkt (noch) gering eingeschätzt wird und der potenzielle Gewinn vergleichsweise hoch (vgl. Müller 1988: 41). Somit hat der Hochstapler bei Menschen, mit denen er gerade erst eine Beziehung eingegangen ist, besonders gute Chancen, dass diese ihm Vertrauen entgegenbringen.

Dem Hochstapler kommt also zugute, dass die Welt so komplex ist, dass der Mensch darauf angewiesen ist, zu vertrauen und automatisierte Reaktionen und Handlungsketten zu verwenden, die durch wenige Schlüsselmerkmale/Symbole ausgelöst werden.

Zusammenfassung

Der Hochstapler muss vortäuschen,

ZIELE

- ein größeres, dem Feld, in dem er agieren will, angepasstes Kapitalvolumen zu besitzen, als er tatsächlich aufgrund seines vorhandenen und reproduzierbaren Kapitals hat.

- eine spezifische Kapitalzusammensetzung zu haben, die (primär ökonomischen Anteil hat bzw.) der in diesem Feld üblichen Zusammensetzung entspricht.

- den mit der falschen sozialen Position korrespondierenden Lebensstil zu haben.

Das ist vor allem schwierig, weil es voraussetzt, dass der Hochstapler

HÜRDEN

- die Grenzen des Habitus, die in ihm fest eingeschriebenen Eigenschaften und Merkmale (die dem Habitus entstammen) überwindet.

- sich die mit der „neuen" sozialen Position korrespondierenden Dispositionsmerkmale aneignet (die unbewusst und unausgesprochen wirken und unzählig sind).

- sehr strenge „Türsteher" (das Geschmacksurteil der zu Täuschenden und die zu Täuschenden selbst) überlistet und zu falschen Deutungen veranlasst.

Gute Chancen, diese Hürden zu überwinden, hat der Hochstapler,

CHANCEN

- weil er nicht alle Merkmale und Ausprägungen des Lebensstils, den er imitieren will, kennen muss, sondern jeweils nur die in der aktuellen Situation „gefragten".

- wenn er primär da aktiv wird, wo eine Diskrepanz zwischen dem Nominellen und dem Realen besteht.

- weil er durch den gezielten Einsatz von Symbolen die Situationsdeutung seines Gegenübers beeinflussen kann.

- weil er Symbole einsetzen kann, die zu automatischen, unbewussten Reaktionen beim Gegenüber führen und damit eine Prüfung weniger intensiv/wahrscheinlich machen.

- weil er darauf vertrauen kann, dass an vielen Stellen nicht genau hingeschaut, sondern vertraut wird.

TEIL 2: WIE DER HOCH-
STAPLER ÜBERZEUGT

Was sagt uns die Theater-Metapher?

Inzwischen wissen wir über den Hochstapler, dass er seine Opfer zu einer falschen Situationsdeutung bringen möchte, indem er vortäuscht, einen anderen Lebensstil, eine andere Kapitalmenge und eine andere Kapitalzusammensetzung zu haben, als es faktisch der Fall ist.

Für die Analyse, wie er konkret vorgeht, um seine Interaktionspartner zu einer solcher Art falschen Situationsdeutung zu bringen, sollen nun Konzepte, genauer: die Theater-Metapher des amerikanischen Soziologen Erving Goffman, herangezogen werden.

Diese verwendet Begrifflichkeiten aus der Theaterwelt, um die „Struktur sozialer Begegnungen" deutlicher sehen und beschreiben zu können (Goffman 1977: 98) und geht mit den Annahmen Bourdieus einher (vgl. Willems 1997: 14).

Unter dem Begriff der sozialen Begegnungen sind jegliche Formen der Interaktion gefasst: sowohl alltägliche Interaktionen als auch Situationen, in denen sich einer oder mehrere Menschen bewusst bemühen, „das Handeln so zu lenken, daß einer oder mehrere zu einer falschen Vorstellung von dem gebracht werden, was vor sich geht" – also eine *Täuschung* betreiben (Goffman 1977: 98; Hervorh. des Verf.). Und obwohl es zwischen der *Darstellung*, verstanden als

> „Gesamttätigkeit eines bestimmten Teilnehmers an einer bestimmten Situation, die dazu dient, die anderen Teilnehmer in irgendeiner Weise zu beeinflussen" (Goffman 1991: 18),

des Hochstaplers, des Bankangestellten und des Schauspielers durchaus Unterschiede gibt, haben sie – so Goffmans Annahme – alle eines gemeinsam: Sie basieren auf der Anwendung gleicher bzw. realer Techniken. Wie Goffman selbst formuliert:

> „Die Rolle, die im Theater dargestellt wird, ist nicht auf irgendeine Weise wirklich und hat auch nicht die gleichen realen Konsequenzen wie die gründlich geplante Rolle eines Hochstaplers;

aber die erfolgreiche Inszenierung beider falscher Gestalten basiert auf der Anwendung realer Techniken – der gleichen Techniken, mit deren Hilfe man sich im Alltagsleben in seiner realen sozialen Situation behauptet" (Goffman 1991: 232 f).

Das heißt, Goffman geht davon aus, dass Rolleninszenierungen immer gleichen Vorgehensweisen folgen – unabhängig davon, ob es sich um Darstellungen oder Täuschungen, um Schauspielerei, Hochstapelei oder „normale" Alltagsinteraktionen handelt.

So wollen wir uns dieser Metapher bedienen, um durch sie die Vorgehensweisen der Hochstapler zu studieren bzw. um ein anschauliches und griffiges Instrument für die weitere Analyse zu erhalten.

Dazu werden zunächst die wichtigsten Begriffe vorgestellt und definiert. Ihre Anwendung auf Beispiele aus Alltagssituationen verdeutlicht schließlich, inwiefern uns die Metapher eine gute analytische Perspektive auf die Struktur von Interaktionen liefert. Zudem werden Bezüge zur Hochstapelei hergestellt und Spezifika dieser speziellen Täuschung im Vergleich zu anderen Darstellungen aufgezeigt.

Die Darstellung arrangieren

In der Sprache der Theater-Metapher unterscheiden wir zunächst *Person* und *Rolle* voneinander. Die *Person* wird als „Subjekt eines Lebenslaufs" aufgefasst (Goffman 1977: 148 f). Sie nimmt sich jeweils vor, eine bestimmte *Rolle* zu spielen. Das heißt, sie legt sich ein bestimmtes Handlungsmuster zurecht, das sie in der Darstellung (oder der Täuschung) verfolgt (vgl. Goffman 1991: 18).

Um die Rolle überzeugend darzustellen, ist es elementar, dass die Person die Fassaden stimmig arrangiert, d. h. *Bühnenbild*, *Verhalten* und *Erscheinung* müssen zu der gewählten Rolle passen. Denn die *Fassaden* sind die wichtigsten Symbole, die auf eine Rolle verweisen (und dem *Publikum* (denjenigen, die bei der Darstellung zuschauen) Hinweise darauf geben, wie die Situation zu definieren ist) (vgl. ebd.: 23). Sie umfassen das gesamte „standardisierte Ausdrucksrepertoire, das der Einzelne im Verlauf seiner Vorstellung […] anwendet." (ebd.)

Das *Bühnenbild* ist der meist unbewegliche Teil der Fassade; unbeweglich in dem Sinne, dass es nur selten dem Darsteller folgt (wie bei einer Prozession). Dazu gehören jegliche Kulissen und Requisiten der Darstellung, wie Möbel und Dekorationsstücke (vgl. Goffman 1986: 23).

Die *persönliche Fassade* hingegen kann dem Darsteller folgen bzw. umfasst die Ausdrucksmittel, „die wir am stärksten mit dem Darsteller selbst identifizieren und von denen wir erwarten, daß er sie mit sich herumträgt" (ebd.: 25). Dazu zählen Amtszeichen, Rangmerkmale, Kleidung, Geschlecht, Alter, physische Erscheinung, Haltung, Sprechweise, Mimik, Gestik, Frisur, usw. (vgl. ebd.).

Die Teile der persönlichen Fassade, die etwas über den sozialen Status, die soziale Position des Darstellers verraten, nennen wir nach Goffman *Erscheinung*[39]. Der Teil, der etwas darüber anzeigt, welche Rolle der Darsteller zu spielen beabsichtigt, wird als *Verhalten* bezeichnet (vgl. ebd.)[40]. [41]

Die Interaktionspartner, die einer Darstellung beiwohnen, bezeichnet Goffman als „*Publikum, Zuschauer* oder *Partner*[42]" (Goffman 1991: 18; Hervorh. des Verf.). Wird das Publikum allerdings bewusst und (im Unterschied zum Theaterpublikum) ohne dessen Wissen oder gar Einverständnis getäuscht, wird es laut Goffman zum *Opfer* (vgl. Goffman 1977: 98, Hervorh. des Verf.). Um unnötigen Irritationen vorzubeugen (im Grunde ist das Publikum des Hochstaplers immer Opfer, dies aber auch erst, wenn die Täuschung gelingt), werden die Begriffe in der weiteren Analyse synonym verwendet.

Wir wollen nun eine klassische Alltagssituation betrachten und nachgängig zeigen, wie sich die soeben erläuterten Begriffe auf diese anwenden lassen.

---

[39] Die Erscheinung verweist auf die soziale Position, weil sich in ihr der Geschmack ausdrückt, der ja – wie in Kapitel „Hochstapelei dingfest gemacht ..." gezeigt – mit sozialen Positionen korreliert.

[40] Dabei sei angemerkt, dass meines Erachtens auch das Verhalten auf soziale Positionen verweist, da sich in ihm Praktiken zeigen, die ebenfalls mit sozialen Positionen korrelieren (vgl. S. 32-39).

[41] Da sich auch im Bühnenbild Geschmack und Praxis ausdrücken, verweisen die von Goffman beschriebenen Fassaden alle auf das, was Bourdieu als Lebensstil bezeichnet – und geben somit Hinweise auf die soziale Position.

[42] Der Begriff Partner bezieht sich darauf, dass das Publikum und die Opfer dem Darsteller – also auch dem Hochstapler – stellenweise bereitwillig in die Hände spielen und dessen Darstellung/Täuschung schützen. Wir werden in der Analyse (Teil 3) Gelegenheit haben, das zu beobachten.

Die Dramaturgie der glücklichen Ehe – Teil I

Stellen wir uns Tim und Anette vor. Ein Ehepaar, das am Samstagabend den Besuch zweier Kollegen von Tim erwartet. Es ist anzunehmen, dass sich Tim vor den Kollegen ein gewisses Image aufgebaut hat, z.B. das eines glücklich verheirateten Ehemannes, der sich nach der Arbeit im Schoße seiner Familie erholt, von seiner hübschen Frau, die den Haushalt wunderbar führt, bekocht und umsorgt und von seinen beiden Kindern geschätzt und geliebt wird.

Nehmen wir weiter an, dass in Wahrheit nicht alles ganz so optimal läuft, wie Tim es seine Kollegen gern glauben machen möchte; dass die Wohnung in der Regel ziemlich chaotisch und dreckig aussieht, es in der Ehe häufig kriselt und die Kinder lieber mit der Mutter kuscheln als mit ihm. Was wird er tun, um sein Image vor den Kollegen aufrechtzuerhalten? Schauen wir zu:

Schon Stunden, bevor die Kollegen anrücken, bringen Anette und Tim die Wohnung und die Familie auf Hochglanz. Sie räumen auf, putzen Böden und Fenster, stauben den Flachbildmonitor nochmal schnell ab, rücken die Fotos aus glücklichen Familientagen mit lachenden Kindergesichtern im Flur gerade, putzen sich selbst heraus und liefern die Kinder für den Abend bei den Nachbarn ab. Als es an der Tür klingelt, blitzt und glänzt die ganze Wohnung, Annette und Tim strahlen in ihren frisch gebügelten Klamotten, den frisch gewaschenen und gestylten Haaren – von dem Stress des ganzen Tages und dem lauten Ehestreit vor einer Stunde ist nichts mehr zu sehen und zu hören. Die Kollegen blicken in fröhliche Gesichter, sehen, wie Tim seiner Anette zärtlich den Arm um die Taille legt, wie Anette ihm dafür ein dahinschmelzendes Lächeln schenkt.

Während die Kollegen bewundernd durch die Wohnung gehen („Wow, ihr habt es aber schön – und so sauber und ordentlich!") verlieren Tim und Anette kein Wort darüber, dass es sich um einen Ausnahmezustand handelt. Den heimlichen Groll aufeinander verstecken sie hinter liebevoll aussehenden Gesten.

Schauen wir uns die Szene durch die Brille der Theatermetapher an, sehen wir die *Personen* Anette und Tim. Beide spielen an diesem Abend zusammen eine *Rolle* (das glücklich verheiratete Ehepaar, das Beziehung und Haushalt „im Griff" hat).

Um die Rolle glaubhaft vor ihrem *Publikum* bzw. ihren *Opfern*, den Kollegen zu realisieren, haben sie eine *Fassade* aufgebaut, die kohärent zur Rolle ist, indem sie 1. ein bestimmtes *Bühnenbild* geschaffen haben (eine saubere, ordentlich aufgeräumte Wohnung) und 2. ihre eigenen, *persönlichen Fassaden*, ihre *Erscheinung* (Frisur, Kleidung, etc.) und ihr *Verhalten* (Lächeln, dem Partner zugeneigt sein, etc.) entsprechend der Rolle – und passend zum Image, das Tim vor den Kollegen aufgebaut hat – arrangiert haben.

Die Erwartungen des Publikums erfüllen

Wie schon gesagt, sind die Fassaden die wichtigsten Symbole, die auf eine *Rolle* verweisen. Das liegt daran, dass a) sie gut sichtbar sind und b) zu den meisten Rollen ein festes Repertoire an Fassaden gehört. Goffman (1986: 69 f) beschreibt das so:

> „Eine bestimmte Art von Person sein, heißt also nicht nur, die geforderten Attribute zu besitzen, sondern auch, die Regeln für Verhalten und Erscheinung einzuhalten, die eine bestimmte soziale Gruppe mit diesen Attributen verbindet. [...] Ein Status, eine Stellung, eine soziale Position ist nicht etwas Materielles, das in Besitz genommen und dann zur Schau gestellt werden kann; es ist ein Modell kohärenten, ausgeschmückten und klar artikulierten Verhaltens."

Goffman geht also davon aus, dass Rollen an soziale Positionen gekoppelt sind, dass an diese Rolle bestimmte Erwartungen hinsichtlich Verhalten und Erscheinung (also der Fassade) geknüpft sind und dass vor allem bestimmte Gruppen konkrete Erwartungen an die an die Rolle geknüpfte Fassade haben. Verbinden wir diese Gedanken mit denen Bourdieus, so wird klar: Offenbar sind Personen aufgrund ihrer Kapitalmenge und -struktur nicht nur in einem bestimmten Feld verhaftet, das mit bestimmten Lebensstilen korrespondiert und in dem bestimmte Regeln gelten, sondern für jedes Feld gibt es offenbar einen bestimmten Satz an Rollen, die (nur) die sich in diesem Feld legal befindlichen Akteure spielen dürfen. Dazu passt auch Goffmans Aussage, dass es Personen (außer Schauspielern) nicht erlaubt ist, jede beliebige Rolle zu spielen. Eine Person, die Postbote ist, „darf" z.B.

nicht die Rolle eines Arztes spielen (außer auf der Bühne). Tut sie es doch, ist sie ein Schwindler, Betrüger oder eben ein Hochstapler (vgl. Goffman 1991: 55). Dabei ist „legal" nicht nur als rein rechtliche Kategorie zu verstehen, sondern vor allem als moralische: Wer gekonnt eine unerlaubte Rolle spielt, erschüttert die in unserem Bewusstsein bestehende „moralische Verbindung" zwischen dem Recht und der Fähigkeit, eine Rolle zu spielen (ebd.: 56). Er wird bei Entdeckung sozial sanktioniert und muss beispielsweise fürchten, seinen guten Ruf und das Vertrauen, das man ihm bis dahin entgegengebracht hat, zu verlieren. Wobei die Art der sozialen Reaktion und Sanktion auch davon abhängt, welche Rolle unerlaubterweise gespielt wurde und warum. So wird Personen schnell verziehen, die durch die Rollenübernahme versucht haben, lediglich einen persönlichen Makel zu überdecken. Diente die Rollenübernahme dem Zweck, andere finanziell und zum ausschließlich eigenen Vorteil zu betrügen, wird die soziale Sanktion härter bzw. gibt es zusätzlich rechtliche Sanktionen (vgl. ebd.).

Der Hinweis darauf, dass bestimmte Gruppen bestimmte Erwartungen hinsichtlich der Passung von Rolle und Fassade haben, ist für den Darsteller, besonders aber für den Hochstapler, ein sehr wichtiger. Denn letztlich sind seine Interaktionspartner diejenigen, die seine Darstellung überzeugend finden müssen/sollen und deren Interpretation er beeinflussen möchte.

Will der Hochstapler sein Publikum erfolgreich täuschen, muss er die Erwartungen seines Publikums kennen. Nur wenn seine Täuschung diese Erwartungen erfüllt, kann er „ins Spiel kommen" und „im Spiel bleiben" (Goffman 1971: 36; vgl. Hentig 1957: 112) – was sehr an unsere Ausführungen in Kapitel *Hochstapler dingfest gemacht: eine soziologische Definition* (S. 21 ff) erinnert und an die Spiel(tisch)metapher.

Weiterhin ist zu erwarten, dass Akteure oder Spieler eine sehr diffizile Erwartung bzgl. der Rollen und Fassaden der *eigenen* „Mitspieler" haben und eher schematische Erwartungen bzgl. der Fassaden von Spielern *anderer* Spieltische. Insofern scheint es leichter zu sein, jemanden zu täuschen, der nicht aus dem Feld stammt, dem anzugehören der Hochstapler vortäuschen möchte.

Möglich ist auch, dass einzelne Interaktionspartner sehr abweichende Vorstellungen von den zu einer bestimmten Rolle passenden Fassaden haben; der Hochstapler sollte eben nur wissen, welche.

Betrachten wir noch einmal Anette und Tim.

Die beiden haben eine Rolle gewählt, die typischerweise in dem Feld, in dem sie (und vermutlich auch die Kollegen) sich bewegen, vorkommt und deren zugehörige Fassaden(erwartungen) sie kennen. Die Schwierigkeit für sie besteht weniger darin, die richtige Art und Weise zu finden, wie die Rolle inszeniert werden muss, um glaubwürdig zu sein, oder zu erraten, welche Erwartungen das Publikum an die Rolle bzw. die dazugehörenden Fassaden hat, sondern die Schwierigkeit besteht eher darin, die gewählte Rolle dauerhaft, also während der gesamten Besuchszeit der Kollegen, glaubwürdig zu spielen und somit ihre Darstellung zu schützen.

Die Darstellung schützen

Da Hochstapler definitionsgemäß Rollen spielen, die ihnen zu spielen nicht erlaubt sind, haben diese ein grundsätzliches (und besonders tiefgreifendes) Interesse am Schutz ihrer Darstellung bzw. Täuschung. Denn im Unterschied zum Schauspieler kann der Hochstapler in der Regel nicht ohne für ihn unangenehme Konsequenzen aus seiner Rolle ausbrechen[43]. Der Erfolg seiner Darstellung/Täuschung gehört sozusagen zur Form der Lebenshaltung (vgl. Siegel 1975: 24). Damit sind Hochstapler stets in einer gefährlichen Lage: Denn

„in jedem Augenblick ihrer Vorstellung kann ein Ereignis eintreten, das sie entlarvt und das dem widerspricht, was sie öffentlich behauptet haben" (Goffman 1991: 55; Goffman 1975: 108).

Sie müssen also ständig auf der Hut sein, dass ihr Doppelleben nicht enttarnt wird (vgl. Goffman 1975: 99) – und das mit äußerster Sorgfalt.

So wollen wir nun betrachten, welche Schutzmaßnahmen der Hochstapler ergreifen kann (und muss), um seine Täuschung zu sichern.

---

[43] Als weiteren Unterschied bemerkt Brockmann (1991: 38): Während der Schauspieler nach seiner Vorführung stehende Ovationen, Lob und Blumen für seine gelungene Darbietung entgegennehmen darf, ist der Hochstapler „nach seinem vielleicht bühnenreifen Akt der Täuschung mit dem Erfolg allein gelassen" (sofern es keine Eingeweihten gibt) und kann seinen „persönlichen Triumph [...] nur mit sich in Einsamkeit und Stille feiern".

Kontrolle der Hinterbühne

Diskreditierbare Informationen können z.B. verbal, aber auch durch Mimik, Gestik oder Handlungen übermittelt werden.

In der Theatermetapher sprechen wir davon, dass alle Informationen, die für die Augen und Ohren des Publikums gedacht, vorgesehen oder zumindest in Ordnung (weil mit der Darstellung kompatibel) sind, auf der *Vorderbühne* (vgl. Goffman 1986: 100) geboten werden, alle dazu widersprüchlichen (und damit die Darstellung diskreditierbaren) Informationen befinden sich hingegen auf der *Hinterbühne*. Auf der Hinterbühne wird „der durch die Darstellung hervorgerufene Eindruck bewußt und selbstverständlich widerlegt" (Goffman 1986: 112).

Informationskontrolle kann also in der Theatermetapher anschaulich als *Kontrolle der Hinterbühne* verstanden werden. Dass diese Hinterbühne verschiedene Zugänge hat und folglich verschiedene Arten von Informationskontrolle zu ihrem Schutz erforderlich sind, zeigt unser nächstes Beispiel aus der Alltagswelt:

Die Dramaturgie der glücklichen Ehe –Teil II

Stellen wir uns vor, Anette und Tim hatten nicht so viel Zeit für das Aufräumen der Wohnung, so dass sie ein wenig oberflächlich vorgegangen sind. Vielleicht haben sie im Schnelldurchgang alle herumliegenden Gegenstände eingesammelt und als großen, recht unansehnlichen Stapel auf ihrem Schlafzimmerboden aufgetürmt.

Stellen wir uns weiter vor, dass Anette eigentlich gar nicht kochen kann und daher ein Gericht beim Cateringservice bestellt hat, das sie (um dem von Tim aufgebauten Image zu genügen) allerdings als ihr eigenes ausgeben möchte.

In diesem Fall gilt es natürlich unbedingt zu vermeiden, dass die Kollegen einen Blick ins Schlafzimmer werfen – es würde den Eindruck der gut aufgeräumten Wohnung mit einem Schlag zunichte machen. Ebenso sollten die Kollegen nicht die Verpackungen des Cateringservices im Müll finden oder so früh aufkreuzen, dass sie die Übergabe der Speisen „live" erleben, sonst wäre die „Darstellung" der wunderbaren Kochkünste der Ehefrau schnell dahin.

Bei Anette und Tim umfasst die Hinterbühne beispielsweise faktische Orte (das Schlafzimmer, den Mülleimer und den Ort der Essensübergabe), aber auch Gegenstände (den Wagen des Cateringservices); vom Wissen der beiden (die Ehe ist eigentlich gar nicht so glücklich und im Haushalt wird regulär weder gekocht noch ordentlich geputzt) ganz zu schweigen.

Getrennt werden Vorder- und Hinterbühne (bei Anette und Tim, aber auch bei anderen Darstellungen) beispielsweise durch Wege und Hindernisse, durch Augenblicke, Worte, Gesten oder Mimik. Denkbar sind auch Personen, die gezielt oder unwissentlich Informationen der Hinter- auf die Vorderbühne transportieren. Ein Fall, auf den wir später noch zu sprechen kommen.

Je nach Art der Hinterbühne bzw. der Information unterscheiden sich die möglichen und weiteren Schutzmaßnahmen zur Kontrolle der Hinterbühne bzw. der Information:

Ausdruckskontrolle betreiben

In einer Kommunikationssituation mit einem Publikum gilt es vor allem, gesprochene Informationen, aber auch Mimik und Gestik zu kontrollieren. Goffman nennt dies: „Ausdruckskontrolle betreiben" (vgl. Goffman 1981: 14) und meint damit die Kontrolle über die Preisgabe jeglicher Information, die die Darstellung diskreditieren könnte (vgl. ebd.: 14).

Besonders schwer fällt dabei die Kontrolle unwillkürlicher Zeichen. „Unwillkürliche Zeichen sind oder werden alle menschlichen Ausdrucksbewegungen für die sich in ihnen ausdrückenden psychischen Zustände; sie, jene Zeichen, bewegen sich zwischen dem, was wider den Willen oder Wunsch an einem (z.B. Erröten; Erblassen) und von einem aus geschieht (sogen. Reflexbewegungen, z.B. Zusammenfahren, Stirnrunzeln), daraus ergeben sich ‚verräterische Zeichen'" (Tönnies 1906: 5). Deren Kontrolle fällt also besonders schwer, da sie primär unbewusst entstehen[44].

Um „nicht unversehens strategische Informationen preiszugeben" bedarf es also einer strengen, „emotionale[n] und verstandesmäßige[n] Selbstbeherrschung" (Goffman 1981: 37).

Somit soll im Folgenden das erfolgreiche Unterdrücken verräterischer Zeichen mit dem Begriff der *Selbstbeherrschung* bezeichnet und als

---

[44] Wir werden später sehen (siehe S. 86), dass der Hochstapler (mehr oder weniger zwangsläufig) immer wieder in Situationen gerät, die das Aufkommen solcher Zeichen geradezu provozieren.

grundsätzliche Fähigkeit verstanden werden, die für die Ausübung von Ausdruckskontrolle notwendig ist.

Wer also aufgrund guter Selbstbeherrschung eine gute Ausdruckskontrolle hat, ist in der Lage, eine gewisse *Bühnensicherheit* auszustrahlen. Darunter versteht Goffman

> „die Fähigkeit, den Gefahren und Versuchen, vor einem großen Publikum zu erscheinen, standzuhalten, ohne aus der Fassung gebracht, verwirrt, befangen oder ängstlich zu werden"

während man „von anderen beobachtet [...] eine leicht diskreditierbare Rolle zu spielen hat" (Goffman 1986: 245). Bühnensicherheit ist zu verstehen als Teil der Persönlichkeitsstruktur und mit dem Begriff „Gelassenheit" gleichzusetzen[45].

Bühnensicherheit oder Gelassenheit und Selbstbeherrschung sind infolgedessen keine Techniken, die der Hochstapler anwenden kann, sondern Fähigkeiten, die er haben sollte, um die Technik der Ausdruckskontrolle zu beherrschen. Gelingt die Ausdruckskontrolle auffallend gut, so kann und soll dies im Folgenden als Kennzeichen für eine vorhandene Bühnensicherheit gedeutet werden[46].

---

[45] Wir erinnern uns an das Kapitel *Hindernis 1: Die Aneignung eines „fremden" Lebensstils* (S. 36), in dem bereits deutlich wurde, dass eine gewisse Routine in der Darstellung erkennbar sein muss, damit sie kein ungewolltes Aufsehen, keine Skepsis erregt.

[46] Dass selbst eine gute Ausdruckskontrolle allein nicht vor Enttarnung einer falschen Rolle schützt, zeigt der Film *Sherlock Holmes: A Game of Shadows* (2011). Darin wird ein Täuscher durch den Meisterdetektiv Holmes entlarvt, gerade weil er eine so perfekte Ausdruckskontrolle betreibt bzw. weil er derart konzentriert darauf ist, seinen Ausdruck zu kontrollieren und keine unwillkürlichen Zeichen sichtbar werden zu lassen, dass ihm genau das zum Verhängnis wird: Als während einer Party plötzlich ein Tablett mit Gläsern (von Holmes inszeniert) zu Boden kracht, wenden sich spontan alle Gäste mit ihren Blicken zu der Lärmquelle um. Nur nicht der Täuscher, der so sehr darauf bedacht ist, nur „richtige" Reaktionen zu zeigen, dass er eine Weile darüber nachdenken muss, welche Reaktion wohl die richtige sei und sich eben NICHT spontan umschaut – und sich dadurch verrät.

Instrumentelle Züge machen

Zur Kontrolle des Ausdrucks gehört nicht nur das aktive Unterdrücken bestimmter Ausdruckselemente, sondern es kann für die Glaubwürdigkeit der Darstellung sinnvoll sein, bestimmte Ausdruckselemente bewusst hinzuzufügen. Diesen Versuch, „Ausdruckselemente zu erzeugen, von denen er [der Darsteller] glaubt, daß sie seine Situation verbessern, wenn sie vom Beobachter aufgenommen werden" (Goffman 1981: 19) bezeichnet Goffman als *instrumentellen Zug*.

Die Wirkkraft und (zeitweilige Notwendigkeit) von instrumentellen Zügen beschreibt auch Tönnies: „Ausdrückliche Zeichen zu machen ist oder wird notwendig für den, der seine Empfindungen und Gefühle mitteilen will, insbesondere seinen Wunsch, daß ein anderes Wesen etwas tun oder unterlassen möge" (Tönnies: 1906: 5). Tönnies denkt dabei nicht an diskreditierbare Darstellungen, aber der Gedanke, solche Zeichen zu senden, um gewisse Handlungen beim Gegenüber auszulösen, passt unweigerlich auch zur Dramaturgie der Täuschung.

Anette und Tim hegen seit dem Streit am Nachmittag eigentlich noch einen tiefen Groll aufeinander. Da dieser Groll sich aber nicht besonders gut mit der Rolle des harmonischen Ehepaares vereinbaren lässt, versuchen sie den Abend über, alle Anzeichen von Wut zu unterdrücken. Sie werden es vermeiden, dem anderen genervte oder gar hasserfüllte Blicke zuzuwerfen, obwohl es vielleicht ihren emotionalen Empfindungen entspräche (*Ausdruckskontrolle*). Stattdessen werden sie einander zärtliche Gesten, hier und da ein vermeintlich glückliches Lächeln und liebevolle Blicke schenken (*instrumentelle Züge*), um der Darstellung durchgängig Glaubwürdigkeit zu verleihen.

Dabei sollten beide sehr natürlich wirken, einen sehr „eingespielten" und authentischen Umgang in ihrer Verliebtheit und Fröhlichkeit zeigen (*Bühnensicherheit*), damit die Kollegen gar nicht erst auf die Idee kommen, hier könne etwas anders sein als sonst, oder gar anders als es scheint.

Strategisch vermeiden

Eine weitere Möglichkeit, die Hinterbühne zu sichern, bieten *Vermeidungsprozesse*: Damit ist der Versuch gemeint, Personen oder Situationen aus dem Weg zu gehen, in denen leicht Bedrohungen entstehen könnten (vgl. Goffman 1986: 21); „die Informationen zum Ausdruck bringen könnten, die nicht zu der verfolgten Strategie passen" (ebd.). Dies kann ein Darsteller – und damit auch konkret: der Hochstapler – beispielsweise tun, indem er das Gesprächsthema oder die Handlungsrichtung ändert, wenn der aktuelle Verlauf für ihn bedrohlich werden könnte (ebd.).

Kommt Anette in die unangenehme Situation, dass ein Kollege sie nach dem Rezept für das Essen fragt, das sie gar nicht selbst gekocht hat, oder nach dem Geheimnis ihrer glücklichen Ehe, die in Wahrheit gar nicht so glücklich ist, wird sie vermutlich nicht nur eine aufsteigende Gesichtsröte (Ausdruckselement) zu verbergen versuchen, sondern die Frage unbeantwortet lassen, indem sie möglichst unauffällig auf ein anderes Gesprächsthema lenkt, sich spontan ins Bad begibt oder eine andere kreative Möglichkeit findet, um das Gespräch verlassen zu können (*Vermeidung*). Zumindest wäre das ratsam, wenn Anette ihrer beider Image wahren will.

Grundsätzlich können Darsteller auch (versuchen,) prophylaktisch vermeidend tätig (zu) werden, um Begegnungen zu verhindern, die absehbar zu Schwierigkeiten hinsichtlich der Glaubwürdigkeit ihrer Darstellung führen können.

Ein klassischer Fall einer solchen Schwierigkeit ist das Rollendilemma, dem mit der Vermeidungsstrategie der Publikumstrennung gegenübergetreten werden kann:

Trennung des Publikums

Eine Situation, die vor allem der Hochstapler grundsätzlich vermeiden sollte, ist das *Rollendilemma*. Ein Rollendilemma tritt ein, wenn sich ein Publikum zusammenfindet, das den Darsteller aus einer anderen Rolle kennt, die mit der aktuell dargestellten Rolle nicht vereinbar ist (vgl. Goffman 1986: 119).

Würde plötzlich eine Freundin von Anette vorbeischauen und für alle hörbar fragen, ob der Ehekrach inzwischen beigelegt werden konnte oder ob Anette tatsächlich wie geplant für eine Weile zu ihr ziehen wolle, wäre eine solch unvereinbare Konstellation gegeben. Durch das *neue* Publikum, das Anette in der Rolle der unglücklichen Ehefrau kennt, wird die aktuelle Darstellung der glücklichen Ehefrau vor dem

> Kollegen-Publikum unglaubwürdig. Das Image – übrigens auch von Tim – ist in Gefahr.

Um ein Rollendilemma – und damit die drohende Enttarnung – zu vermeiden, muss der Hochstapler also unbedingt dafür sorgen, „daß diejenigen, die ihn in der einen Rolle sehen, nicht die gleichen sind, wie die, die ihn in einer anderen sehen". Ebenso sollte er dafür sorgen, dass Personen „die ihn vor längerer Zeit in einer anderen und der jetzigen widersprechenden Rolle gesehen haben", nicht zum Publikum der aktuellen Rolle werden (ebd.: 126); kurz: Der Hochstapler sollte eine Trennung des Publikums, eine so genannte Publikumssegregation vornehmen.

Wer eigentlich Postbote ist und sich als Arzt einer Klinik ausgibt, sollte darauf achten, nicht diejenigen als Patienten zu behandeln, denen er jahrelang Pakete zugestellt hat.

Ist es bereits zu solch einer despektierlichen Situation gekommen (*der Patient hat den Postboten erkannt*), ist es für weitere Vermeidungsstrategien zu spät. Dann bedarf es, um die Enttarnung (eventuell) noch abwehren zu können, Ausgleichshandlungen oder Notfallstrategien, die wir in späteren Kapiteln (siehe S. 73-79 und S. 70 f) vorstellen wollen.

Schutz durch das Publikum

An einigen Stellen seiner Täuschung hat der Hochstapler das Glück, dass ihm das Publikum selbst die Arbeit abnimmt und sich beinahe aktiv mit zum Opfer macht. Warum das so ist und wie die Funktionsmechanismen dieser Hilfen aussehen, wollen wir in diesem Kapitel betrachten.

Schnell, schnell ... keine Zeit für Gründlichkeit

Zunächst einmal kommt dem Hochstapler die schon viel besprochene Tatsache zugute, dass bei Interaktionspartnern generell die Tendenz besteht, Symbole zum Teil schematisch zu interpretieren (siehe auch Kapitel *Ohne Vertrauen geht's nicht* (S. 47). Besonders, da „in allen Situationen [...] bestimmten Dingen, die nicht notwendig mit verbaler Kommunikation zusammenhängen, Bedeutung beigemessen" wird (Goffman 1971: 41), liegt der Schluss nah, dass genau diese Neigung des Publikums für Fehlinterpretationen sorgen kann (vgl. Meinertz 1955: 171). Das Publikum wird anfällig dafür, aufgrund weniger Symbole und Zeichen zu „falschen" Schlüssen zu kommen, eine Situation falsch zu definieren, in die Irre geführt zu werden (vgl. Goffman 1986: 49, 54). Da es „nur wenige Zeichen [gibt], die nicht mißbraucht werden könnten, um die Existenz von etwas, das in Wirklichkeit nicht vorhanden ist, zu beweisen" (Goffman 1986: 54; siehe auch Kapitel *Symbole können lügen* (S. 43 ff)) und da mit der sozialen Information, für die ein Zeichen oder ein Symbol steht, auch Ansprüche aufgezeigt werden (z.B. auf Prestige, Ehre, bestimmte Klassenpositionen), die „wenn anders vorgebracht, dann nicht automatisch gewährt werden" würden (Goffman 1975: 58), bestätigt sich die Feststellung: Der Hochstapler kann (z.B. durch den Einsatz bestimmter Zeichen und Symbole), „fremde Reaktionen auf eine Situation [...] zu seinen Gunsten beeinflussen" (Goffman 1981: 18). Er kann sich darauf verlassen, dass sein Publikum alle deutlichen (vor allem nicht-verbalen) Zeichen (wie z.B. seine Fassaden; vgl. S. 57) als Indizien zur Bestimmung der Situation, speziell seines Status, seiner Rolle etc. heranziehen wird. Denn erst, wenn die Situation für einen Interaktionsteilnehmer bestimmt ist (d. h. wenn er sie für sich klären, definieren kann), kann dieser eine Wahl bezüglich der eigenen Reaktionen und Handlungen treffen. Die Deutung über auf den ersten Blick sichtbare Zeichen ist dabei viel schneller möglich als ein vorsichtiges Herantasten über verbale Kommunikation. So ist erklärbar, dass Interaktionsteilnehmer – und damit auch das Publikum des Hochstaplers – zur schematischen Interpretation von Zeichen neigen.

Dass dem Hochstapler dadurch Tür und Tor zur Täuschung geöffnet sind, hängt vor allem mit einer weiteren Eigenschaft des Publikums zusammen:

Wahr ist, was da ist ... kein Platz für Skepsis

Hinzu kommt, dass wir in der Regel gewillt sind, anzuerkennen, welche Rolle unser Gegenüber spielen will, und darauf entsprechend zu reagieren (Goffman 1991: 14). Wir vertrauen, machen *naive Züge*, wie Goffman sagt. Damit meint er, dass wir grundsätzlich annehmen, ein Interaktionspartner sei so zu nehmen „wie er erscheint" und führe „einen absichtslosen Zug" (Goffman 1981: 19).

Wir hatten bereits ausgeführt, dass die Komplexität unserer Welt förmlich zum Vertrauen zwingt (siehe Kapitel *Ohne Vertrauen geht's nicht*, S. 46 ff). Allein wenn wir uns vorstellen, jede Interaktion, die ein durchschnittlicher Tag bereithält, auf Herz und Nieren zu prüfen (*Ist der Bäcker wirklich der Bäcker, der Postbote wirklich der Postbote, hat der neue Kollege wirklich einen Arbeitsvertrag bei uns, ist die Wochenend-Story der Nachbarin wirklich wahr, der Kellner tatsächlich so selbstbewusst und gut gelaunt, wie er tut, usw. ...*), dann merken wir schnell, dass Prüfungen solcher Art allein aufgrund der schieren Menge an potenziell zu prüfenden Situationen kaum möglich sind. Naive Züge sind also notwendigerweise an der Tagesordnung, wollen wir nicht paranoid werden und unsere Zeit mit nichts anderem als Überprüfungen verbringen.

Ein vermeintlicher „Schutz", der uns dieses Vertrauen erleichtert, ist vielleicht auch das Wissen um die Sanktionen, die ein Interaktionspartner zu erwarten hat, der uns in unserem Vertrauen enttäuscht. Wir hoffen, dass allein dieses Wissen ausreichend abschreckenden Charakter hat.

Insofern der Hochstapler keine groben, auffälligen „Fehler" begeht, kann er sich also dieses anfänglichen Grundvertrauens, der naiven Züge seines Publikums ziemlich gewiss sein[47].

Harmonisch soll's sein … keine Konflikte erwünscht

Weil grundsätzlich alle Interaktionsteilnehmer möglichst ungestört ihr geplantes Handlungsmuster anwenden, ihr Image vertreten möchten, besteht grundsätzlich Einigung darüber, dass eine Interaktion möglichst konfliktfrei ablaufen sollte (vgl. Goffman 1991: 13). Trotzdem können stets Störungen auftreten, die die Interaktionen peinlich oder verwirrend werden lassen (vgl. ebd.: 15). Und da Störfälle sich immer auf das Image aller Interaktionsteilnehmer auswirken, (weil sie die Routine der geplanten Handlungsschritte unterbrechen) haben Akteure die Neigung, nicht nur ihre eigenen, sondern auch fremde Darstellungen zu schützen (vgl. Goffman 1986: 210) – und sie haben zahlreiche Strategien entwickelt, um im Störfall das Gleichgewicht wieder herzustellen[48].

Dabei können die Art und die Intensität der Bedrohlichkeit der Störfälle sich drastisch unterscheiden; sie können vom Essensrest, der noch an der Oberlippe des Interaktionsteilnehmers hängt, über einen versehentlich unpassend geäußerten Kommentar bis hin zu unerwarteten und mit dem Image eines Teilnehmers gänzlich nicht zu vereinbarenden Offenbarungen reichen[49]. Einige Störfälle entstehen eher zufällig, unbeabsichtigt, andere werden gezielt hervorgerufen[50].

---

[47] Außer: Ein Interaktionsteilnehmer hat von Anfang an eine hohe Motivation zur eingehenden Kontrolle der Darstellung des Hochstaplers (vgl. Kapitel *Ohne Vertrauen geht's nicht*, S. 46).

[48] Die Neigung zum Schutz fremder Darstellungen resultiert aus der Angst vor Peinlichkeit, dem Gefühl der Erfahrung, „auf dem dünnen Eis der menschlichen Verkehrsformen wieder einmal ausgerutscht oder gar eingebrochen zu sein" (Dreitzel 1983: 148). Dieses Gefühl wird auch von Ausrutschern der Anderen ausgelöst und kann so stark werden, dass man sich wünscht, „sogleich in den Erdboden zu versinken" (ebd.: 148; vgl. Flam 2002: 21). Das erklärt das Bemühen der Interaktionspartner, „nicht selten ebenso eifrig [...] die soziale Routine wiederherzustellen wie der Unglückliche selbst" (Dreitzel 1983: 148).

[49] Eine solche unerwartete und im wahren Leben sehr bedrohliche Offenbarung ist zum Beispiel in dem Film *Das Fest* (1998) zu sehen. Darin verkündet der erwachsene Sohn bei der Geburtstagsfeier seines prestigeträchtigen Vaters, der bis

Entsprechend unterschiedlich sind auch die Umgangsweisen und die Versuche, das Gleichgewicht wieder herzustellen.

Eine vielfach angewandte Methode zum Schutz fremder Darstellungen (vor allem bei unbeabsichtigt, versehentlich hervorgerufenen Störungen) ist der *Takt* des Publikums:

> „Wenn Darstellern irgendein Versehen unterläuft, in dem sich deutlich Unstimmigkeiten zwischen dem erweckten Eindruck und der enthüllten Realität zeigt, kann das Publikum das Versehen taktvoll ‚übersehen‘ oder die Entschuldigung, die angebracht wird, einfach annehmen" (Goffman 1986: 210; vgl. Goffman 1991: 16).

Daran wird bereits erkennbar, was tendenziell gilt: Das Publikum richtet sich bei der Wahl seiner Methode nach den Verhaltensstrategien, die der Interaktionspartner vorgibt (vgl. Goffman 1986: 17). Würde der Darsteller, der die Störung versehentlich verursacht hat, das Geschehen lautstark kommentieren, wäre es schwieriger bis unmöglich für das Publikum, die Störung taktvoll zu ignorieren.

Alternativ zum Takt benennt Goffman einige weitere typische Strategien, die bei einer Imagebedrohung eingesetzt werden können, um das Gleichgewicht der Situation wieder herzustellen. Er nennt diese Strategien „Angebote für *Ausgleichshandlungen*" (vgl. ebd.: 25). Ein Angebot, das eine Ausgleichshandlung einleitet, kann z.B. darin bestehen, dass der Akteur, der die Störung hervorgerufen hat, zu beweisen versucht, „daß das, was zugegebenermaßen als bedrohliche Äußerung erschien, in Wirklichkeit ein bedeutungsloses Ereignis ist, eine unbeabsichtigte

---

zu diesem Zeitpunkt jahrzehntelang das Image eines absoluten Gutbürgers aus feineren Kreisen gepflegt hat, vor den zahlreichen anwesenden Gästen, die in Festtagskleidung vor der festlichen gedeckten Festtafel eine honorige Rede erwarten, dass er und seine Schwester jahrelang Opfer sexuellen Missbrauchs durch eben diesen so angesehenen Vater geworden waren. Ob und wie dieses Publikum auf diesen ungeheuerlichen und bewusst hervorgerufenen „Störfall" reagiert, soll hier allerdings nicht verraten werden.

50 Werden Störfälle gezielt initiiert, um dem Image eines Interaktionsteilnehmers zu schaden, würden wir eher von einem „Fallen-Stellen" sprechen. Darauf gehen wir im Kapitel *Wenn's brenzlig wird – Notfallstrategien* (S. 73 f) näher ein.

Handlung, ein Scherz, der nicht ernst gemeint war"[51] (Goffman 1971: 26). Er könnte also versuchen, die Situation umzudeuten, so dass die Bedrohung nicht mehr als Bedrohung erscheint. Ein anderes Ausgleichsangebot könnte darin bestehen, dass der Darsteller durchaus zugibt, dass das (störende) Ereignis bedeutsam war, aber dann versucht, dem Ereignis die Bedrohlichkeit zu nehmen, indem er den Urheber als nicht ernstzunehmend darstellt. Er könnte beispielsweise „den Nachweis erbringen, daß der Urheber unter irgendeinem fremden Einfluß gestanden hat, oder daß er dem Befehl eines anderen gefolgt ist und nicht eigenverantwortlich gehandelt hat" (ebd.). Besteht die „Störung" darin, dass jemand plötzlich entdeckt, „daß er nachweisbar Fähigkeiten nicht hat, von denen andere und sogar er selbst angenommen hatten, er besäße sie, [...] dann kann er schnell ernsthaft oder scherzhaft beifügen, daß er diese Unfähigkeiten als Teil seines Selbst beanspruche" (ebd.: 26 f). Dies impliziert wohl die Hoffnung, dass ihm die Offenbarung dieser Eigenschaft, die Ehrlichkeit höher angerechnet wird als die Störung, bzw. dass ihm diese Eigenschaft verziehen und dadurch die „Störung" als weniger bedrohlich eingeschätzt wird. Schließlich und letztlich kann der Darsteller, wenn er einen anderen Interaktionsteilnehmer durch eine Äußerung oder ein Verhalten verletzt hat, auch „Selbstbestrafung, Buße und Sühne anbieten" (ebd.: 27).

Inwiefern sich die Ausgleichsangebote[52] für die Anwendung durch den Hochstapler eignen, ist noch zu untersuchen. Grundsätzlich ist anzunehmen, dass der Vertrauensmissbrauch des Hochstaplers derart drastisch ist, dass es keine Wiedergutmachung für sein Verhalten gibt, wenn die „Störung" in seiner Enttarnung besteht. Andererseits ist es durchaus vorstellbar, dass er durch die genannten Strategien und Angebote der endgültigen Enttarnung hier und da noch einmal entgehen kann.

---

[51] Bei Goffman erscheinen die aufgezählten Varianten als identisch. Es sei darauf verwiesen, dass, obschon das beabsichtigte Ergebnis gleich ist – der Situation die Bedrohlichkeit zu nehmen –, technisch unterschiedliche Anforderungen und Möglichkeiten bestehen, wenn die Äußerung im Nachhinein als geplanter Scherz oder als eine unbeabsichtigte Handlung dargestellt werden soll.

[52] Von einer tatsächlichen Ausgleichshandlung wollen wir allerdings erst sprechen, wenn das Angebot dazu geführt hat, dass die anderen Interaktionsteilnehmer die Störung verzeihen, indem sie signalisieren, dass sie das Angebot annehmen (vgl. Goffman 1986: 28). Gelingt dies, ist es ein nicht unüblicher, aber auch nicht zwingend erforderlicher Abschluss der Ausgleichshandlung, dass sich der Interaktionsteilnehmer für das Akzeptieren bedankt.

Die genannten Strategien beziehen sich eigentlich auf regulierendes Verhalten in Alltagsinteraktionen, in denen die Darsteller üblicherweise keine allzu kriminellen oder unmoralischen Wahrheiten zu verheimlichen haben. Die genannten Strategien weisen indes darauf hin, wie anspruchsvoll und brüchig bereits solche tendenziell „ehrlichen" Darstellungen sind.

Schauen wir uns an, was Darsteller, besonders Täuscher wie der Hochstapler, tun können, wenn das Eis allmählich zu brechen droht; wenn Schutz- oder Korrekturmaßnahmen nicht mehr greifen.

Wenn's brenzlig wird – Notfallstrategien

Hat ein Interaktionsteilnehmer den Eindruck, „daß der Handlungsausschnitt, in den er eingebunden ist, ohne sein Wissen manipuliert worden sei, und daß ihm ein wirklicher Einblick in die Rolle, die ihm dabei zugedacht ist, verwehrt worden sei" (Goffman 1977: 104 f, 140 f), so kann dieser *Verdacht*, dieser Zweifel für Täuscher, wie den Hochstapler, brenzlig werden. Denn möglicherweise ist der Verdacht so stark, dass dieser Interaktionsteilnehmer ihn direkt auf seinen Verdacht anspricht – oder mit dem *„Fallen-Stellen"* beginnt. Darunter versteht Goffman eine „aktive Form der Bespitzelung; man wartet nicht auf belastende Vorkommnisse [...] sondern ruft das prekäre Verhalten hervor" (Goffman 1974: 192) – oder hinterfragt aktiv die Situation.

Wenn es erst soweit gekommen ist, fallen die „natürlichen" Schutzmechanismen des Publikums weitestgehend weg: das Vertrauen sinkt, die naiven Züge werden beendet, die Tendenz zum Schutz fremder Darstellungen wird zurückgefahren, der Fokus wechselt von den Zeichen zu den dahinterliegenden Ebenen...

Welche Möglichkeiten gibt es für den Hochstapler, um seine Rolle und die von ihm beabsichtigte Situationsdeutung trotz so genauer Betrachtung, Skepsis und der „Pistole auf der Brust" zu behaupten?

Zur Beantwortung dieser Frage widmen wir uns dem „Lügen-Experten" Brockmann und dessen Werk *Leitfaden für die erfolgreiche Unwahrheit* (1991) sowie einem Satiriker, um bei diesen zu „spicken", was Täuschern in solch prekären Lagen geraten wird. Brockmann rät zu folgenden Methoden:

■ *Offenheit*

Hinterfragt ein Teilnehmer die Situationsdarstellung, soll der Hochstapler die Nachfrage des Zweiflers mit einer so offensichtlich falschen Aussage beantworten, dass letzerer weitere Fragen scheut und verwirft. Diese Technik bezeichnet Brockmann als *Offenheit*. (vgl. ebd.: 60 f.)

Zweifelt beispielsweise ein Patient an der Wahrheit der Rolle seines Arztes und fragt konkret nach („Sind Sie überhaupt Arzt?"), könnte der Hochstapler [in diesem Fall der vermeintliche Arzt] sagen: „Natürlich nicht, ich bin der Pförtner, aber Blinddarm-Operationen beherrsch' ich aus dem Effeff ..."

Der Ball der Imagebedrohung wird also zurückgespielt, indem der Hochstapler, dessen Image eigentlich gerade infrage gestellt wurde, dieses Infragestellen indirekt als Zeichen für einen Verstoß des zweifelnden Interaktionsteilnehmers gegen die unausgesprochenen Interaktionsregeln wertet – und damit den Eindruck erweckt, dessen Image sei das eigentlich angekratzte.

■ *Russisches Roulette*

Die nächste Technik, die Brockmann vorstellt, wirkt ähnlich wie die Offenheit, aber im Vergleich dazu geht es beim *Russischen Roulette* darum, nur so *zu tun*, als sei die Antwort völlig absurd, so dass der Interaktionspartner ähnlich abgeschreckt reagiert wie bei der oben genannten Methode. Allerdings besteht der Trick des russischen Roulettes darin, die Tarnung, die falsche Rolle, plötzlich aufzugeben und als Bluff tatsächlich die Wahrheit zu sagen (vgl. ebd. 1991: 61).

Ein gefährliches Spiel, das wie bei der namensgebenden und aus Gangsterfilmen bekannten „Disziplin" den Tod oder die Freiheit/das Leben bedeuten kann; im Falle des Hochstaplers weniger existenziell: die Enttarnung oder die zurückgewonnene Sicherheit der Rolle bzw. der Kontrolle über die Situationsdeutung.

Der falsche Arzt würde bei Anwendung dieser Technik also nicht behaupten, er sei der Pförtner, sondern antworten „Nein, ich bin eigentlich Postbote" – oder was auch immer die Wahrheit hinter der Rolle der hochstapelnden Person ist.

■ *Empörung*

Die Technik der *Empörung* setzt offen auf das, was die vorangehenden Techniken implizit unterstellen: Der zweifelnde Interaktionsteilnehmer soll auf die Unverschämtheit der Unterstellung hingewiesen werden, die er durch seine Nachfrage/Falle geäußert hat. Konkret soll der Hochstapler sich bei Anwendung dieser Technik deutlich empört und verletzt darüber zeigen, dass das Gegenüber ihm eine solche Lüge zutraut (vgl. Brockmann 1991: 63).

So würde der in seiner Rollenechtheit angezweifelte falsche Arzt sich darüber empören, wie unfassbar undankbar solch ein Verhalten sei. Er rette dem Patienten das Leben – und der Lohn sei die Infragestellung seines Berufes ...

■ Scheinbeichte

Bei der *Scheinbeichte* hingegen wird nicht geleugnet, sondern der Zweifler soll augenscheinlich recht bekommen in seiner Unterstellung, gleichzeitig aber weiter im Ungewissen gelassen werden, ohne dass er dies bemerkt. Die Technik: Dem Zweifler eine Flunkerei gestehen, die verglichen mit der eigentlichen Lüge recht unbedenklich ist und ihn so in Sicherheit wiegen. So fühlt sich der Zweifler als Sieger und der Lügner kann sich heimlich seines Triumphes erfreuen bzw. weiter in seiner Tarnung agieren (vgl. ebd.: 62).

„Wissen Sie, tatsächlich habe ich zwei Anläufe für das Examen gebraucht, auch den ein oder anderen Kurs geschwänzt, aber keine Sorge: Arzt, bin ich durchaus!", könnte ein falscher Arzt sagen, der die Technik der Scheinbeichte anwenden will, um sich aus der Situation zu retten.

■ Gefühlsfalle

Die Gefühlsfalle scheint sich am besten für die Anwendung gegen Fallen oder Zweifel zu eignen, die von Interaktionsteilnehmern des jeweils anderen Geschlechts stammen. Denn hierbei geht es darum, die rationalen Beurteilungsprozesse des Opfers durch emotionale Ablenkungsmanöver zu irritieren oder umzulenken, z.B. durch Flirten (vgl. ebd.). Da inzwischen als erwiesen gilt, dass wir in der Regel weitaus emotionaler handeln als uns rational lieb ist (vgl. beispielsweise Ariely 2010), ist der Erfolg dieser Technik gut vorstellbar.

Vielleicht vergisst der männliche Patient seine zweiflerische Frage, wenn sich die gutaussehende Ärztin der vermeintlich anziehenden Optik und dem Charme des Patienten widmet, intensiven Augenkontakt sucht, Komplimente macht, ein Rendezvous in Aussicht stellt?

■ Chamäleon-Prinzip

Die Technik, die der Satiriker Flynn vorschlägt, ist ein wenig trickreicher als die bis jetzt genannten. Sie zielt darauf ab, dass potenzielle

Verfolger den Eindruck gewinnen, der Verfolgte (hier: der Hochstapler) habe sich „in Luft aufgelöst" (Flynn 1984: 40 ff). Der Funktionsmechanismus dieser Technik basiert auf dem *Chamäleon-Effekt*, der dadurch ausgelöst wird, dass der Hochstapler in Sekundenschnelle eine Rolle einnimmt, die konträr zu der Rolle ist, in der der Verfolger den Hochstapler anzutreffen erwartet. Durch die so entstehende Diskrepanz zwischen Erwartung und Beobachtung entsteht eine perfekte Tarnung, die den Verfolgten für die Augen des Verfolgers unsichtbar werden lässt.

Zur Anwendung stehen dem Hochstapler je nach Situation verschiedene Möglichkeiten zur Verfügung.

1. Wenn die Möglichkeit besteht, von den Verfolgern unbeobachtet einen Fassadenwechsel vorzunehmen, kann er tatsächlich im entscheidenden Moment von einer bestimmten Rolle in eine andere schlüpfen.

   Flynn empfiehlt, dass er dabei idealerweise nicht nur einen „Farbwechsel, sondern auch den Wechsel der sozialen Schicht" vornimmt (Flynn 1984: 40 ff), denn es übersteige das Denkvermögen der meisten Leute, „wenn ein Herr im Management-Dress [...] ein Haus betritt, und ein ähnlich aussehender humpelnder Arbeiter im Drillich das Haus verläßt" (ebd.). Damit meint Flynn wohl, dass es [aufgrund der Kontexteffekte bei der Wahrnehmung; Anmerk. des Verf.] schwer fällt, eine Person in einer Rolle oder einer Fassade (wieder) zu erkennen, in der wir diese Person nicht erwarten[53].

Besteht beispielswiese gegen den falschen Arzt ein so starker Verdacht, dass bereits die Polizei in der Klinik ist, um ihn zu stellen, könnte dieser heimlich und schnell den weißen Kittel gegen einen grauen Hausmeisterdress tauschen, das Stethoskop gegen die Rohrzange – und mit hoher Wahrscheinlichkeit unbemerkt die Klinik verlassen.

Wie gut der Chamäleon-Effekt funktioniert, zeigt eine Szene in dem Film *Der Hauptmann von Köpenick* (1997): Der Schuster Wilhelm Voigt (Harald Juhnke), der als Hauptmann verkleidet das Rathaus besetzt hat, stellt sich wenige Tage später der Polizei. Er kommt in gebeugter Haltung, trägt einen unauffälligen alten Anzug, einen gammeligen Hut, und erklärt den Beamten, er könne den „falschen Hauptmann" holen, er müsse nur noch kurz zur Toilette. Vor den Augen eines vor

---

[53] Vgl. Zimbardo/Gerrig 2008: 15 ff.

der Tür postierten Wachmannes, verschwindet Voigt mit einem Papp-
karton unterm Arm im Toilettenraum. Kurz darauf verlässt er ihn
wieder; in die Uniform eines Hauptmannes gekleidet, aufrecht und
selbstbewusst gehend. Der Wachmann salutiert vor ihm und auch die
anderen Beamten, zu denen er in dieser Kleidung zurückkehrt. Erst
nachdem Voigt sagt „bin et selbst", erkennen sie die Maskerade.

2. Besteht keine Möglichkeit zu einem spontanen Fassadenwechsel,
   kann der Hochstapler den *Chamäleon-Effekt* nutzen, indem er blitzschnell eine andere Rolle einnimmt. Diese muss dann allerdings zu
   der Fassade passen, die ihn im Moment der Verfolgung begleitet.[54]
   Voraussetzung für diese Variante ist allerdings, dass dem Verfolger
   bis zum Moment der Begegnung das Gesicht (insofern die Fassade
   dieses nicht verdeckt) des Hochstaplers noch nicht kennt.

Nutzt der Hochstapler den Chamäleon-Effekt, um Verfolgern zu ent-
kommen, so nennen wir diese Technik „Anwendung des Chamäleon-
Prinzips".

---

[54] Ein gelungenes Beispiel für einen solch spontanen Rollenwechsel sehen wir
später in der Filmanalyse (S. 129 ff).

Was das Urteil trügt - Manipulationsstrategien

Da der Hochstapler ein hohes Interesse hat, nicht als solcher enttarnt zu werden, wird er vermutlich alle ihm zur Verfügung stehenden Tricks und Techniken anwenden, um sein Publikum zu täuschen – warum nicht auch die gezielte Manipulation?

Welche Optionen ihm dazu zur Verfügung stehen, zeigt ein Blick auf die Sozialpsychologie, speziell auf die Arbeit von Robert B. Cialdini, der sich auf dem Gebiet der Manipulationsforschung verdient gemacht hat und sechs Grundprinzipien zur Beeinflussung von Menschen aufzeigt. Sie sollen in diesem Kapitel vorgestellt und im Hinblick auf ihre Einsatzmöglichkeiten für den Hochstapler beleuchtet werden.[55]

1. Reziprozität

Reziprozität besagt, dass „auf bestimmte Handlungen mit ähnlichen Handlungen reagiert werden muß" und ist so stark, dass man sich ihr kaum entziehen kann (Cialdini 1997: 55). Das kann manipulativ genutzt werden: Wer jemandem (ungebeten) einen kleinen Gefallen tut, kann dafür ein Vielfaches zurückverlangen – und ziemlich sicher sein, dass er es auch bekommt. Denn der Gefragte wird von der Furcht, sonst als Geizkragen abgestempelt zu werden, und von dem unguten Gefühl, in jemandes Schuld zu stehen, völlig übermannt sein (vgl. ebd.: 51 ff; Ernst 1984: 22).

Da Geiz allgemein eher als negative Eigenschaft betrachtet wird, wollen Interaktionsteilnehmer vermeiden, dass ihr Gegenüber ihrem Image diese Eigenschaft zuordnet. Dies wird wiederum darin begründet sein, dass es Ziel eines jeden Interaktionsteilnehmers ist, Ehrerbietung (= symbolische Wertschätzung) von seinem Gegenüber zu erhalten. Da diese nur von anderen und in der Interaktion gegeben werden kann, werden die Interaktionsteilnehmer sehr darauf bedacht sein, sich in einem möglichst ehrerbietungswürdigen Licht darzustellen (vgl. Goffman 1986: 64 f). Da Geiz nicht als eine solch ehrerbietungswürdige

[55] Selbstverständlich erschöpfen sich die Möglichkeiten der Beeinflussung nicht in den hier genannten Techniken. Im Gegenteil: Die Literatur über Manipulation ist so umfassend, dass sie ganze Bibliotheken füllt. Cialdini, als wichtigster Vertreter der Manipulations- und Überzeugungsforschung innerhalb der Sozialpsychologie, soll hier lediglich einen ersten Einblick gewähren.

Eigenschaft angesehen wird, wird ein Verstoß gegen das Reziprozitätsprinzip selten sein[56].

- Der Hochstapler kann sich das Reziprozitätsprinzip zunutze machen, indem er sein Opfer (ungefragt) mit etwas beschenkt, das beim Opfer das Bedürfnis nach einem Gegengeschenk auslöst; idealerweise etwas, das dem Hochstapler hilft, seine Täuschung gelingen zu lassen.

2. Konsistenz

Cialdini nennt das Konsistenz-Prinzip auch „Fuß-in-die-Tür-Technik". Bei dessen Anwendung besteht die Aufgabe des Manipulators darin, sein Opfer dazu zu bewegen, einen kleinen Schritt in die vom Manipulator gewünschte Richtung zu machen, z.B. eine Petition zu unterschreiben, dass behinderte Menschen mehr unterstützt werden sollten. Mit dieser Unterschrift steigt die Wahrscheinlichkeit, dass der Manipulator zwei Wochen später von dem Unterschreibenden eine Spende für behinderte Menschen bekommt. Denn sobald „wir eine Entscheidung treffen oder eine Position vertreten, entstehen intrapsychische und interpersonelle Kräfte, die uns dazu drängen, uns konsistent mit dieser Festlegung zu verhalten" (Cialdini 1997: 82 ff; vgl. Cialdini 2001: 77 f).

Die Befolgung dieser Regel geht auch auf die Furcht vor einem Imageverlust zurück. Das Image an sich soll ja einen konsistenten Eindruck machen. Vertritt ein Darsteller aber vor dem jeweils gleichen Publikum mal die eine, dann wieder die andere Meinung, kann das Postulat der Konsistenz nicht aufrechterhalten werden. Der Darsteller käme in eine bedrohliche Lage, die mit einem Rollendilemma vergleichbar ist. Ob das Publikum tatsächlich so hart im Urteil wäre, käme vermutlich auf das Thema, die Art und die Häufigkeit des Meinungswechsels an. Fakt scheint aber, dass der Darsteller – unabhängig von der tatsächlichen Reaktion des Publikums – den Drang nach einer einheitlichen Dar-

---

[56] Den Wert dieses Prinzips für den Hochstapler hat auch Flynn erkannt, der in seinem *Handbuch für Hochstapler und Betrüger* seine Leser unter anderem dazu auffordert, das sogenannte „Schraubenzieher-Prinzip" anzuwenden, das mit der Reziprozitätsregel gleichzusetzen ist: „Wie können Sie einer Bank, ein Kind ein Plastiksparschwein schenkt, Ihr Geld nicht für Jahre anvertrauen, [...] welcher Rektor kann so herzlos sein, den Sohn eines Industriellen durchs Abitur fallen zu lassen, der gerade einen Satz Mikroskope für die Schule spendiert hat. [...] Nehmen Sie sich ein Vorbild [...]. Seien Sie nicht knausrig", rät Flynn in diesem Sinne (1987: 50).

stellung hat und deshalb gern bei seiner einmal geäußerten Meinung bleibt.

- Dem Hochstapler kommt das Bedürfnis nach Konsistenz insofern zugute, als dass er sein Publikum vielleicht nur zu Beginn der Vorstellung von der Gültigkeit seiner Rolle überzeugen muss. Denn wenn sich beim Publikum erst einmal die Entscheidung gebildet hat, dass es sich um eine „wahre" Darstellung handelt und das Publikum sogar so weit geht, dass es durch eine zur Darstellung des Hochstaplers „passende" und damit die (Hochstapler-)Darstellung akzeptierende Handlung/Reaktion zeigt (was wir als „Schritt in die richtige Richtung" verstehen wollen), ist aufgrund des Wirkmechanismus des Konsistenzprinzips der Drang des Publikums nach Konsistenz so stark, dass es bei der einmal gebildeten Meinung bleiben (hier: die angezeigte Rolle weiterhin akzeptieren) möchte und die weitere Darstellung des Hochstaplers vermutlich weniger kritisch betrachtet. Daher scheint es als äußerst relevant, gleich im ersten Moment die Rolle überzeugend darzustellen.

Diese Annahme stützt auch Goffman, der postuliert, dass eine

„entscheidende Bedeutung gerade jenen Informationen zukommt, die der Einzelne anfangs über seine Partner erwirbt oder besitzt; denn auf der Grundlage dieser Anfangsinformation beginnt er die Situation zu definieren und die Richtung seiner Reaktionshandlungen auszubauen" (Goffman 1991: 13 f; Hervorh. des Verf.).

Zu diesem Prinzip passt auch der *Halo-Effekt*, dem die Idee entspricht, dass der erste Eindruck die gesamte weitere Bewertung bestimmen kann (vgl. S. 81).

Watzlawick geht sogar so weit zu behaupten, dass „sobald eine Täuschung für wahr gehalten wird, sich zugleich auch weitgehende Blindheit für die Gegenbeweise einstellt" (Watzlawick 1976: 138 f), was die Vermutung über die Wirkung des Konsistenz-Prinzips bzw. die Bedeutung des ersten Eindrucks weiter bestärkt.

3. Soziale Bewährtheit

Darin steckt die Erkenntnis, dass auch der Mensch ein „Herdentier" ist und sich immer am Handeln anderer Personen orientiert, weil er scheinbar davon ausgeht, dass das, was alle tun, sich als gut bewährt hat/richtig ist. Dieses Prinzip funktioniert umso besser, je unsicherer eine Person ist und je ähnlicher die Person den Menschen ist, an denen sie Orientierung sucht (vgl. Cialdini 1997: 194 ff; Cialdini 2001: 79 f).

Möglicherweise steckt dahinter die Idee oder Erfahrung, dass das eigene Image umso mehr anerkannt wird, je ähnlicher es dem Image der anderen Interaktionspartner ist. Dadurch steigt die Chance auf Ehrerbietung und die Möglichkeit von Irritationen und Störfällen sinkt.

- Der Hochstapler kann sich das Prinzip der sozialen Bewährtheit zunutze machen, indem er sich darauf konzentriert, wenige Publikumsmitglieder von seiner Darstellung zu überzeugen/zu bestimmten Deutungen (und dadurch zu bestimmten Handlungen) zu bringen. Diese werden im Optimalfall zu „stillen Multiplikatoren", denen die anderen folgen. Zudem kann der Hochstapler mit einer höheren Erfolgsquote rechnen, wenn er sich unsichere Opfer sucht.

4. Sympathie

Je sympathischer uns jemand ist, desto schwerer fällt es, seinen Beeinflussungsversuchen standzuhalten. Auch das kann sich ein Manipulator zunutze machen, indem er entweder Freunde und Bekannte des Opfers einspannt oder sich selbst beim Opfer beliebt macht. Letzteres ist ebenfalls manipulativ zu erreichen, wenn die Faktoren bekannt sind, aufgrund derer man jemanden sympathisch findet. Dies sind: äußerliche Attraktivität, Ähnlichkeit (die auch nur behauptet sein kann), Komplimente[57], Lob und Anerkennung, Vertrautheit durch wiederholte Kontakte und Assoziationen mit positiven Dingen (Cialdini 1997: 202 ff, 225, 242 f; vgl. Cialdini 2001: 78 ff; Ernst 1984: 22).

In diesem Zusammenhang weist Cialdini auf den *Halo-Effekt* hin. Damit ist ein Beurteilungsfehler bezeichnet, der „bewirkt, dass ein einzelnes wahrgenommenes Merkmal einer Person alle anderen Merkmale dieser Person überstrahlt" (Kielholz 2008: 12). Das bedeutet, wenn im Kontakt mit einer Person eine einzige Eigenschaft besonders deutlich wahrgenommen wird (z.B. attraktives Aussehen), überträgt sich die Bewertung dieses einen Merkmals (als positiv oder negativ) auf die Bewertung vieler bis aller anderen (der für den Beobachter relevanten)

---

[57] „Offensichtlich haben wir eine Tendenz, mechanisch positiv auf Komplimente zu reagieren, und diese Tendenz ist so stark, daß wir auch auf Leute hereinfallen, die uns ganz unverhohlen Honig um den Bart schmieren, um unsere Gunst zu gewinnen", erklärt Cialdini (1997: 209).

Merkmale. Mit anderen Worten: Wir schätzen eine Person, die uns positiv als sehr attraktiv auffällt, in Folge auch als intelligent, humorvoll, eloquent, loyal etc. ein.[58]

Betrachten wir den Funktionsmechanismus des Sympathie-Prinzips genauer, sehen wir, dass er bei dem Bedürfnis nach Ehrerbietung ansetzt. So ist z.B. anzunehmen, dass Personen, die einem selbst ähnlich sind, diese Ähnlichkeit mit Ehrerbietung belohnen (siehe auch „soziale Bewährtheit"). Daher scheint die Interaktion mit ihnen per se gewinnbringend, wofür die Formulierung „die Person ist sympathisch" letztlich steht. Auch eine Interaktion mit Personen, die Lob und Komplimente verteilen, sind lohnend (und die Personen werden ebenfalls als sympathisch bezeichnet). Denn Lob und Komplimente sind expressive Formen der Ehrerbietung und erfüllen somit deutlich und unmittelbar das angestrebte Interaktionsziel.

- Da Sympathie eine Beeinflussung des Gegenübers scheinbar immer erleichtert, kann der Hochstapler Anerkennung, Lob und Komplimente verteilen und (z.B. durch erfundene Tatbestände) vortäuschen, seinem Opfer ähnlich zu sein, um ihm sympathischer zu erscheinen und dadurch leichteres Spiel zu haben.

5. Knappheit

Wer simuliert, dass eine bestimmte Sache, eine Person, eine Gelegenheit (zeitlich oder räumlich) nur begrenzt vorhanden ist, kann sich deren/dessen Wertsteigerung ziemlich sicher sein. Denn das „Gefühl, eine Gelegenheit zu verpassen ist so mächtig, daß wir darüber oft vergessen, ob wir die ‚Gelegenheit' wirklich brauchen" (Ernst 1984: 27; vgl. Cialdini 1997: 279 f).[59] Deshalb erscheint eine Wohnung, die auf den ersten Blick vielleicht gar nicht mal so sehr gefiel, plötzlich als die Beste, wenn der Makler erzählt, dass er vermutlich schon einen anderen Käufer hat.

---

[58] Der Halo-Effekt geht auf Thorndike (1920) zurück, der herausfand, dass wir Menschen aufgrund des ersten Eindrucks, der lediglich auf einem Merkmal beruht, pauschal in „ziemlich gut" oder „ziemlich schlecht" einteilen, statt differenziert nach verschiedenen Kategorien zu urteilen.

[59] Ariely hat in einem aufschlussreichen Experiment sehr anschaulich aufgezeigt, wie sehr wir von dem Drang getrieben sind, uns immer ein „Hintertürchen of fen halten" zu wollen – und welch hohen Preis wir in Kauf zu nehmen bereit sind, um möglichst keine Gelegenheit verstreichen, keine Tür zufallen zu lassen (vgl. Ariely 2008: 197-214).

- Der Hochstapler kann sich das Knappheitsprinzip vielleicht zunutze machen, indem er dem Türsteher/Opfer vortäuscht, selbst eine so begehrte Person zu sein, dass andere sich darum reißen, dass er an ihrer Tür um Einlass bittet.

6. Autorität

Durch die Ergebnisse diverser psychologischer Studien kommt Cialdini zu dem Schluss, dass der Gehorsam gegenüber Autoritäten und Experten so weit gehen kann, dass „die Untergebenen das Denken ein[stellen] und [...] auf bloßes Reagieren um[stellen]" (Cialdini 1997: 256)[60]. Dabei erstreckt sich die Beeinflussungsmöglichkeit nicht nur auf die Autoritäten selbst, sondern auch auf deren Symbole, die allein die Gefügigkeit auslösen können (ebd.: 256 ff; Cialdini 2001: 79 f; vgl. Eschenbach 1956: 31). Offenbar sind Autoritäten und Experten bzw. Symbole, auf die sie verweisen, auslösende Schlüsselmerkmale für die Handlungskette „blinden Gehorsam erweisen".

Diese Technik steht sozusagen in direktem Einklang mit der Erkenntnis, dass Symbole als Hilfen zur Situations(um)deutung dienen bzw. gezielt eingesetzt werden (können) (vgl. auch S. 67 ff). Zudem finden wir noch eine Möglichkeit, wie die Neigung des Publikums, beinahe schematisch Symbole zu interpretieren und Urteilsheuristiken zu starten (vgl. Kapitel *Ohne Vertrauen geht's nicht*, S. 46), aktiv unterstützt werden kann: Es müssen Symbole eingesetzt werden, die auf Rollen verweisen, die für eine gewisse Autorität stehen.

- Das Autoritätsprinzip kann sich der Hochstapler zunutze machen, indem er erstens Rollen spielt, die mit einer gewissen Autorität, zumindest mit Expertentum, verbunden werden, und zweitens deutlich erkennbare Symbole einsetzt, die eindeutig auf diese Rolle – und damit die Autorität – verweisen.

Ob solch manipulativen Techniken[61] zum Einsatz kommen oder nicht: Eines der wichtigsten Elemente für eine gelingende Hochstapelei scheint der gezielte Einsatz von Symbolen zu sein.

Im nächsten Kapitel wollen wir uns genauer anschauen, woher der Hochstapler diese (bzw. die richtigen) Symbole eigentlich bekommt.

---

[60] Vgl. auch Milgram 1975.

[61] Eine institutionalisierte Veranstaltung, bei der alle dieser sechs Manipulationsprinzipien strategisch zum Einsatz kommen, ist übrigens die klassische „Tupperparty". Zur näheren Erläuterung siehe Cialdini (1997: 197 ff).

Über die Requisitenkiste des Hochstaplers

Wie wir inzwischen wissen, ist es überaus entscheidend, dass der Hochstapler geeignete Symbole[62] einsetzt. Erst dadurch kann er seiner Darstellung die notwendige Überzeugungskraft verleihen, eine zu seiner Rolle passende Fassade und Erscheinung abbilden und dadurch wiederum seine drei Ziele (die Darstellung einer gewissen Kapitalmenge, -zusammensetzung und eines gewissen Lebensstils) erreichen. Es bleiben folgende Fragen:

1. Woher weiß der Hochstapler, welche Symbole für welches Publikum auf welchen Kapitalbesitz und Lebensstil verweisen?
2. Wie beschafft er sich die notwendigen Symbole?

Über die erste Frage kann nur spekuliert werden. Es ist anzunehmen, dass der erfolgreiche Hochstapler eine sehr gute Beobachtungsgabe hat, die ihm das notwendige Wissen über die Deutungen bestimmter Symbole verschafft und dass er das Verhalten von Personen in verschiedensten Rollen und Positionen aufmerksam studiert hat – besonders von denen, die er als zukünftige Opfer im Fokus hat. Wir werden in der Analyse ein Augenmerk darauf haben, ob erkennbar ist, woher das Wissen unseres speziellen Täuschers stammt.

Die zweite Frage kann zumindest theoretisch bearbeitet werden. Beginnen wir mit der Vorstellung der naheliegendsten, grundlegendsten und wirkungsvollsten Symbolbeschaffungsmethode: der Lüge.

---

[62] Dabei umfasst der Begriff „Symbol" alles vom Wort über Gesten und Gegenstände bis zu Hobbies, Vorlieben und Bildern. Letztlich können wir also auch alle Ausdrucksweisen des Habitus, alles, was auf einen bestimmten Lebensstil verweist, als Symbol bezeichnen.

Einfach, schnell und wirkungsvoll: Die Lüge

Eine viel genutzte Technik zur Erschaffung einer spezifischen, scheinbaren Wirklichkeit zur Hervorrufung einer „falschen" Deutung ist die Aneinanderreihung bestimmter Worte[63] – umgangssprachlich und auch hier genannt: die **Lüge**[64].

Die Lüge soll hier definiert sein als „bewußt falsche oder täuschende Aussage", kurz: als „das Gegenteil von Wahrheit"[65] (Delphendahl 1975: 7; Silbermann 1997: 77).

Der entscheidende Vorteil der Lüge: Ohne weitere Requisiten können sehr große Gebilde erschaffen werden. Die Lüge kann sozusagen das faktische Nicht-Vorhandensein relevanter anderer Symbole ersetzen:

Schließlich kann der Hochstapler zunächst schlicht *behaupten*, dass er ein teures Auto fährt, in einer großen Villa lebt, ein prall gefülltes Bankkonto hat (= materielles und ökonomisches Kapital). Er kann *behaupten*, dass er bestimmte Bildungsabschlüsse, Titel, Urkunden (institutionelles kulturelles Kapital) besitzt sowie bestimmte Zeitungen abonniert etc. (objektiviertes kulturelles Kapital).

Prinzipiell kann er auch über die Lüge auf angeblich vorhandene Netzwerke, Bekanntschaften, prestigeträchtige Jobs etc. verweisen (= soziales und symbolisches Kapital).

Kurz: Er kann „sich der Wörter [...] bemächtigen, um in den Besitz der Dinge zu kommen", wie Bourdieu (1982: 751) treffend formuliert.

Dabei gilt es allerdings einige Aspekte zu berücksichtigen.

Die Lüge – eine Kunst für sich

Zunächst sei bemerkt, dass erfolgreiches, also nicht entlarvtes Lügen keine allzu leichte Aufgabe ist. Denn die Diskrepanz zwischen Wahrheit und Lüge, die dem Lügner bewusst ist, erzeugt Spannungen (vgl.

---

[63] Diese sind der Definition nach ebenfalls Symbole.

[64] Vgl. Giese (1992: 1): „Sprache [...] ist nicht nur dazu geeignet, die wahren Gedanken und auch Gefühle, Absichten und Einstellungen ihrer Benutzer offenzulegen, sondern ebenso gut, diese zu verbergen und dafür andere laut werden zu lassen – mit einem Wort: zu täuschen."

[65] Wahrheit soll hier nicht für „objektive" allgemeingültige Wahrheit stehen, sondern für das, was der Lügner für wahr hält.

Falkenberg 1982: 21)[66]. Deren physische Auswirkungen sind zwar nicht so offensichtlich wie die bei Pinocchio sich mit jeder Lüge verlängernde Nase, aber sie sind durchaus sicht- und mit einem Polygraphen (Lügendetektor) auch messbar (vgl. Falkenberg 1982: 21). So haben verschiedene Lügendetektionsstudien gezeigt, dass bestimmte Verhaltensweisen beim Lügen häufiger auftreten als beim wahrheitsgetreuen Erzählen, und diese somit „Indikatoren" für bewusst falsche Aussagen sein können. Darunter fallen mimische Indikatoren (wie häufigeres Zwinkern, homogenere Mimik, schiefes Lächeln u. a.), gestische Indikatoren (wie vermehrte Übersprunghandlungen, verringerte redebegleitende Gesten u. a.), paraverbale Hinweise (erhöhte Stimmlage, mehr Tonhöhenwechsel, kürzere Antworten u. a.) und verbale und inhaltsbezogene Indikatoren (mehr irrelevante Informationen, mehr absolut/überzeugt formulierte Aussagen, weniger nachprüfbare Behauptungen, u. a.) (Lukesch 2003: 134 ff; vgl. Brockmann 1991: 11 ff; vgl. Sommer 1992: 127).[67]

Das macht die Ausdruckskontrolle der am schwierigsten zu kontrollierenden, nämlich der unwillkürlichen Zeichen, notwendig.

Einige Autoren vermuten, dass geschickte Lügner das Diskrepanzbewusstsein und damit die Lügenindikatoren ausschalten, indem sie sich so sehr in die Rolle hineinbegeben, dass sie selbst an das glauben, was sie sagen/spielen (vgl. z.B. Aschaffenburg 1907: 547; Sommer 1992: 133; Wulffen 1923: 19; Haag 1977: 86).

Neben der Unterdrückung entlarvender oder „verräterischer Zeichen" (Tönnies 1906: 5) (siehe auch Kapitel „Ausdruckskontrolle betreiben"), die u. a. durch eine hervorgebrachte Lüge erforderlich wird, wird dem erfolgreichen Lügner auch „eine Reihe von komplizierten intellektuellen Fähigkeiten abverlangt", um die Lüge überhaupt hervorzubringen

---

[66] Simmel drückt diese Diskrepanz aus als eine Spaltung der Persönlichkeit des Lügners in zwei Parteien, „von denen die eine bejaht, was die andere verneint" (Simmel 1992: 413).

[67] Hier wird übrigens deutlich, dass der Hochstapler sich mit der Lüge in eine Situation begibt, in der das Aufkommen unwillkürlicher Zeichen vorprogrammiert ist.

Dabei ist die Lüge nicht nur eine Technik, die der Hochstapler anwenden kann, um aktiv bestimmte Symbole oder Symbolwelten entstehen zu lassen. Die Lüge ist für ihn auch ein Mittel, das er – ähnlich einer Vermeidungsstrategie – immer dann (spontan) gebrauchen muss, wenn alternativ seine Enttarnung drohen würde. Somit zählt sie auch zu den Notfallstrategien.

(Mecke 2004: 10). Brockmann spezifiziert diese Fähigkeiten als Scharf-sinn, Raffinesse, gutes Vorstellungsvermögen, Kombinationsfähigkeit und Disziplin. Zur Konstruktion eines Lügengebildes komme dann noch „der schöpferische Akt hinzu, bei dem kreative Lösungen ent-wickelt werden müssen, um Unwahrheit glaubwürdig erscheinen zu lassen" (Brockmann 1991: 55). So kommt Brockmann (augenzwin-kernd) zu dem Schluss, dass „Lügen keine Spielerei, sondern eine menschliche Kunstfertigkeit ist" und „daß man mit dem Training nicht erst unmittelbar vor der Lüge beginnen kann" (Brockmann 1991: 55 f).

Worauf alle diese Ausführungen indirekt verweisen ist, dass die Lüge, um erfolgreich zu sein, vor allem konsistent sein muss. Ein Exkurs über die „Realität" und ihre Wahrnehmung wird deutlich machen, was darunter zu verstehen ist.

Exkurs über die Realität

Der These des operativen Konstruktivismus folgend, möchte ich hier annehmen, dass Realität konstruiert werden muss (vgl. Luhmann 2004: 18 f). Ob dies so ist, weil Realität als unerreichbarer Horizont (vgl. ebd.: 18) oder „als solche" gar nicht existiert und erst durch Objektivation (= Vergegenständlichung von Produkten menschlicher Selbstentäuße-rung) wirklich wird (Berger/Luckmann 2003: 64 f; vgl. Treibel 1997: 125), ist im Rahmen dieser Abhandlung nicht entscheidend. Entschei-dend ist die Konsequenz, die sich daraus ergibt: dass Realität „nichts weiter als ein Indikator für erfolgreiche Konsistenzprüfungen im Sys-tem" ist (Luhmann 2004: 19). So ist eine besonders wichtige Objektiva-tion beispielsweise die Zeichengebung; und Sprache als System voka-ler Zeichen laut Berger/Luckmann das wichtigste Zeichensystem der menschlichen Gesellschaft. Denn es kann „eine ganze Welt in einem Augenblick" erschaffen, real werden lassen (Berger/Luckmann 2003: 37 f, 41) – vorausgesetzt, dass diese Welt in sich stimmig ist und/oder in das Bild passt, das der Rezipient der Sprachbotschaft von Realität hat.

In dem Moment also, in dem eine Lüge (durch welches Zeichensystem auch immer) in sich konsistent ist und in das Bild passt, das das Publikum von Realität hat, wird sie glaubhaft[68] – und in ihren Konsequenzen real[69]: der Lügner kommt am „Türsteher" vorbei, kann das Publikum überzeugen (vgl. Strauss 2004: 41 ff; vgl. Watzlawick 1976: 141 f). Das ist allerdings erst die halbe Wahrheit.

Wer sich die Ziele, Hürden und Chancen des Hochstaplers noch einmal in Erinnerung ruft, wird merken: Die verbale Aussage, die Lüge allein, kann nur dann überzeugend sein, wenn keine anderen Codes abgefragt werden, außer denen, die rein sprachlich übermittelt werden (können). Sobald der Hochstapler nicht nur Worte, sondern auch seine optische Erscheinung und damit mehr von seinem Lebensstil zeigen muss, steigen die Anforderungen an eine überzeugende Darstellung – und der Bedarf an Symbolen. Wie sagt Behr-Brunetti so treffend: Die Anforderungen an die Hochstapelei können von einem heuchlerischen Lächeln oder Augenaufschlag „bis zu dem raffiniert durchgeführten Komödienspiel, bei dem alle möglichen Hilfsmittel angewandt werden", reichen (Behr-Brunetti 1927: 271; vgl. auch Brockmann 1991: 11).

Schauen wir uns also an, woher der Hochstapler die über die Lüge hinausgehenden Symbole bekommen kann.

Vom Fälschen, Stehlen und anderen Betrügereien

Vorausgesetzt, die Diskrepanz zwischen dem Realen und dem Nominellen ist so gering, dass eine Lüge allein nicht mehr ausreicht, entscheidet die Art des Kapitals, ob und wie sich der Hochstapler die benötigten Symbole beschaffen kann.

Geht es um die Beschaffung materieller Symbole (wie Geld, Autos, teure Anzüge, Accessoires, Häuser, Villen, Gemälde, Kunstobjekte,

---

[68] Ein Grund, warum mangelnde Ausdruckskontrolle entlarvend wirkt, liegt meines Erachtens darin, dass die Zeichen nicht konsistent zu der geäußerten Lüge sind.

[69] Dies geht auf das so genannte „Thomas-Theorem" zurück, das nach W. I. Thomas benannt wurde und (in Übereinstimmung mit dem Symbolischen Interaktionismus) annimmt, dass Menschen je nach ihrer Definition der Situation handeln: „if men define situations as real, they are real in their consequences" (Friedrichs 1995: 680; Hervorh. des Verf.).

etc.), die auf *ökonomisches* oder *objektiviertes kulturelles Kapital* verweisen, so bestehen (mindestens) folgende Möglichkeiten:

Der Hochstapler kann die entsprechenden Objekte stehlen oder sich ihrer leihweise (möglicherweise sogar wieder ausschließlich verbal, aber mit sichtbarer Unterstützung) bedienen und unter Vortäuschung falscher Tatsachen als sein Eigentum ausgeben: *„Sehen Sie diese Ländereien, über die wir gerade hinwegfliegen? Die gehören alle mir."*

Soll *institutionalisiertes kulturelles Kapital* präsentiert werden, so kommt der Hochstapler wohl um Fälschungen nicht umhin, außer: Er agiert unter falschem Namen und kann Zeugnisse, Diplome, Urkunden etc. vorlegen, die ohne Lichtbild-Nachweis auskommen, aber mit „seinem" Namen versehen sind.

Hingegen scheint es keine Möglichkeit zu geben, *inkorporiertes kulturelles Kapital,* also Wissen, darzustellen, das nicht auch faktisch vorhanden ist. Wie soll detailliertes medizinisches, mathematisches, psychologisches, philosophisches Wissen ausgeliehen oder gestohlen werden? Nein, hier wird es brenzlig, wenn der Hochstapler solches vorgetäuscht hat zu besitzen, ohne faktisch damit aufwarten zu können.

Ähnliches gilt für die Täuschung über den Besitz von *sozialem* und *symbolischem Kapital*: Hier scheinen sich die Möglichkeiten der Täuschung tatsächlich auf die Lüge zu begrenzen[70]. Natürlich sind sehr kreative, einfallsreiche, aufwändige Darstellungen, die vielleicht noch weitere Täuscher einbinden, theoretisch denkbar. Praktisch scheint es aber keine Symbole (außer der Rolle an sich) zu geben, die auf eine gängige Art und Weise beschaffbar sind, um auf soziales oder symbolisches Kapital zu verweisen.

Für alle Symbole gilt natürlich, dass sie jeweils zu dem mit der gespielten Rolle verbundenen Lebensstil passen müssen. Es genügt nicht, ein teures Auto oder einen teuren Anzug zu haben – nein, eine bestimmte Marke, eine bestimmte Ausstattung, ein bestimmter Schnitt, eine bestimmte Art und Weise, das Auto zu fahren, den Anzug zu tragen, sind entscheidend. Aber, insofern der Hochstapler weiß, welche Anforderungen diesbezüglich bestehen, gelten die dargestellten Beschaffungsmöglichkeiten.

---

[70] Wie durch eine Lüge konkret eine Steigerung des sozialen (und damit idealerweise auch des symbolischen) Kapitals erreicht werden kann, beschreibt der Lift-Effekt (S. 153).

Was die Facetten des Lebensstils ausdrückt, die der Hochstapler durch seine Person preisgibt, wie Gestik, Mimik, Ausdrucksweise, Körperhaltung, Geschmack, etc., gibt es ebenfalls keine Diskrepanz: Hier muss die Darstellung absolut authentisch und stimmig sein.

Zusammenfassung

Inzwischen haben wir einen ganz guten Überblick über die Techniken und Methoden der Hochstapelei sowie ein griffiges anschauliches Begriffsinstrumentarium für ihre Analyse gewonnen. Hier die Ergebnisse im Überblick:

Der Hochstapler ist eine *Person*, die eine *Rolle* spielt, die „legal" nur von einer Person gespielt werden darf, die sich (legal) in einer höheren sozialen Position befindet.

Alle Techniken, die insgesamt angewandt werden, um die Situationsdeutung zu beeinflussen, um die Rolle zu inszenieren, nennen wir *Darstellung*. Der Versuch, ein Publikum bewusst zu einer falschen Vorstellung über die Situation zu bringen, heißt *Täuschung*. Diejenigen, die der Hochstapler zu täuschen versucht, nennen wir *Publikum* oder *Opfer*.

Da das Publikum bestimmte Erwartungen an bestimmte Rollen (und vor allem die mit bestimmten Rollen einhergehenden Fassaden) hat, muss der Hochstapler seine *Fassaden* diesen Erwartungen anpassen. Das heißt, er muss sich eine passende *Erscheinung* aneignen sowie ein entsprechendes *Verhalten*, und sein *Bühnenbild*, die (meist) unbeweglichen Teile der Fassade, wie Kulissen und Requisiten, auf die Rolle und die Erwartungen des Publikums abstimmen.

Um die *Darstellung* in eine gelungene, d. h. überzeugende *Täuschung* zu überführen, gilt es vor allem, die *Hinterbühne* zu schützen, sprich: alle Informationen, die die Darstellung diskreditieren könnten, vor dem *Publikum*, den *Opfern* abzuschirmen, zu verbergen. Um dies zu erreichen, können Techniken wie *Vermeidung* und *Publikumssegregation* angewendet werden; besonders wichtig sind allerdings eine sehr gute *Ausdruckskontrolle* und der Einsatz *instrumenteller Züge*.

Gelingt die *Ausdruckskontrolle* besonders gut, so kann dies als Kennzeichen für eine vorhandene *Bühnensicherheit* gedeutet werden. Dabei beschreibt *Bühnensicherheit* die Gelassenheit und Selbstbeherrschung, letztlich

„die Fähigkeit, den Gefahren und Versuchen, vor einem großen Publikum zu erscheinen, standzuhalten, ohne aus der Fassung

93

gebracht, verwirrt, befangen oder ängstlich zu werden", während man „von anderen beobachtet [...] eine leicht diskreditierbare Rolle zu spielen hat" (Goffman 1986: 245).

Falls es trotz aller Vorsichtsmaßnahmen doch zu brenzligen Situationen für den Hochstapler kommt, können folgende Notfallstrategien ihn vielleicht doch noch vor der Enttarnung schützen: *Offenheit, Russisches Roulette, Gefühlsfalle, Scheinbeichte, Empörung* und die Flucht nach dem *Chamäleon-Prinzip* (vgl. Kapitel *Wenn's brenzlig wird – Notfallstrategien;* S. 73 ff).

Grundsätzlich kann der Hochstapler davon ausgehen, dass sein Publikum *naive Züge* macht und sich dadurch leicht fehlleiten lässt. Denn das Publikum hat die Tendenz, Symbole beinahe automatisch und schematisch zu interpretieren. Zudem hat das Publikum den Drang, jegliche Störfälle in Interaktionen zu vermeiden und – im Störfall – das Gleichgewicht schnell wieder herzustellen. Daher gibt es einige Techniken, die das Publikum anwendet, um selbst fremde Darstellungen zu schützen, was dem Hochstapler sehr zugutekommt.

Um *Zweifel* des Publikums zu vermeiden, die womöglich zu gezielt gestellten *Fallen* führen, und um seiner Täuschung mehr Glaubwürdigkeit zu verschaffen, kann der Hochstapler auf Manipulationstechniken zurückgreifen: Er kann beispielsweise Lob, Anerkennung und Komplimente verteilen, um Sympathiepunkte zu gewinnen und um dadurch das Vertrauen seines Publikums zu erhöhen. Möglich ist auch, dass er seinen „Wert" steigert, indem er „*Knappheit*" in Bezug auf seine eigene Person suggeriert. Indem der Hochstapler Symbole oder Rollen wählt, die auf *Autorität* oder Expertentum verweisen, kann er die Tendenz des Publikums erhöhen, Symbole schematisch zu deuten. Weiterhin ist anzunehmen, dass die Täuschung weniger gefährdet ist, wenn der Hochstapler sich vor allem auf einen überzeugenden Beginn der Darstellung konzentriert. Denn – in Anlehnung an das *Konsistenz-Prinzip*, welches bewirkt, dass das Publikum seine einmal gefasste Meinung über die Rolle des Hochstaplers grundsätzlich nicht mehr revidieren möchte –, scheint es sehr wahrscheinlich, dass ein zu Beginn gänzlich überzeugtes Publikum im weiteren Verlauf weniger kritisch auf die Darstellung blickt.

Der Hochstapler kann sich zunächst auch auf die Überzeugung weniger Opfer konzentrieren und auf das Prinzip der *sozialen Bewährtheit* setzen. Wenn dieses greift, folgt im Idealfall das restliche Publikum in seinem Urteil dem (hoffentlich vom Hochstapler beabsichtigten) Urteil der bereits überzeugten Opfer.

In Situationen, in denen der Hochstapler möchte, dass ihm jemand einen Gefallen schuldet, kann er sich das *Reziprozitäts-Prinzip* zunutze machen, indem er demjenigen, von dem er den Gefallen benötigt, etwas schenkt. Die Reziprozität wird den Drang auslösen, ein gleichwertiges „Geschenk" zurückzugeben.

Um die für die Täuschung notwendigen Fassaden zu errichten, benötigt der Hochstapler verschiedene Symbole. Einige davon kann er sich durch geschicktes *Lügen* erschaffen, sofern es ihm gelingt, eine in sich konsistente Lüge zu entwerfen, die in das Bild des Opfers passt. Dies ist primär und am leichtesten in Situationen möglich, in denen ausschließlich Worte abgefragt werden und eine große Diskrepanz zwischen dem Realen und dem Nominellen besteht.

Ist diese Diskrepanz so gering, dass eine Lüge allein nicht ausreicht, um zu überzeugen, kommt der Hochstapler nicht umhin, bestimmte Symbole zu stehlen, zu fälschen oder auszuleihen (und unter Vortäuschung falscher Tatsachen als sein rechtmäßig erworbenes Eigentum darzustellen). Interessanterweise mögen für manche Darstellungen sogar Verweise auf für das Publikum sichtbare Symbole genügen, die der Hochstapler dann wiederum über die Technik des Lügens als seinen Besitz ausgeben kann.

Keine Möglichkeit der Hochstapelei scheint es hinsichtlich des inkorporierten kulturellen Kapitals zu geben, weil an dieser Stelle jegliche Diskrepanz zwischen Realem und Nominellem aufgehoben ist.

Für alle Symbole, ob gestohlen, erlogen oder geliehen, gilt jedoch, dass sie zum Lebensstil passen müssen, wenn die Täuschung überzeugend sein soll.

TEIL 3: HOCHSTAPELEI IM FILM

Warum Filmanalyse?

Insgesamt haben wir auf theoretischer Ebene viele Techniken, Methoden und Prinzipien ermittelt, die Hochstapler a) per definitionem anwenden müssen, b) anwenden können, und c) die ihnen passiv bei ihrer Tätigkeit zugutekommen (siehe Teil 1 und 2).

Da eine Hochstapelei selten „live" beobachtet werden kann, werde ich zur Überprüfung, Veranschaulichung und Erweiterung der gewonnen Erkenntnisse auf den Gegenstand Film ausweichen. Dieser scheint mir geeignet, da laut Goffman sowohl die Inszenierung einer Theaterrolle (die ja mit einer Filmrolle vergleichbar ist) als auch die Inszenierung einer Hochstapelei auf der Anwendung gleicher Techniken beruht (vgl. S. 53).

Um dieses Ziel zu erreichen, habe ich den Film *Catch Me If You Can* (2002) gewählt, der sich dadurch als besonders geeignet erweist, dass er die Geschichte eines Mannes erzählt, der – im Vergleich zum *Hauptmann von Köpenick* (1997) – nicht nur eine Rolle unerlaubterweise und im Sinne einer Hochstapelei spielte, sondern mehrere. Der Film basiert auf der wahren Geschichte des Hochstaplers und Scheckbetrügers Frank W. Abagnale, der in den 70er Jahren *„was known as one of the world's most famous confidence men"* (Abagnale & Associates 2011; Hervorh. des Verf.).

Catch Me If You Can (2002), Regie: Steven Spielberg

Der Plot des Films besteht aus drei Handlungssträngen. Der eine erzählt die Geschichte des Jugendlichen Frank William Abagnale Jr. (Leonardo DiCaprio), der nach der Scheidung seiner Eltern von zu Hause wegläuft und eine Karriere als Scheckbetrüger und Hochstapler beginnt. Der zweite Handlungsstrang berichtet über die Fahndung des FBI-Agenten Carl Hanratty (Tom Hanks) nach diesem Betrüger. Beide Handlungsstränge sind miteinander verwoben, d. h. es gibt Berührungspunkte an verschiedenen Stellen. Gegen Ende der Geschichte laufen sie zusammen und bilden den dritten Handlungsstrang, der den gemeinsamen Weg von Frank und Carl nach der Festnahme schildert.

Alle drei Stränge verlaufen jeweils linear, ihre kombinierte Anordnung ist jedoch zeitlich nicht chronologisch. Der Film arbeitet mit Rückblenden, die ihren Ausgangspunkt in einer Fernseh-Berufs-Rate-Show [vergleichbar mit dem deutschen Format *Was bin ich?*; Anmerkung des Verf.] nimmt, in der Frank als Hochstapler auftritt.

Das Ziel dieses Kapitels ist es, möglichst übersichtlich darzustellen, welche Techniken Frank bemüht, wie er seine hochstaplerische Darstellung plant und durchführt, welche Schutzmanöver und -maßnahmen er ergreift. Deshalb scheint es mir sinnvoll, der Geschichte in ihrer zeitlichen Chronologie zu folgen und nicht entlang des Plots. Auch andere filmästhetische Gestaltungskriterien können hier vernachlässigt werden, da sie für unsere Betrachtung irrelevant sind.

Genauer ansehen wollen wir Szenen, deren dargestellte Situationen die Kriterien der Hochstapelei erfüllen bzw. mit ihrer Durchführung in Verbindung stehen.

Die Betrachtung soll sich an folgendem Leitfaden orientieren:

Leitfaden

Um zu bestimmen, ob es sich bei der betrachteten Handlung um eine Hochstapelei im definierten Sinne handelt und um festzustellen, wer sie herstellt und wer getäuscht wird, sind folgende Fragen zu beantworten:

1) Wer ist die hochstapelnde **Person**?

2) Welche **Position** hat sie im sozialen Raum/Welche Kapitalmenge und -struktur besitzt sie?

3) Welche **Rolle(n)** spielt die Person?

4.) Welche Position/**Kapital**menge und -struktur müsste eine Person haben, der es erlaubt ist, diese Rolle zu spielen?

→ Differieren (2) und (4) so, dass die Position von (4) höher liegt als die von (2), dann ist der Tatbestand der **Hochstapelei** erfüllt.

5) Wer ist das **Publikum** bzw. **Opfer**?

Um festzustellen, mit welchen Hürden der Hochstapler konfrontiert ist und wie seine Chancen stehen, diese zu nehmen, gilt es folgende Fragen zu beantworten:

6) Welche **Codes** werden abgefragt [bzgl. Kapital(arten), Lebensstil (Geschmack/Praktiken)]?

7) Bedient er die Codeabfragen mit den richtigen **Losungen**?

8) Wenn er sie beherrscht, stellt sich die Frage: Wie und wo hat er sie **erlernt**?

9) Gibt es eine **Diskrepanz** zwischen dem Nominellen und dem Realen in der (Täuschungs)situation?

Um festzustellen, welche Techniken er anwendet, um die Codes (scheinbar) zu erfüllen, sollten folgende Fragen beantwortet werden:

10) Entsprechen die **Fassaden (Bühnenbild** und **persönliche Fassade (= Verhalten und Erscheinung))** und somit die Rollendarstellung den Erwartungen des Publikums?

11) Welche **Symbole** benutzt er, um seine Opfer zu einer falschen Deutung zu lenken, um die Täuschung überzeugend zu gestalten?

12) Wie kommt er in den **Besitz** der Symbole, die er verwendet?

13) Wenn er **Lügen** verwendet: Sind sie **konsistent** und passen sie in das **Realitätsbild** des Opfers?

14) Benutzt er Symbole, die auf **Autorität** oder Expertentum verweisen (oder macht er sich das Autoritätsprinzip anderweitig zunutze)?

15) Betreibt der Hochstapler **Ausdruckskontrolle**?

16) Welche **instrumentellen Züge** macht der Hochstapler?

17) Wie **bühnensicher** (gelassen) gibt sich der Hochstapler?

18) Beeinflusst der Hochstapler seine Opfer durch Anwendung des **Knappheitsprinzips**?

19) Beeinflusst der Hochstapler seine Opfer durch Anwendung des **Sympathieprinzips,** indem er z.B. Komplimente, Lob und Anerkennung verteilt? Ist er sehr attraktiv und löst dadurch eventuell den Halo-Effekt aus?

20) Beeinflusst der Hochstapler seine Opfer durch Anwendung des Prinzips der **sozialen Bewährtheit,** indem er sich z.B. darauf konzentriert, zunächst Wenige zu überzeugen, die dann wiederum die vielen Anderen überzeugen (sollen)?

21) Beeinflusst der Hochstapler seine Opfer durch Anwendung des **Reziprozitätsprinzips,** indem er strategische Geschenke macht?

22) Setzt der Hochstapler **betrügerische Techniken** ein (z.B. Stehlen oder Fälschen)?

Um zu ermitteln, ob und wann der Hochstapler weniger Aufwand betreiben muss, um zu überzeugen, stellen wir folgende Fragen:

23) Kommt dem Hochstapler das **Konsistenz-Prinzip** zugute? (Kann er z.B. nach einer anfänglich guten Inszenierung die Qualität seiner Vorstellung mindern und aufgrund des Konsistenz-Prinzips dennoch weiterhin überzeugen?)

24) Reagiert das Publikum/Opfer auf bestimmte Symbole (**Schlüsselmerkmale**) fast automatisch?/Zeigt sich die **Neigung** des Publikums, Symbole zu deuten?

25) Wann und wie **schützt das Publikum** die Darstellung des Hochstaplers; z.B. durch Takt?

(26) Macht das Opfer/Publikum **naive Züge**?

Um festzustellen, wie sich der Hochstapler selbst vor der Enttarnung schützt und ob es brenzlige Situationen gibt, sollten folgende Fragen geklärt werden:

27) Gibt es beim Hochstapler eine **Imagebedrohung**? Wenn ja: Welche **Ausgleichshandlungen** leitet er ein?

28) Gibt es **Zweifler**?

29) Werden **Fallen** gestellt?

30) Gibt es ein **Rollendilemma** oder gelingt die **Publikumstrennung**?

31) Bewacht der Hochstapler den Zutritt zur **Hinterbühne**?

32) Setzt der Hochstapler **Vermeidungsprozesse** in Gang?

33) Welche **Notfallmaßnahmen** (Offenheit, Russisches Roulette, Gefühlsfalle, Scheinbeichte, Empörung, Chamäleon-Prinzip) bemüht
der Hochstapler?

Für den Fall, dass die Enttarnung unaufhaltsam ist, ist zu klären:

34) (Wie) Gelingt dem Hochstapler die **Flucht**?

Die Reihenfolge der Leitfragen ist willkürlich gewählt; sodass sich die
Analyse nicht streng an dieser orientieren muss, um Erkenntnisgewinn
in Bezug auf die Ausgangsfrage zu liefern. Die Nummerierung dient
lediglich der Zuordnung von Interpretation und Leitfrage. Es sei zudem darauf verwiesen, dass die Beschreibung[71] der zu analysierenden
Szenen sich auf die für die Zwecke dieser Untersuchung relevanten
Aspekte beschränkt.

Analyse

Da alle (im Rahmen dieser Analyse betrachteten) Hochstapeleien im
Film von der gleichen *Person* begangen werden, kann die erste Frage
für alle Situationen gleich beantwortet werden: [1] Die hochstapelnde
Person ist Frank William Abagnale Jr. (Leonardo DiCaprio).

[2] Als er seine erste Hochstapelei begeht, ist er Schüler, hat kein festes
und im Sinne der Definition reproduzierbares Einkommen, lebt nur
von dem Geld, das ihm seine Eltern hin und wieder zustecken. Er besitzt also kaum *ökonomisches Kapital*. Sein *kulturelles Kapital* ist ebenfalls
gering. Als Schüler hat er noch keinen Bildungsabschluss, also kein
institutionalisiertes kulturelles Kapital. In seinem Zimmer und der Wohnung seiner Eltern sind keine Bücher zu sehen, lediglich ein paar Co-
mics gehören zu Franks Besitz und in der Wohnung der Eltern hängen
ein paar Bilder an der Wand, deren Motive nicht erkennbar sind; es
gibt also kaum Hinweise auf *objektiviertes kulturelles Kapital*. Wie viel
inkorporiertes kulturelles Kapital Frank besitzt, kann aus den Informatio-

---

[71] Da auch der Film ausnahmslos symbolisch vermittelt ist (siehe S. 44), muss
darauf hingewiesen werden, dass selbst die Beschreibung nur Interpretation
sein kann.

nen, die der Film bietet, nicht entnommen werden. *Soziales Kapital* scheint er jedenfalls nicht zu besitzen. Außer seinen Eltern gibt es nur wenige Personen, mit denen er überhaupt in Kontakt tritt.

Erste Hochstapelei: Der Französischlehrer

[3] Die erste *Rolle*, die Frank unerlaubterweise spielt, ist die eines Französischlehrers:

Beschreibung der Szene

An seinem ersten Tag an einer neuen Schule trägt Frank aus Gewohnheit seine alte Schuluniform („*I'm used to it*", erklärt er seiner Mutter auf ihre Frage, warum er die Uniform trage), bestehend aus einem schwarzen Jackett mit Schulemblem und einer Stoffhose. Damit fällt er den anderen Schülern auf, die keine einheitliche Uniform tragen. „*You selling encyclopedias?*", fragt ihn einer seiner neuen Mitschüler. Ein anderer ergänzt mit einem Blick auf Frank: „*He looks like a substitute teacher*". Daraufhin geht Frank auf die Tafel zu, bleibt dort – die lederne Aktentasche in der linken Hand, zwei Bücher unter den linken Arm geklemmt – stehen, und schreibt mit Kreide „*Mr. Abagnale*" an. Dabei sagt er sehr laut, den Lärm der Klasse übertönend: „*Quiet down, people. My name is Mr. Abagnale.*" Er dreht sich zur Klasse um und fährt mit gleichbleibend lauter Stimme fort: „*That's Abagnale, not Abagnahlee, not Abagnaylee, but Abagnale.*" Er legt die Aktentasche mit einem lauten Knall auf dem Pult ab, nimmt ein Buch in die Hand, öffnet es und fragt, während er mit Blick in das geöffnete Buch in seiner Hand gemessenen Schrittes durch die Pultreihe geht: „*Now, somebody please tell me where you left off in your textbooks?*" Die Schüler halten mit ihren Gesprächen inne, verharren in ihren Bewegungen und schauen Frank an. Ein Schüler setzt sich hektisch auf seinen Platz. Frank richtet seinen Blick auf die Schüler und fordert mit lauter Stimme: „*Excuse me, people, if I need to ask again I'm going to write up the entire class. Take your seats!*" Beim letzten Satz hebt und senkt er mit schneller Bewegung seinen rechten Arm. Während die Schüler sich auf ihre Plätze begeben, schaut Frank, den in diesem Moment keiner der Schüler anschaut, mit den Augen hektisch nach links und rechts, legt die Stirn in Falten; bleibt in seiner Haltung starr, und beginnt, mit auf das Buch in seiner Hand fokussiertem Blick, durch die Mittelreihen nach vorn in Richtung Pult zu gehen. „*Chapter Seven*", antwortet eine Schülerin auf die zuvor gestellte Frage, woraufhin Frank zu dem Jungen geht, der ihn zuvor abfällig als „wie ein Aushilfslehrer aussehend" betitelt und schon vor

Betreten der Klasse absichtlich angerempelt hat, und spricht ihn an: *„Excuse me. What is your name?"* Der Schüler antwortet: *„Brad."* Daraufhin fordert ihn Frank auf: *„Brad, why don't you get up here in front of the class here and read conversation number five?"*, greift ihm dabei mit der Hand unter den Arm und zieht ihn ein wenig hoch und in Richtung Pult. Vor dem Pult lässt er ihn stehen, geht selbst mit geradem Rücken und gemessenen Schrittes um das Pult herum, während Brad mit dem Lesen beginnt. Er liest schlecht, die Klasse lacht über ihn. Frank verzieht keine Mine, bleibt mit geradem Rücken, ernstem, strengem Gesichtsausdruck und der Klasse zugewandtem Blick neben dem Schüler stehen. Plötzlich betritt eine ältere Dame den Klassenraum, schaut sich die Klasse und Frank an und sagt, sie sei gerufen worden, um die Vertretung für Roberta zu übernehmen. Frank, der neben dem lesenden Schüler vor der Klasse steht, beugt sich mit dem Oberkörper zu ihr, das Buch aufgeschlagen in der rechten Hand, die andere Hand in der linken Hosentasche, und sagt lächelnd und mit leiser, freundlicher Stimme: *„Well, I always sub for Roberta"*, wendet sich kurz dem lesenden Schüler zu und sagt in einem lauteren und strengen Ton: *„Excuse me, why don't you reading?"* Dann dreht er sein Gesicht, lächelnd, wieder der älteren Dame zu, die sagt, sie würde nie wieder den Weg zu dieser Schule machen, und er möge ausrichten, dass man sie nicht mehr anrufen solle. Während sie schimpft und schimpft, beginnen die Schüler über sie zu lachen und sie lachen weiter, bis die Dame, weiter schimpfend, den Raum verlässt. Die Szene endet.

In der nächsten Szene sind Franks Eltern zu sehen, die in einem Büro vor dem Schreibtisch eines Mannes sitzen, der laut Namensschild (*„PRINCIPAL EVANS"*) auf dem Schreibtisch der Schuldirektor namens Evans ist. Dieser erklärt ihnen: *„For the past week Frank has been teaching Mrs. Glasser's French Class."* Auf Nachfrage der Mutter erläutert Evans weiter: *„Your son has been pretending to be a substitute teacher, lecturing the students, giving out homework. Mrs. Glasser has been ill and there was some confusion with the real sub. Your son held a teacher-parent-conference yesterday and was planning a class field trip to a French bread factory in Trenton."*

Analyse der Szene/Hochstapelei

[4] Unerlaubt war die Übernahme der Lehrer*rolle*, da die soziale Position eines „legitimen" Lehrers wesentlich höher angesiedelt ist als die von Frank. So besitzt ein Lehrer durch sein geregeltes Einkommen eine gewisse Menge an *ökonomischem Kapital*, und auch *kulturelles Kapital* gehört zu seinem Besitz, denn um den Lehrerberuf legitim ausüben zu

dürfen, sind festgelegte Bildungsabschlüsse erforderlich, also eine gewisse Menge an *institutionalisiertem kulturellem Kapital*. Diese Bildungsabschlüsse setzen eine gewisse Menge an Wissen, also *inkorporiertes Kapital*, voraus, und es ist anzunehmen, dass zumindest ein paar Studienbücher (also *objektiviertes kulturelles Kapital*) im Besitz eines legitimen Lehrers sind. *Soziales Kapital* ist für eine legitime Darstellung dieser Rolle nicht zwingend erforderlich.

Wenngleich durch diese wenig konkreten Anhaltspunkte auch die Position einer *Person*, die legitimiert ist, eine Lehrer*rolle* zu spielen, nicht detailliert bestimmt werden kann, so wird zumindest deutlich, dass ihre Position eindeutig höher ist als Franks. Damit ist der Tatbestand der *Hochstapelei* erfüllt.

[5] Die *Opfer*, das *Publikum* der *Täuschung*, sind in diesem Fall primär die Schüler und die „richtige" Vertretungslehrerin sowie sekundär die Eltern, die Frank zum Elternabend einberufen hat, sowie der Schuldirektor.

Weshalb die *Täuschung* – zumindest für die Dauer einer Woche bzw. in dieser Szene – gelingen konnte, zeigt die weitere Analyse:

Die beiden Schüler, die Frank mit den Sätzen „*You selling encyclopedias?*" und „*He looks like a substitute teacher*" begegnen, deuten, [24] aufgrund ihrer Neigung, Symbole zu interpretieren, die Situation wie folgt: Er ist ein neuer Mitschüler, dessen [10] persönliche Fassade ihrer Erwartung nach nicht zu der Rolle eines Schülers passt. [6] Der Code „Schülerkleidung/keine Schülerkleidung" ist ihrer Meinung nach nicht korrekt erfüllt. [10] Die Tatsache, dass sie gleich mitteilen, zu welcher *Rolle* die *persönliche Fassade/Erscheinung* ihrer Meinung/Erwartung nach passen würde – nämlich z.B. zu der Rolle eines Vertretungslehrers –, ist für Frank wie eine [6/7] offene Tür, die zum Einlass bittet, weil sie die Losung für eine Codeabfrage beinhaltet: [7] Seine Kleidung führt bei der Abfrage „Vertretungslehrerkleidung/keine Vertretungslehrerkleidung" zum Durchlass; zumindest in Verbindung mit dem bereits vorhandenen und offensichtlich dazu passenden [10] *Bühnenbild*, dem Klassenzimmer. Diese sich bietende Chance der bereits geöffneten Tür macht sich Frank zunutze. Indem er [11] seinen Namenszug an die Tafel schreibt, sich den Schülern als Mr. Abagnale vorstellt und ihnen Arbeitsanweisungen gibt, verleitet er das [5] *Publikum*, die Schüler, zu einer Umdeutung der Situation. Das, was einer von ihnen ursprünglich scherzhaft und provokativ formuliert hat ([10/11/12] dass Franks *persönliche Fassade/Erscheinung* zur *Rolle* eines Aushilfslehrers passt), scheint in ihren Augen nun die „richtige" Definition zu sein. Interessanterweise kommt Frank zunächst ohne *Lüge* aus: Er sagt nicht, dass er Lehrer ist, sondern nur seinen Namen. [11] Er beschränkt sich ausschließlich auf die Nutzung anderer Symbole (Namen an Tafel schreiben, Uniform anhaben, Arbeitsaufträge erteilen, am Pult stehen, laut sprechen ...). Dass die Schüler seine *Täuschung* mehr oder weniger sofort glauben, zumindest seinen Anweisungen gehorchen, mag zum einen als [26] *naiver Zug* bezeichnet werden, geht zum anderen aber auch auf das [14] *Autoritätsprinzip* zurück und die [24] Neigung zu automatischen Reaktionen auf bestimmte Schlüsselreize, denn die *Rolle*, die er für seine *Täuschung* gewählt hat, verweist auf *Autorität* und löst beinahe automatisch blinden Gehorsam aus. [11] Die laute, strenge Stimme, die körperliche Gewalt, die er anwendet, um den Schüler Brad vor dem Pult lesen zu lassen, sowie die Drohung, die ganze Klasse bei Nicht-Gehorchen ins Klassenbuch einzutragen, können alle als *Symbole* gelesen werden, die auf Autorität verweisen und die *Täuschung* stützen sollen. Dazu zählen auch die *Ausdruckselemente* der Strenge, die er erzeugt (ernste Mine, strenger Blick), die als [16] *instrumentelle Züge* gewertet werden können. Möglicherweise kommt ihm passiv auch das Prinzip der [20] *sozialen Bewährtheit* zugute: Selbst wenn einige Schüler zunächst Zweifel hegen, ob es sich bei Frank tatsächlich um einen Vertretungslehrer handelt, werden die Opfer schnell von der „Richtigkeit" der *Darstellung* überzeugt, weil andere unmittelbar gehorchen, sich setzen und Franks Frage beantworten. Der kurze Moment, in dem Frank seine Anweisung ausspricht und noch niemand gehorcht, kann als Moment interpretiert werden, in dem sein [27] *Image* (als autoritärer Lehrer, dessen Anweisungen Folge zu leisten ist), das er gerade aufbauen möchte, bedroht ist. Diese Bedrohung wird allerdings durch die [25] *Neigung des Publikums*, die Darstellungen der anderen zu schützen (oder allein durch den blinden Gehorsam) sehr schnell aufgelöst. Ab dem Moment, ab dem alle Schüler sitzen und die erste Schülerin die von Frank gestellt Frage beantwortet („*Chapter Seven*"), scheint es keine *Imagebedrohung*, keine [28] *Zweifler* (mehr) zu geben. Das Publikum macht [26] *naive Züge* und das [23] *Konsistenz-Prinzip* greift. Somit sind auch [32] *Vermeidungsprozesse* unnötig, wobei sich die Tatsache, dass Frank nichts weiter über sich selbst verrät als seinen Namen, durchaus als prophylaktischer *Vermeidungsprozess* lesen ließe. Definitiv unnötig ist in dieser Hochstapelei die Anwendung von [33] *Notfallmaßnahmen*. Es gibt keine Notfallsituation, keine gestellte [29] *Falle*, die ihn mit der baldigen Enttarnung bedroht. Als er schließlich enttarnt wird (es bleibt leider offen, wie genau das geschieht), stellt er sich und versucht nicht zu *flüchten* [34].

Möglich wird diese Hochstapelei erst durch die [9] *Diskrepanz* zwischen dem Nominellen und dem Realen: Keiner fragt Frank nach einem „Beweis" dafür, dass er Lehrer ist, nach seinem Examen, seinem Arbeitsvertrag oder dergleichen. [22] Darauf konnte Frank bauen und somit auf den Einsatz *betrügerischer Techniken*, wie das Fälschen von Zeugnissen und Urkunden, verzichten, weil eine solche Code-Abfrage an einer solchen Stelle regulär nicht vorgenommen wird [6]. Er hat die Hochstapelei sozusagen an einer Stelle begonnen, an der sie prinzipiell gute Aussichten auf Erfolg bietet. [6] Er muss sich also lediglich auf die *Darstellung* des mit der Lehrer*rolle* korrespondierenden Lebensstils und Kapitals beschränken. Da seine [10] „Bühne" sich auf ein Klassenzimmer und den Kontakt mit Schülern und nur einer Lehrerperson beschränkt, hält sich die [6] Anzahl der Codeabfragen sehr in Grenzen. [8] Die Antworten auf diese Codeabfragen kennt er; vermutlich, weil er selbst jahrelang Schüler und somit Beobachter der Lehrer*rolle* mit der zugehörigen *Fassade* war.

Daher weiß Frank auch um die (möglichen) Abläufe in einer Schule. Er weiß, dass ein neuer Lehrer seinen Namen an die Tafel schreibt, was er als *Symbol* benutzt, um die Schüler zu der Situationsdeutung zu veranlassen (s. oben), er sei ein (neuer) Lehrer. Auch der Umgang der Lehrer untereinander scheint ihm bekannt. Denn als die echte Vertretungslehrerin erscheint, bringt er sie durch eine simple [13] *Lüge* dazu, seine *Täuschung* zu glauben: „*Well, I always sub for Roberta*", sagt er lächelnd und mit leiser, freundlicher Stimme. Diese *Lüge* ist nicht sehr komplex, in sich konsistent und daher glaubhaft. Die mit der *Lüge* übereinstimmenden *Fassaden* bestärken ihre vermeintliche Richtigkeit. Zudem passt die Tatsache der „Doppelbuchung" eines Vertretungslehrers offensichtlich gut zur Erfahrung (und damit in das Realitätsbild) der Lehrerin, die Franks Aussage nicht für eine Sekunde anzuzweifeln scheint.

[11] Dass Frank sich während der Interaktion von der Lehrerin abwendet, um in lautem, strengem Ton den Schüler Brad zu ermahnen und zum Weiterlesen aufzufordern, kann einerseits als *Symbol* gedeutet werden, mit dem er auf seine [14] *Autorität* verweist, um auch bei der Vertretungslehrerin den blinden Gehorsam zu wecken, andererseits als *Symbol*, mit der er die *Täuschung* glaubwürdiger machen will. Eine weitere Lesart wäre: Er schafft einen für die Lehrerin deutlich erfahr-

baren Kontrast im Umgang des Lehrers Frank mit den Schülern und mit ihr, was die [19] Ähnlichkeit der beiden („Wir sind beide Lehrer") unterstreicht und möglicherweise das *Sympathieprinzip* nutzen und damit das kritische Urteil der Lehrerin senken soll. Möglicherweise funktioniert das Prinzip hier aber genau umgekehrt: Die Schüler beginnen nämlich über die schimpfende Lehrerin zu lachen, so dass auch die Lesart denkbar ist, dass Frank in den Augen der Schüler sympathischer wirkt, weil er eine Lehrerin, die die Schüler vielleicht nicht mögen, in gewisser Weise blamiert hat. In diesem Fall würde das kritische Urteil der Schüler weiter zurückgehen.

Hier möchte ich anmerken, dass die Reaktion der Schüler ähnlich ist, als Brad beginnt, schlecht vorzulesen: Sie lachen. Kann auch dies als sich steigernde Sympathie gegenüber dem „Lehrer" Frank gelesen werden? Sicherlich setzt das voraus, dass die Schüler Antipathie gegenüber Brad empfinden und sich daher freuen, ihn auf solche Weise blamiert zu sehen. Möglich ist aber auch, dass Frank hier ein Prinzip anwendet, das wir in der bisherigen Analyse noch nicht beschrieben haben.

Auf jeden Fall spielt Frank die *Rolle* sehr [17] routiniert und *bühnensicher*: Selbst der plötzliche Auftritt der echten Vertretungslehrerin bringt ihn nicht aus der Fassung. [15] Seine Miene verrät kein Zögern, kein Schmunzeln – er zeigt perfekte *Ausdruckskontrolle*. Dass er die eine Hand lässig in der Hosentasche hält, kann als weiteres *Symbol* gedeutet werden, das er benutzt, um seiner *Täuschung* mehr Glaubwürdigkeit zu verleihen. Zumindest unterstützt sie den Eindruck der Routine und damit der *Bühnensicherheit*. Dass er tatsächlich aktiv *Ausdruckskontrolle* betreibt, zeigt sich an der Stelle, an der der Filmzuschauer – nicht die Opfer! – mimische Zeichen der Unsicherheit, Ängstlichkeit erkennen dürfen (Frank blickt „mit den Augen hektisch nach links und rechts, legt die Stirn in Falten; bleibt in der Haltung starr" (siehe S. 104)), die Frank sofort abstellt, als die Möglichkeit besteht, dabei von seinem *Publikum* beobachtet zu werden. [31] Dies kann als gute Kontrolle der *Hinterbühne* gedeutet werden. Andere *Hinterbühnen* werden in der Szene nicht gezeigt und können/müssen daher auch nicht kontrolliert werden. [30] Ein *Rollendilemma* ist ebenfalls unwahrscheinlich, die *Publikumssegregation* ergibt sich vermutlich automatisch: Frank ist auf einer Schule, auf der ihn niemand kennt, weder Lehrer noch Schüler. Insofern gibt es dort niemanden, der seine falsche *Rolle* kompromittieren könnte.

Wir fassen zusammen:

Frank hat die Hochstapelei ad hoc und ohne aktive Vorbereitung oder Planung begangen. Dies war vor allem möglich, weil seine *Fassade* zu mehreren *Rollen* passte, worauf ihn sein *Publikum*, das später zum *Opfer* wird, erst hingewiesen hat. Da die gewählte *Rolle* zudem eine mit *Autorität* verbundene *Rolle* war, griff die Neigung des Publikums, schematisch Zeichen zu deuten, besonders gut und führte schnell zu der gewünschten Publikumsdeutung, die Dank des *Konsistenz- und Autoritätsprinzips* auch nicht wieder infrage gestellt wurde. Zugute kam Frank, dass a) sein *Publikum* aufgrund des hierarchischen Gefälles zwischen Lehrern und Schülern nicht die Möglichkeit zur eingängigeren Überprüfung hatte und dass b) er die Rolle an einer Stelle übernommen hat, an der die Kriterien zur Überprüfung sehr gering waren: Er musste keine Zeugnisse vorlegen oder dergleichen und konnte daher auf die Anwendung betrügerischer Aktivitäten wie das Fälschen von Urkunden verzichten. Im Grunde wurden lediglich die *Kapitalien* abgefragt, die Frank bei sich trug bzw. die das *Bühnenbild* bereits bot. So konnte er die Situationsdeutung primär durch *Lügen* und die Verwendung vorhandener *Symbole* lenken. Dass er die zur *Rolle* gehörenden *Symbole* und deren Verwendung kannte, dass er wusste, welche *instrumentellen Züge* ihm bei der *Täuschung* hilfreich sein würden, mag daran liegen, dass er selbst als Schüler viele Gelegenheiten zur Beobachtung der Lehrerrollendarstellung gehabt hat. Dadurch, dass die meisten Teile der *Fassaden* bereits vorhanden waren und ansonsten wenige *Codes* den *Lebensstil* betreffend abgefragt wurden, konnte Frank auch diesen ansonsten recht schwierigen Teil einer *Hochstapelei* relativ gut bewältigen. Zudem kann Frank unzweifelhaft ein Talent zur konsistenten und alle verräterischen Zeichen unterdrückenden *Lüge* und zur *Bühnensicherheit* sein Eigen nennen. Und da die *Täuschung* offensichtlich auch nicht an mangelndem inhaltlichen, also *inkorporiertem*, Wissen gescheitert ist, hat Frank wohl auch eine großartige Fähigkeit zur *Vermeidung* – oder just tatsächlich ein großes Wissen in Bezug auf die französische Sprache.

Da die Enttarnung bzw. die unerlaubte Rollenübernahme nur verhältnismäßig geringe Folgen hat – die Eltern werden zu einem Gespräch in die Schule gebeten – wird die gesamte *Hochstapelei* eher als klein bewertet. Eine wesentlich größere – gemessen an der Sanktion, die bei Enttarnung droht – ist die Übernahme einer Piloten*rolle*, um die es in der nächsten Szene geht.

Zweite Hochstapelei: Der Pilot

[3] Als Frank in die *Rolle* eines Piloten schlüpft, hat sich an seiner [2] sozialen Position nichts verändert, außer dass sein *ökonomisches Kapital* noch weiter geschrumpft ist, da er von Daheim fortgelaufen ist und infolgedessen auch kein Geld mehr von seinen Eltern erhält.

[4] Dass die *Person*, die „legal" die *Rolle* eines Piloten übernehmen darf, im sozialen Raum deutlich höher positioniert ist als Frank, demonstriert der Film:

So wird Frank in einer Szene als Beobachter zweier Männer in Pilotuniform gezeigt, die aus einem Taxi steigen, gefolgt von vier Frauen in Stewardess-Kleidung. Die Sechs betreten, lachend und (ohne dass sie dies bemerken) gefolgt von Frank, ein Hotel. In der Lobby tritt dem einen Mann in Pilotuniform ein Hotelmitarbeiter entgegen, schüttelt ihm die Hand und sagt: *„Pleasure to have you back, Captain Carlson."* Kurz darauf wird Carlson von zwei Kindern mit Autogrammwünschen bestürmt.

Daraus lässt sich ersehen, dass das *soziale* und das *symbolische Kapital* eines Piloten recht hoch ist (Bewunderung von Kindern, persönlicher Empfang durch Hotelmitarbeiter). Auch ist anzunehmen, dass ein „legaler" Pilot ein regelmäßiges Einkommen hat, sodass sein *ökonomisches Kapital* weit über dem von Frank liegen dürfte. Nicht zu vergessen: Der echte Pilot verfügt auch über entsprechend mehr *kulturelles Kapital*: das *inkorporierte* Wissen darüber, wie ein Flugzeug zu fliegen ist und was sonst noch alles zur Ausübung dieses Berufes gehört, das *institutionalisierte* Wissen in Form von Flugscheinen und Belegen für die Ausbildung zum Piloten, sowie *objektiviertes Kapital*, das der Pilot vermutlich aufgrund seines höheren materiellen Kapitals besitzt.

Es handelt sich also zweifelsfrei um eine *Hochstapelei*, als Frank in die Piloten*rolle* schlüpft.

Szene 1

Sein erstes [5] *Opfer*, eine für Uniformen zuständige Mitarbeiterin der Fluggesellschaft Pan Americana (Pan Am), ruft er von einer Telefonzelle aus an. Vor ihr gibt er sich als ein *„copilot based out of San Francisco"* aus, der einen Flug nach New York hatte und in drei Stunden weiter nach Paris muss (*„I flew a flight into New York last night but the problem is I'm headed out to, uh, Paris in three hours."*). Er behauptet weiter: *„I sent my uniform to be cleaned through the hotel and I ... I guess they must have lost it."* Die Mitarbeiterin antwortet: *„They lost a uniform.*

Happens all the time. Go down to the Well-Built Uniform Company [...].
They're our uniform supplier. I will tell Mr. Rosen you're coming."

Die Besonderheit dieser Hochstapelei liegt in der großen [9] *Diskrepanz*
zwischen Nominellem und Realem: [10] Weil ihn sein *Opfer* nicht sehen
kann, benötigt Frank kein aufwändiges, nicht einmal ein spezielles
Bühnenbild oder eine spezifische *Erscheinung*. Lediglich sein verbales
Verhalten kann prinzipiell überprüft werden, weil die *Täuschung* lediglich aus Worten, aus [13] *Lügen* erschaffen wird. Auch deren Konsis-
tenzanforderungen beziehen sich wiederum ausschließlich auf das
Verbale; ebenso die Forderungen nach [15] *Ausdruckskontrolle*.

[13] Die *Lüge* an sich scheint der Mitarbeiterin glaubwürdig, weil der
Verlust einer Uniform durch den Hotelreinigungsservice häufig (*„Hap-*
pens all the time") vorkommt, und daher offenbar in ihr Realitätsbild
passt. [6] Die Art, wie Frank die *Lüge* vorträgt, scheint zudem die wenigen *Codes*, die abgefragt werden würden, zu erfüllen. Welche *Codes*
faktisch kontrolliert werden, wird nicht deutlich, zumindest gibt es
keine Nachfragen. Praktisch: [22] Es können ohnehin nur *Codes* abgefragt werden, die verbal überprüfbar sind, so dass Frank sich z.B. auch
den Einsatz betrügerischer Techniken wie das Fälschen diverser Urkunden und Zeugnisse sparen kann. Denkbar wäre immerhin eine
Überprüfung durch die Angabe des Namens oder der Personalnum-
mer, aber selbst darauf verzichtet die Mitarbeiterin. Sie macht also [26]
einen *naiven Zug*. [11] Möglichweise hat Frank in seine kurze Aussage so
viel Fachjargon einfließen lassen, (*„I flew a flight into New York last night*
but the problem is I'm headed out to, uh, Paris in three hours."), dass die
Mitarbeiterin schon allein dadurch überzeugt ist. Der Fachjargon kann
sozusagen als *Symbol* verstanden werden, das die Konsistenz der *Lüge*
unterstützt, und ist vermutlich [24] ein Schlüsselmerkmal. Insofern
Frank seine Worte sehr genau gewählt hat, kann der Fachjargon auch
als [16] *instrumenteller Zug* gewertet werden. In jedem Fall scheint Frank
damit alle potenziellen Codeabfragen vorweggenommen bzw. beantwortet zu haben. Woher Frank weiß, was er sagen muss, um vor der
Telefonistin glaubwürdig zu sein, woher er den Fachjargon kennt, ist
der Szene nicht zu entnehmen.

[14] Unterstützend für die Überzeugungskraft seiner *Täuschung* ist vermutlich auch die Tatsache, dass die *Rolle*, in die er schlüpft, mit *Autori-*
tät und Expertentum verbunden wird. [18] Dadurch, dass Frank zeitlichen
Druck vortäuscht (*„… the problem is I'm headed out to, uh, Paris in three*
hours"), löst er möglicherweise implizit das *Knappheitsprinzip* aus. Es

ruft der Telefonistin in Erinnerung, dass Piloten nicht in großer Anzahl zur freien Verfügung stehen, Frank also eine Art „knappes Gut" ist (besonders durch die wenige Zeit, die zur Verfügung stünde, um einen Ersatz zu besorgen) und dass es daher wichtig ist, dieses „knappe Gut" schleunigst wieder arbeitsfähig zu machen. Es ist auch nicht ausgeschlossen, dass die Telefonistin höchstpersönlich dafür verantwortlich gemacht werden würde, wenn es ihr nicht gelänge, dem vermeintlichen Piloten rechtzeitig eine Uniform bereitzustellen, sodass sie eine weitere Motivation hätte, dem vermeintlichen Piloten wie gewünscht zu helfen. Möglicherweise spielt auch schlicht Routine eine Rolle. Denn laut ihrer Aussage passiert es häufiger, dass Uniformen abhandenkommen, und der von ihr eingeschlagene und demnach übliche Handlungsablauf scheint sich bewährt zu haben.

In gewisser Weise ist die Orientierung an eigenen Handlungsroutinen mit dem Prinzip der sozialen Bewährtheit (Orientierung an anderen) vergleichbar. Je öfter wir einen Vorgang wiederholen, desto weniger hinterfragen wir diesen bzw. desto weniger wahrscheinlich wird es, dass wir uns beim nächsten Mal für eine andere, völlig neue Handlung entscheiden. Der Verhaltensökonom Dan Ariely erklärt und beschreibt dies wie folgt:

> „Sie kommen an einem Restaurant vorbei und sehen davor zwei Leute hintereinanderstehen, die darauf warten, eingelassen zu werden. ‚Das muss ein gutes Restaurant sein', denken Sie sich. ‚Die Leute stehen an.' Und Sie stellen sich hinter die beiden. Dann kommt noch jemand vorbei. Er sieht drei Leute Schlange stehen und denkt sich: ‚Das muss ein fantastisches Restaurant sein', und stellt sich ebenfalls an. Und andere tun es ihm nach. Wir bezeichnen das als Herdenverhalten." (Ariely 2010: 74)

> „Es gibt aber noch eine andere Form des Herdenverhaltens, nämlich wenn wir gewissermaßen unsere eigene Herde bilden. Dazu kommt es, wenn wir aufgrund unseres eigenen früheren Verhaltens darauf schließen, dass etwas gut (oder schlecht) ist. Im Wesentlichen heißt das, dass wir uns, wenn wir einmal als Erster vor dem Restaurant stehen, bei späteren Erfahrungen hinter uns selbst anstellen" (ebd.: 75). Sie denken dann nicht mehr an (rational vielleicht sogar bessere) Alternativen. Denn indem „Sie sich hinter Ihrer ersten Erfahrung […] angestellt haben, haben Sie Ihre eigene Herde gebildet" (ebd.: 77).

Insofern lässt sich unsere Erkenntnis hinsichtlich des Prinzips der sozialen Bewährtheit dahingehend ergänzen, dass wir offensichtlich einem Drang ausgesetzt sind, nicht nur dem zu folgen, was die anderen tun, sondern auch die eigenen Entscheidungen zu wiederholen.

[8] Ob Frank klar ist, dass er mit seiner *Lüge* an ein häufig vorkommendes Prinzip anknüpft oder ob ihm eher der Zufall zur Hilfe kommt, offenbart die Szene nicht. Auf jeden Fall gelingt ihm die *Täuschung*, ohne dass es zu einer einzigen [27] *Imagebedrohung* käme, ohne dass [28] *Zweifel* aufkämen oder gar [29] *Fallen* gestellt würden, von der Notwendigkeit der Anwendung von [33] *Notfallmaßnahmen* ganz zu schweigen. Die einzige möglicherweise verräterische Situation besteht in dem kurzen Moment des Zögerns in Franks Stimme, als er von dem Verlust seiner Uniform berichtet („*I ... I guess*"), das nicht gerade Routine und Gelassenheit bzw. [17] *Bühnensicherheit* ausdrückt. [17] Andererseits kann es auch sein, dass genau dieses Zögern konstitutiv in das Realitätsbild passt, das die Telefonistin von Piloten hat. Denn auch wenn täglich Uniformen verschwinden, ist der Verlust für den einzelnen Piloten nicht unbedingt Routine, sondern womöglich peinlich oder unangenehm, was z.b. durch ein kleines Zögern beim Berichten des Verlustes offenbar werden würde. [23] Inwiefern das *Konsistenzprinzip* greift oder nicht, lässt sich kaum einschätzen, da die *Täuschung* so kurz ist, dass das *Opfer* kaum eine Gelegenheit hat, das Urteil noch einmal zu revidieren.

Durch die *Distanz* erübrigen sich diverse Vorsichtsmaßnahmen. [30] Eine *Publikumssegregation* ist kaum notwendig, da in der Telefonzelle kein Platz für eine weitere Person ist und am anderen Ende der Gesprächsleitung keine weitere Person mithört, die Franks *Täuschung* diskreditieren könnte. [31] Auch die Kontrolle der *Hinterbühne* beschränkt sich auf eine [15] gute verbale *Ausdruckskontrolle*. Frank kann sich nur durch Worte verraten [32], und die Möglichkeit dazu hält er sehr begrenzt, indem er das Gespräch auf ein Mindestmaß reduziert; also prophylaktische *Vermeidung* betreibt. Das gelingt gut, weil die Telefonistin offenbar auch keine weitere Konversation erwartet.

Die *Täuschung* gelingt also spielend: Die Mitarbeiterin erzählt bereitwillig, was er wissen will (wo er eine Uniform bekommt) und bereitet ihm zudem den Weg, diese abzuholen („*I will tell Mr. Rosen you're coming.*").

Wir halten fest: Eine Hochstapelei per Telefon vereinfacht die *Täuschung* um ein Vielfaches.[72]

Die nächste hier ausgewählte Szene – Frank ist inzwischen im Besitz der Uniform – zeigt, dass die Pilotenuniform ein *Symbol* ist, das kulturell anerkannt auf die Piloten*rolle* verweist:

Szene 2

Frank läuft in seiner Pilotenuniform auf dem Bürgersteig an einer großen Straße entlang: In der einen Hand einen Aktenkoffer, die andere Hand lässig in der Hosentasche, den Blick nach vorn gerichtet, den Körper gerade und aufrecht. Die Reaktionen: Frauen, die ihm entgegen kommen, bleiben stehen und blicken ihn bewundernd an, Menschen lächeln ihm zu. Schließlich fragt ihn ein kleines Mädchen – mit Bewunderung in der Stimme – *„Are you a real live pilot?"*, worauf Frank entgegnet: *„I sure am, little lady. What's your name?"* Das Mädchen hüpft vor Freude hoch und sagt *„Celine"*. Auf Franks Verabschiedung *„Celine, it's a pleasure to meet you"*, antwortet sie *„it's a pleasure to meet you, too"*.

[10] In dieser Szene imitiert Frank *Erscheinung* und *Verhalten* des Piloten, den er im Hotel beobachtet hat. Er geht in seiner Uniform gerade, freundlich lächelnd, mit erhobenem Kopf und einer Hand lässig in der Hosentasche – und erlebt das Thomas-Theorem: Für Frank ist die Piloten*rolle* eine *Täuschung*, für die Passanten, die [5] *Opfer* und das *Publikum* der *Täuschung*, ist sie eine reale *Darstellung*. Dadurch wird sie in ihren Konsequenzen real: Sie steigert das *symbolische Kapital* (das sich in Ansehen, Bewunderung und Prestige äußert) der *Person* Frank. Ob

---

72 Der Hochstapler Gert Postel bezeichnet in seinem Buch *Doktorspiele* das Telefon auch als „Distanzwaffe der Wahl". In einem „Exkurs über das Telefon als Verbrechensinstrument" lehrt er seine Leser: „Das Telefon ist, aus der Sicht des Rechtsstaates betrachtet, ein wahres Teufelszeug. Es ermöglicht einem Betrüger, unter Aufwendung weniger Groschen eine soziale Situation auf Distanz zu inszenieren, für die in früheren Zeiten eben nicht nur eine Stimme, sondern im direkten Kontakt mit dem Betrugsopfer eine elegante Kutsche, livrierte Diener und feine Kleider vonnöten waren. Heute brauche ich, um einen Universitätsprofessor mit angeschlossener Klinik darzustellen, nur noch ein Telefon und etwas soziale Intelligenz, also ein Gespür dafür, wie jemand in der Position, die er vorgibt, sprechen würde" (Postel 2003: 26 f). Vgl. dazu Berger/Luckmann: „Mißdeutungen und Heuchelei sind jedoch im Vis-á-vis-Kontakt schwerer durchzuhalten als in weniger ‚nahen' Formen der Interaktion" (Berger/Luckmann 2003: 33).

dies allein auf die Uniform zurückzuführen ist, die das *Publikum* als *Symbol* für einen Piloten deutet, oder ob die Qualität der *Darstellung* auch entscheidend ist, lässt sich nicht deutlich differieren. Wie stark die Symbolkraft der Uniform ist, zeigt sich auch in Szene 3:

Szene 3

Als Frank sich in der Pilotenuniform einem Flughafenschalter nähert, um einen gefälschten Scheck einzulösen, greift die [24] Symboldeutung der Schalterdame noch bevor Frank auch nur ein Wort gesagt hat. Sie begrüßt ihn mit den Worten: *„Hi. Are you deadheading?"* Frank runzelt die Stirn, fragt *„What?"* und sie wiederholt: *„Are you my deadhead to Miami?"* Frank beginnt, die Frage zu wiederholen (*„Mi ... "*) und antwortet schließlich, plötzlich ein Lächeln aufsetzend, und über sich selbst den Kopf schüttelnd *„Yes, yes. Yeah, I'm the deadhead."* Die Dame informiert ihn: *„You're a little late, but the jump seat is open"* und überreicht ihm seine Bordkarte. Daraufhin lächelt Frank und sagt: *„You know ... It's been a while since I've done this. Which one's the jump seat again?"* Die Schalterdame beginnt laut zu lachen, worin Frank einstimmt, und wünscht ihm einen netten Flug – *Cut.*

Diese *Täuschung* erinnert an die Szene, in der Frank sich in die *Rolle* des Französischlehrers begibt: [10] Er erfüllt ob seiner *persönlichen Fassade* (vor dem Hintergrund des *Bühnenbildes* Flughafen) offensichtlich die Erwartungen seines *Publikums*, hier: die Erwartung der Schalterdame, dass er ein Pilot in der *Deadhead*[73]-*Rolle* ist, denn sie spricht ihn, noch bevor Frank sein Anliegen oder eine Begrüßung ausspricht, als Inhaber dieser *Rolle* an: *„Are you my deadhead?"* Hinzu kommt, dass seine Ankunft offenbar so gut in ihr *Realitätsbild* passt, weil sie auf einen *Deadhead*-Piloten wartet, sodass Franks Uniform bei ihr wie ein [24] Schlüsselmerkmal wirkt. [6/7] Frank bemerkt, dass er (unbeabsichtigt) bereits einige *Codeabfragen* positiv erfüllt, [11] wieder die *Symbole* zur Schau trägt, die eine bestimmte Situationsdeutung bei seinem *Publikum* hervorrufen, und ergreift die Gelegenheit, indem er mit einer [13] *Lüge* das bestätigt, was die Schalterdame glaubt: *„Yes, yes. Yeah, I'm the deadhead."* Er greift die (falsche) *Deutung*, er sei der *„deadhead"*, als Gelegenheit auf, eine sich ihm öffnende Tür zu durchschreiten und bemüht

---

[73] Mit *deadhead* wird in Fliegerkreisen ein Pilot bezeichnet, der von einer Fluggesellschaft kostenlos als Passagier nach Hause oder an einen anderen Einsatzort geflogen wird.

sich eilig um eine [27] *Ausgleichhandlung* für die kurze Irritation/Bedrohung, die durch sein Zögern entstanden ist: Er lächelt, um seine zuvor gezeigte Irritation über die Frage als kurzfristige, harmlose Verwirrung darzustellen. Die Schalterdame fährt in ihrer Handlungsabfolge fort, akzeptiert das Angebot der *Ausgleichshandlung* also.

[13] Weil die *Lüge* so konsistent ist und so sehr in die Erwartung passt, ist die Dame unvorsichtig. [26] Sie macht *naive Züge* und überprüft Franks Identität nicht weiter – eine *Diskrepanz* zwischen Realem und Nominellem, die Frank die *Täuschung* ermöglicht. [22] Eine Anwendung betrügerischer Techniken ist für Frank also nicht nötig, einzig die *Lüge* in Verbindung mit dem *Symbol* der Uniform baut die *Täuschung* auf.

[30/31] Was die *Täuschung* zudem erleichtert: Die Gefahr eines *Rollendilemmas* ist praktisch ausgeschlossen, weil es kein weiteres *Publikum* in Hörweite gibt. Als *Hinterbühne* existiert lediglich Franks Gedankenwelt, sein eigenes (Nicht-)Wissen, wozu die Zutrittskontrolle recht leicht fällt.

[15] Da die *Ausdruckselemente*, die Frank zu Beginn zeigt (Stirnrunzeln, Irritation), eigentlich sein *Image* bedrohen, die Dame aber darüber hinweggeht bzw. sein Ausgleichsangebot anerkennt, um seine *Darstellung* zu schützen, [23] scheint hier zudem das *Konsistenz-Prinzip* zu greifen. Die Wirkung ist so stark, dass seine eigentlich [17] eher wenig *bühnensichere* Art und die [15] mangelnde *Ausdruckskontrolle* die Täuschung nicht gefährden. [28] Es gibt keine *Zweifel*, [29] keine gestellten *Fallen*, so dass Frank [33] keine *Notfallmaßnahmen* anwenden oder [34] *flüchten* muss.

Da Frank das *inkorporierte kulturelle Kapital*, das Wissen über die Aufgaben und Wege eines *deadhead*, fehlt, wagt er eine interessante Technik, um die Wissenslücke auszugleichen. Er gibt zu, dass ihm Wissen fehlt, das er eigentlich als legitimer Träger seiner *Rolle* haben müsste, indem er behauptet, dieses Wissen schon länger nicht mehr habe abrufen müssen („*You know. It's been a while since I've done this. Which one's the jump seat again?*"). Weil dies einer nicht gelungenen *Ausdruckskontrolle* beinahe gleichkommt und eine *Imagebedrohung* bedeutet, [27] lacht er ein wenig, um ihr die Möglichkeit zu geben, seine Frage (seine potenzielle Imagebedrohung) so zu deuten, als hätte er einen Scherz machen wollen. Sie nutzt diese Deutungsmöglichkeit, beginnt zu lachen, worin Frank einstimmt, was von ihrer Seite als [20] *Schutz* der fremden *Darstellung* und von seiner Seite als [27] *Ausgleichshandlung* zu interpretieren ist. [19] Möglicherweise spielt hier auch das *Sympathieprinzip* eine unterstützende *Rolle*: Frank hat ein sehr attraktives Aussehen, mit dem er – wie der Film-Zuschauer schon in mehreren Szenen beobachten konnte – die Damen schnell für sich einnimmt. So ist denkbar, dass aufgrund seines attraktiven Äußeren die Sympathiegefühle der Schalterdame steigen und ihre kritische Urteilskraft noch weiter sinkt. Frank weiß um diese Wirkung. [16/33] Sein gewinnendes Lächeln und seinen intensiven Augenkontakt wollen wir daher mindestens als *instrumentellen Zug* betrachten, eher als Anwendung der *Gefühlsfalle*[74].

Dass die *Täuschung* trotz einiger *Imagebedrohungen*, mangelnder [15] *Ausdruckskontrolle* und mangelnder *Bühnensicherheit* gelingt, hängt womöglich auch damit zusammen, dass Frank eine *Rolle* innehat, die auf [14] *Autorität* und Expertentum verweist, und damit, dass die *Täuschung* vor der Schalterdame nur über einen recht kurzen Zeitraum aufrechterhalten werden muss. Denn durch die Kürze kommt es zu keinen weiteren Codeabfragen, zu keinen weiteren Möglichkeiten der *Imagebedrohungen* und *Zweifel*.

Interessant ist, dass die *Gefühlsfalle* hier nicht als *Notfallmaßnahme* eingesetzt wird, sondern als *Manipulationstechnik*: als Technik, um mangelndes *inkorporiertes kulturelles Kapital* zu verbergen und fehlendes Wissen zu erhalten bzw. um die kritische Urteilsfähigkeit des Opfers zu senken. Auch die Technik, bewusst Unwissenheit preiszugeben, aber zum Schutz vor der *Imagebedrohung* zugleich ein Angebot der „Deutung als Scherz" mitzugeben, ist neu und kann dem theoretischen Katalog der Techniken der Hochstapelei angefügt werden. [15] Abgesehen von dieser Offenlegung betreibt Frank eine gute *Ausdruckskontrolle* und gibt nichts Verräterisches preis.

Die Frage nach dem „*jump seat*" bleibt allerdings unbeantwortet, was Frank schon wenig später erneut in eine für sein *Image* bedrohliche Situation bringt:

Szene 4

Die nächste Szene schließt direkt an Szene 3 an. Sie zeigt ein Frauengesicht in Großaufnahme. Die Frau trägt einen Stewardess-Hut, lächelt,

---

[74] Eine Szene, in der die Anwendung und Wirksamkeit der Gefühlsfalle noch deutlicher zu sehen ist: So versucht Frank in einer Bank mehrfach, gefälschte Schecks einzulösen. Dabei sucht er sich jeweils eine junge Frau aus, die er um die Einlösung bittet, und beginnt jeweils just in dem Moment, in dem sich die Frau den Scheck genauer anschauen will, ihr Komplimente und Essenseinladungen auszusprechen. Die Falle funktioniert.

hebt eine Augenbraue und fragt süffisant: *„Are you my deadhead?*
Schnitt. Man sieht Frank, der von der Stewardess ins Cockpit geführt und mit der Crew bekanntgemacht wird: *„Frank, Captain Oliver, John Larkin, the copilot and Fred Tully, flight engineer"*, sagt die Stewardess. Man begrüßt sich, Frank dankt (*„Thanks for giving me a lift, boys"*), der Flugkapitän deutet auf eine leere Stelle hinter sich und fordert Frank auf, Platz zu nehmen, denn *„we're about to push"*. Frank, der hinter den (Co-)Piloten steht, die aus dem Cockpitfenster blicken und nicht in Franks Richtung, schaut sich suchend um. Der Pilot will von ihm wissen: *„Which kind of equipment you on – DC-8?"* Frank antwortet zögerlich *„707"* und schaut sich suchend an der Stelle um, auf die der Flugkapitän zuvor gewiesen hat. Dieser fragt indes weiter: *„You turning around on the redeye?"* Frank unterbricht seine Suche, tritt zum Kapitän vor, legt ihm die Hand auf die Schulter und sagt leicht gequält und bestimmt zugleich: *„Uh, I'm jumping puddles for the next few month trying to earn my keep running leapfrogs for the weak and weary."*[75] Die Piloten lachen und antworten ihm: *„No shame in that. We all did it."* Frank dreht sich um und sucht weiter mit Blicken das Cockpit nach einer Sitzgelegenheit ab.

Die Stewardess, die das Cockpit zwischenzeitlich verlassen hatte, taucht wieder auf, schiebt Frank beiseite, indem sie ihn in der Taille von hinten umgreift, lächelt ihn an, und zieht einen Klappsitz aus der Wand hinter dem Sitz des Piloten. Frank schaut leicht angespannt in Richtung der Piloten und des Technikers, um zu sehen, ob ihn jemand anschaut und stellt fest, dass das nicht der Fall ist. Die Stewardess stellt sich hinter ihn, er setzt sich hin, zeigt dem Filmzuschauer einen ob der Peinlichkeit der Situation leicht genervten und zugleich erleichterten Blick. Die Stewardess fragt ihn, ob er einen Drink nach dem Take-off möchte. Frank schaut sie unsicher an, hebt fragend eine Augenbraue und bestellt *„milk?"*. Die Stewardess verlässt das Cockpit, das Flugzeug hebt ab.

[6/7] Der Aufforderung des Piloten, Platz zu nehmen (die sozusagen eine Codeabfrage ist) kann Frank nicht nachkommen. Er weiß nicht, wo der Platz ist, der für ihn vorgesehen ist. Ihm fehlt das *inkorporierte kulturelle Kapital.* [9] Da es hier keine *Diskrepanz* zwischen dem Nominellen und dem Realen gibt – Frank muss sich setzen und den Sitz

---

[75] In der deutschen Filmfassung wird die Passage wie folgt übersetzt: „Das heißt Sie fliegen nachts wieder zurück?" „Ich mach die nächsten paar Monate Springerdienst auf der Kurzstrecke und helf überall aus, wo Not am Mann ist."

finden – kann die Situation zu einer *Bedrohung seines Images* und seiner gesamten *Rolle* werden. Um davon abzulenken, dass er den [6] richtigen *Code* nicht kennt, bricht er seine Suche zunächst ab und beginnt einen [32] *Vermeidungsprozess*, indem er sich plaudernd zum Kapitän gesellt. [24] Sein Unwissen führt nicht zur Enttarnung, weil die Stewardess schließlich (in ihrer Neigung, die Darstellung bzw. das *Image* des Interaktionsteilnehmers Frank zu schützen) die Code-Abfrage für ihn erfüllt, indem sie ihm den *jump seat* bereitstellt. [17] Dass Frank dabei wenig *bühnensicher* ist, fällt den Piloten kaum auf, [31] da er eine gute Kontrolle (und Kontrollmöglichkeit) über die *Hinterbühne* hat: Aufgrund ihrer Sitzplätze sind die Piloten und auch der Techniker Frank nicht zugewandt, so dass sie sein Gesicht, seine Mimik und sein *Verhalten* nur sehen, wenn sie sich zu ihm umdrehen, was selten der Fall ist. Ist dies der Fall, betreibt Frank so gute [15] *Ausdruckskontrolle*, dass die „Kollegen" keinen Blick auf die *Hinterbühne* bekommen und sein Unwissen, seine Sitzplatzsuche nicht wahrnehmen. Dass Frank diese Kontrolle sehr bewusst betreibt, wird deutlich, als die Stewardess ihm den Sitz bereitet: Frank schaut sich prüfend um, ob einer der drei die Szene beobachtet hat, um auszuloten, welche Mimik er aufsetzen müsste, um von der inkonsistenten *Darstellung* abzulenken, so ist zu vermuten.

[6] Während Frank den Sitzplatz sucht, muss er weitere Codeabfragen erfüllen: Die Piloten verwickeln ihn in ein Gespräch, das vor Fachjargon nur so strotzt. [7/8] Frank kann alle Abfragen positiv beantworten, kennt alle Losungen, weil er sich den Jargon über eine andere *Hochstapelei* zuvor angeeignet hat: Er hatte sich bei Pan Am als Redakteur einer Schülerzeitung ausgegeben und einen Piloten interviewt, um den Fachjargon[76] und das Wissen um Abläufe und Nachweise zu erwerben. [19] Diese Redakteurs-*Hochstapelei* funktionierte ziemlich gut, weil sie auf dem *Sympathieprinzip* beruhte. Schließlich kann es als Kompliment aufgefasst werden, von einem Schüler als Experte zum eigenen Job befragt zu werden. Jedenfalls gab der Befragte bereitwillig und stellenweise stolz sein Wissen preis.

[17] Dass Frank die Fragen der „Kollegen" richtig und ruhig beantwortet, sogar noch einen *instrumentellen Zug* unternimmt (er klopft dem Piloten kollegial auf die Schulter), obwohl er durch das fehlende Wis-

---

[76] Dass speziell der Insider-Jargon einer Firma ein hilfreiches Symbol für Täuscher wie den Hochstapler ist, erläutert auch Mitnick: „Es ist wie ein geheimes Zeichen beim Händeschütteln", das deutlich macht, man gehöre zum Kreis der Eingeweihten und das somit Vertrauen schafft (Mitnick 2003: 164).

sen über den Ort des „jump seats" kurz vor einer größeren *Imagebedro-hung* steht, ist Ausdruck seiner *Bühnensicherheit*. Dieser *Bühnensicherheit* und der Hilfe der Stewardess ist zu verdanken, dass die *Imagebedro-hung* und eine eventuelle Enttarnung abgewendet werden konnten.

Dass die Stewardess Franks *Image* „gerettet" hat, mag ebenfalls dem [19] *Sympathieprinzip* zu verdanken sein. Denn die Stewardess zeigt schon bei der Begrüßung, dass sie Frank sehr attraktiv/sympathisch findet, was sich in ihrem Blick, ihrem Lächeln und der körperlichen Berüh-rung, als sie Frank um die Taille fasst und beiseiteschiebt, bestätigt. Frank unterstützt dies zumindest, indem er zurücklächelt. [33] Die Grenze zur *Gefühlsfalle* ist nicht weit.

Da sich die *Imagebedrohung* und -rettung auf der von Frank gut kon-trollierten (und durch die Sitzanordnung gut kontrollierbaren) *Hinter-bühne* abspielt, werden die Piloten und der Techniker in ihren typi-schen „Publikumseigenschaften" nicht irritiert: Sie machen [26] *naive Züge* und fallen ihrer [24] Tendenz, *Symbole zu deuten*, zum Opfer: Auf-grund der stimmigen *Fassaden* sowie der positiv beantworteten Code-Abfragen hinsichtlich des Fachjargons gelangen sie recht schnell zu der Deutung, dass Frank tatsächlich ein legitimer *deadhead* ist. Durch die positiv beantworteten Codeabfragen gibt es für sie [28] keinen Grund für *Zweifel* und genauere Überprüfungen. [23] Das *Konsistenz-Prinzip* wirkt.

Erleichtert wird die *Täuschung* auch dadurch, dass das *Publikum* sehr überschaubar ist und der Zutritt zur *Bühne* der Täuschung, dem Cock-pit, nur wenigen Zuschauern überhaupt erlaubt ist. [39] Ein *Rollendi-lemma* ist somit beinahe ausgeschlossen ist.

[9] Möglich wird die *Täuschung* vor allem durch die *Diskrepanz*, dass Frank das zur Rolle gehörende *objektivierte kulturelle Kapital* und auch das (nicht vorhandene) *inkorporierte kulturelle Kapital* (z.B. die Fähigkeit, das Flugzeug fliegen zu können) nicht nachweisen muss: Er muss keine Urkunden vorlegen, die seine Piloten*rolle* bescheinigen und auch nicht das Steuer übernehmen.

So gelingt die *Täuschung* schließlich. Die *Opfer*, die Stewardess, die Piloten, der Techniker (und indirekt) die Passagiere bleiben bei der Deutung, dass Frank ein legitimer *deadhead* ist.

Szene 5

Die nun vorgestellte Szene beschreibt eine [34] Fluchtszene, in der wir bisher noch nicht entdeckte Fluchttechniken kennenlernen werden.

Die Ausgangslage: Das FBI weiß, dass Frank sich als Pilot ausgibt, vermutet ihn zu einer bestimmten Zeit an einem bestimmten Flughafen, hat zahlreiche Polizisten und Agenten positioniert, um Frank aufzugreifen. Frank weiß, dass das FBI ihn dort ergreifen will. Wie gelingt ihm unter diesen Bedingungen die Flucht? Wir schauen es uns an:

Frank, in der Pilotenuniform, umgeben von acht attraktiven, gleich gekleideten, lächelnden Stewardessen, läuft an prominenter Stelle über eine Art Hauptgang – vorbei an Polizisten und Agenten, die ihre Aufmerksamkeit gänzlich auf die Stewardessen richten: Sie werfen diesen Blicke zu, lächeln sie an, greifen sich grüßend an die Mützen oder heben diese an, pfeifen bewundernd, drehen sich nach den Stewardessen um und schauen ihnen nach. Für Frank, der in ihrer Mitte läuft, haben sie keinen Blick übrig, so dass er unbeachtet an all seinen Verfolgern vorbeigeht. Schnitt.

Nächste Szene. Franks Hauptverfolger, Carl Hanratty, bekommt auf dem Flughafen einen Anruf eines Kollegen, der ihm mitteilt: *„There's a guy in a Pan Am uniform sitting in a white Coupe DeVille out in front of Terminal J."* Hanratty antwortet: *„That's the charter terminal. Can you get a look at his face?"* Hinter Hanratty passiert derweil die Delegation aus Frank und den Stewardessen weiter den Weg in Richtung Flugzeug, als der Kollege ins Telefon spricht: *„He's got his pilot's cap on. Carl, I think it's him!"*.

Polizisten und Agenten rasen in Richtung des Autos, umstellen es und rufen mit auf die Fahrertür gerichteten Waffen: *„Out of the car, Frank! Frank! Step out of the car!"* Aus dem Auto steigt ein Unbekannter, der ruft: *„Don't shoot at me! I'm just a driver. A man paid me $100 to wear this uniform […]."* Im Hintergrund hebt ein Flugzeug ab.

Interessant ist hier: [9] Es gibt keine *Diskrepanz* zwischen der *Person* Frank und der gesuchten *Person*. [19] Seine *Fassade* entspricht exakt der *Fassade*, nach der die Polizisten und Agenten Ausschau halten, die zur Piloten*rolle* passt, in der sie Frank vermuten. [7] Das heißt, Frank erfüllt hier alle Codeabfragen, möchte aber ausnahmsweise nicht, dass dies [5] den primären *Opfern* – hier: Agenten und Polizisten – auffällt.

Dazu hat er zwei Ablenkungsmanöver vorbereitet:

1. Er hat sich mit Objekten umgeben, [19] die die Aufmerksamkeit der Opfer auf sich (und dadurch von ihm selbst ab)lenken: acht attraktive, betont weibliche Stewardessen.

Anzunehmen ist, dass hier gleich mehrere Faktoren eine Rolle spielen. Zunächst weckt die Gruppe der gleich gekleideten Stewardessen die

Aufmerksamkeit. Dies ist leicht erklärbar durch Prinzipien der Aufmerksamkeitslenkung und Wahrnehmung, nach denen 1. „neue" Objekte, die auf der Bildfläche erscheinen, Aufmerksamkeit bekommen (vgl. Zimbardo/Gerrig (2008: 141 f)) und 2. gleich oder ähnlich aussehende Objekte als Einheit wahrgenommen werden[77]. In dem Flughafengebäude, in dem grundsätzlich viel Bewegung herrscht, in dem permanent Personen in Bewegungen sind und somit ständig „neue" Objekte in das Blickfeld eines Betrachters geraten, bilden die Stewardessen 3. durch ihre Wahrnehmung als Gruppe einen deutlichen Kontrast zu dem Rest der nicht als Gruppe erscheinenden Flughafenbesucher – was ihre Chance auf Aufmerksamkeit wiederum erhöht[78].

Diese Aufmerksamkeit ist nun primär nicht das, was Frank haben will, aber ab dem Moment, ab dem die Augen der Polizisten auf die Gruppe gelenkt sind, kommt ein weiterer Faktor ins Spiel: Die betont weiblichen, gut aussehenden Frauen sprechen bei den (hier wohl heterosexuellen) Männern sexuelle Reize an – und das ist es, was ihre Aufmerksamkeit letztlich bei den Frauen und weg von Frank hält. Diese entscheidende Technik wollen wir in unserem Katalog ergänzen und schlicht „Ablenkung durch sexuelle Reize" nennen.

Die Ablenkung funktioniert so gut, dass Frank beinahe nichts weiter tun muss, als [17] einigermaßen *bühnensicher* inmitten der Stewardessen zu gehen. Da alle *Opfer* ihre Aufmerksamkeit auf die Frauen richten, gibt es keine Situationsumdeutung, die gelingen muss, sondern die Agenten und Polizisten scheinen das Denken eingestellt, ihren Auftrag vergessen zu haben. So schaltet Frank ihre *Codeabfragen* für eine kurze Weile aus, umgeht die Kontrollen und passiert ohne weitere Abfragen und Hürden wortwörtlich den gesamten Gang.

2. Frank hat eine Täuschung erschaffen, [11] indem er verschiedene Symbole zu einem konsistenten Bild gefügt hat, das den Erwartungen seiner Opfer entspricht: [10] Er hat einen Mann dazu gebracht, eine Pilotenuniform anzuziehen und sich im Auto vor dem Charterterminal zu positionieren, also Fassaden zu bilden und zu tragen, die den Opfern der Täuschung sehr passend zu Franks Rolle des flüchtenden Hochstaplers erscheinen. Damit veranlasst Frank die Opfer zu der Situationsdeutung, er selbst befände sich in diesem Auto. Dieser Deu-

---

[77] Vgl. Gestaltgesetz der Ähnlichkeit; z.B. in Zimbardo/Gerrig 2008: 144.

[78] In der Wahrnehmungspsychologie wird das „Sich-voneinander-Abheben zweier gleichartiger Wahrnehmungsinhalte" als „Wahrnehmungskontrast (Kontrastempfindung)" bezeichnet (Brockhaus 2009: 312).

tung gemäß verlassen die Agenten und Polizisten den Flughafen, konzentrieren sich auf das Auto, fallen damit auf das Ablenkungsmanöver herein – und Frank gelingt die Flucht.

Dritte Hochstapelei: Der Arzt

[2-4] Für die soziale Position des Arztes, dessen *Rolle* Frank hier übernimmt, gilt ähnliches wie für die Position des Piloten: Wer legitimiert ist, die *Rolle* eines Arztes zu spielen, muss *institutionalisiertes kulturelles Kapital* besitzen, weil die Zugangsvoraussetzung zum Arztberuf ein abgeschlossenes Medizinstudium ist. Da das *institutionalisierte kulturelle Kapital* „legal" nur durch eine gewisse Menge an Wissen, also *inkorporiertem kulturellen Kapital* zu erhalten ist, kann dies ebenfalls als vorhanden angenommen werden. Wie viel *objektiviertes kulturelles Kapital* mit der Position/Rolle einhergeht, ist schwer festzulegen, aber allein die oben genannten Anforderungen und die Tatsache, dass ein Arzt in Anstellung über wesentlich mehr reproduzierbares *ökonomisches Kapital* verfügt als Frank, der eigentlich kein Geld besitzt (die „Einnahmen" durch erfolgreiche Scheckbetrügereien basieren nicht auf seiner sozialen Position, sind nicht stetig reproduzierbar und sollen daher nicht berücksichtigt werden), genügt die unspezifische Verortung im sozialen Raum auch hier, da die Differenz zu Frank eindeutig gegeben ist. Der Tatbestand der *Hochstapelei* liegt eindeutig vor.

[6] Um eine Anstellung als Arzt zu erhalten, ist einer der *Codes*, zu dem er die Losung braucht, der Nachweis über ein abgeschlossenes Medizinstudium. [7/22] Eine Szene, die Frank auf seiner *Hinterbühne* beim Fälschen solcher Nachweise (Urkunden und Zeugnisse, die auf den Namen „Dr. Conner" lauten) zeigt, macht deutlich, wie er diese Hürde nehmen will. Die nächste Szene offenbart: Die *Täuschung* gelingt. Frank bekommt eine Anstellung als Supervisor der Notaufnahme in einem Krankenhaus.

Dort gibt es allerdings weitere Code-Abfragen und Hürden, die er nicht so leicht nehmen kann. Die folgende Szene veranschaulicht dies:

Frank ist gerade mit der Krankenschwester Brenda in eine wilde Knutscherei vertieft, als er per Durchsage in die Notaufnahme gerufen wird. Beide unterbrechen, Frank setzt einen panischen Blick auf, Brenda fragt: „*Shouldn't you go?*" Frank entscheidet: „*No, no, no. They have a staff doctor in the emergency ward, we'll be fine*", und die Kussszene geht weiter. Da stößt Brenda ihn von sich und fragt: *„What if he's in surgery?"*, worauf Frank entgegnet: *„Do you really think I have to go?"*

Schnitt.

In der Notaufnahme wird er gleich von einer anderen Krankenschwester in Empfang genommen (*„Oh, in here, Dr. Conners"*), der er folgt. Kindergeschrei ist zu hören, Franks Blick, auf den keiner außer dem Fernseh-Zuschauer achtet, ist angespannt, unsicher. Er kommt an einer Schwester vorbei, die gerade ein blutverschmiertes Laken hochnimmt und auf seiner Augenhöhe an ihm vorbeiträgt. Frank bleibt kurz stehen, schaut der Schwester nach, hebt seine Hand zum Mund, als wolle er sein Entsetzen verbergen oder einen Würgereiz unterdrücken, wendet seinen Blick nach rechts und sieht den schreienden, weinenden Jungen, der mit blutigem Bein auf einem Krankenhausbett liegt. Am Fußende stehen zwei Assistenzärzte und ziehen dem Jungen die Schuhe aus, am Kopfende halten ein Mann und eine Frau – vermutlich die Eltern des Kindes – dessen Hand. Frank stellt sich zwischen die beiden Assistenzärzte und fragt: *„Gentlemen, what, uh, what seems the problem?"* und wendet das Gesicht während der Frage kurz ab, dann dem Assistenzarzt zu. *„Bicycle accident"*, antwortet einer der beiden und erklärt: *„Fractured tibia about five inches below the patella."* Währenddessen reicht eine Schwester Frank eine Zange mit vermutlich sterilem Wattetuch. Frank nimmt die Zange entgegen und führt sie reflexartig an seinen Mund, spitzt die Lippen, macht *„hmmm"*, lässt den Wattebausch in schnellen kleinen Bewegungen auf und nieder wippen, nimmt ihn schließlich runter, blickt unsicher den Arzt an, der ihm die Antwort gegeben hat und seinen Blick nun auf Frank richtet. In dem Moment setzt Frank eine ernste und konzentrierte Mine auf, verschränkt die Arme vor der Brust, dreht sich zum anderen Arzt und fragt mit fester Stimme: *„Dr. Harris, do you concur?"* Der mit Dr. Harris angeredete stammelt: *„C ... Concur ....with what, sir?"* Frank spezifiziert: *„With what Dr. Ashland just said. Do you ... do you concur?"*, dann wartet er mit auf den Boden gerichtetem Blick auf die Antwort des Arztes. Der lächelt unsicher und sagt: *„Uh, well, it was a bicycle accident, the boy told us"*, und lächelt freundlich. Frank lächelt ein verkrampftes, ungeduldiges Lächeln, setzt eine strenge Mine auf, zieht die Augenbrauen hoch, schaut Dr. Harris an und fragt noch einmal: *„So you concur?"* Dr. Harris bleibt stumm, Mr. Ashland äußert: *„I think we should take an X-ray, then stick him up and put him in a walking cast."* Als Mr. Ashland zu sprechen beginnt, wendet sich Frank ihm zu, mit ernster Mine, gespitzten Lippen, und schaut dann voller Ekel – was die Doktoren von ihrer Position aus nicht sehen können – auf das blutige Bein des Jungen, hebt noch einmal die Wattezange an seinen Mund, lobt *„That's very good, Mr. Ashland. Very good. Well, you don't seem to have much need for me"*, drückt Dr. Ashland mit den Worten *„carry on"* die Zange in die Hand, lässt den Wattebausch dabei versehentlich zu Boden fallen, unterdrückt nach kurzem Ansetzen der Bewegung den Impuls, sich danach zu bücken, klopft Dr. Ashley auf die Schulter und geht. Während Dr. Harris noch mit dem Gefühl kämpft, versagt zu haben (*„I blew it, didn't I? Why didn't I concur?"*) und Dr. Ashley den Wattebausch aufhebt, verschwindet Frank in der nahegelegenen Hausmeister-Toilette und übergibt sich.

Frank gerät hier in eine brenzlige Situation. [9] Als die Durchsage kommt, weiß er, dass er, wenn er geht, die sichere Distanz zwischen dem Nominellen („Ich bin Arzt") und dem Realen („Ich habe keine Ahnung von Medizin") aufgibt. [6/7] Denn wie soll es ihm gelingen, als in die Notaufnahme gerufener Arzt, nicht zu offenbaren, dass er das notwendige *inkorporierte kulturelle Kapital* (Wissen) nicht besitzt, das alle von ihm in seiner *Rolle* erwarten?

[5] Gleichzeitig hat er ein *Publikum*, Brenda, das ihn ausschließlich in der Arzt*rolle* kennt und vor der er sein *Image* wahren will und muss. Wenn er dem Aufruf in die Notaufnahme nicht folgt, hätte Brenda allen Grund an seiner *Rolle* zu zweifeln. [15] Das bringt Frank in eine Zwickmühle, was sich in seinem panischen Gesichtsausdruck, der als mangelnde *Ausdruckskontrolle* gewertet werden kann, widerspiegelt. [31] Mit diesem Blick gewährt er Brenda einen ungeschützten Blick auf seine *Hinterbühne*. [13] Doch Brenda deutet den Blick so, dass Frank die Kussszene mit ihr auf keinen Fall unterbrechen möchte und findet seine *Darstellung* daher konsistent mit der *Rolle*. [32] Als Frank einen *Vermeidungsprozess* wagt, indem er auf den anderen Arzt verweist, der statt seiner einspringen kann, und die Kussszene fortsetzt, ist auch dies für Brenda zunächst konsistent.

Als sich bei Brenda jedoch das Verantwortungsbewusstsein meldet und sie Frank darauf hinweist, dass der Vertretungsarzt möglicherweise im Operationssaal (und daher nicht für die Notaufnahme verfügbar) ist, muss Frank der Aufforderung nachkommen, sich in die Notaufnahme zu begeben, um sein *Image* vor Brenda zu wahren. Der *Vermeidungsprozess* ist fehlgeschlagen.

[15/31] In der Notaufnahme hat Frank nicht nur einige Mühe, seine Panik vor der Enttarnung zu verbergen, sondern er kämpft auch gegen echten Ekel, den ihm die Szenen in der Notaufnahme bereiten. Dies kann der Filmzuschauer deutlich sehen, da Frank die *Ausdruckskontrolle* über diese Informationen gänzlich misslingt. Die dadurch sichtbare *Hinterbühne* bleibt für die *Täuschung* nur ungefährlich, weil in der Notaufnahme alle so sehr mit ihren eigenen Aufgaben beschäftigt sind, dass Frank nicht im Aufmerksamkeitsfokus steht.

Am Bett des Patienten, den er betreuen soll, angekommen und im Fokus der beiden anderen Ärzte, gelingt es Frank, seine Mimik unter Kontrolle zu halten, wenn ihn einer der Ärzte anblickt – nur der Filmzuschauer hat weiterhin ungeschützten Blick auf die *Hinterbühne*, auf Franks panischen Gesichtsausdruck und seinen unqualifizierten Umgang mit dem sterilen Wattebausch, den er durch die Zange immer wieder an seinen (unsterilen) Mund führt – eine eindeutige Offenbarung nicht vorhandenen *inkorporierten kulturellen Kapitals* –, aber just und stets dann wieder senkt, wenn ihn einer der Ärzte anschaut. Auch nutzt er jeweils ekelverbergende Gesten, die auch anders gedeutet werden können (z.B. hebt er die (seine Panik verbergende) Hand so an den Mund, dass diese Geste auch als Zeichen der Nachdenklichkeit gedeutet werden kann).

Am deutlichsten wird die Unterdrückung von unwillkürlichen Zeichen, als er von der *Vorderbühne* „Bett mit Kind" die *Hinterbühne* „Hausmeistertoilette" betritt und seinem unterdrückten Ekelgefühl nachgibt und sich erbricht.

Das heißt, ihm gelingt die Kontrolle der *Hinterbühne* sowie seines *Ausdrucks* hier nur schwer, aber ausreichend gut, um seine *Opfer* nicht zu *Zweifeln* zu veranlassen.

[9] Besonders schwierig ist die Anforderung an diese *Hochstapelei*, weil es keine *Diskrepanz* zwischen dem Realen und dem Nominellen gibt: [6/7] Hier ist direkt *inkorporiertes kulturelles Kapital* (Wissen) gefordert, das Frank eindeutig nicht hat. [32] Da somit sein *Image* massiv bedroht ist, kann die gesamte Szene als *Vermeidung* gelesen werden, die sein Unwissen verbergen und sein *Image* sowie seine gesamte *Darstellung* schützen soll. Die Technik der *Vermeidung* besteht darin, das Wissen, das ihm selbst fehlt, durch Fragen an die Assistenzärzte zu generieren.

Ein geschickter Zug, denn grundsätzlich sind Assistenzärzte noch in der Ausbildung, so dass es prinzipiell nicht unüblich ist, dass (ausgebildete) Ärzte sie über Fragen aktiv in Diagnostik und Behandlungsoptionen einbinden. Dadurch können die noch lernenden Ärzte ihr vorhandenes Wissen überprüfen und (im Normal- bzw. Idealfall) mit einem Experten diskutieren, um Stück für Stück mehr Wissen, Erfahrung und Handlungssicherheit zu bekommen.

Um seine Fragen *konsistent* zu seiner *Rolle* aussehen zu lassen, imitiert Frank bei der Wortwahl den [24] Fachjargon, den er sich zuvor aktiv über das Schauen von Arztsendungen angeeignet hat: *„Do you concur?"* Sein Plan geht insofern nicht ganz auf, als dass der Assistenzarzt den Ausdruck (zumindest in diesem Zusammenhang) nicht kennt. Die Frage, ob er der Gebrochenes-Schienbein-nach-Fahrradunfall-Diagnose zustimmt, scheint dem angesprochenen Assistenzarzt zu trivial; sie macht für ihn in diesem Zusammenhang keinen Sinn, wie seine Antwort zeigt (*„Concur … with what, sir? … it was a bicycle accident, the boy told us"*). Dennoch schützt die Frage Frank, weil sie sein Unwissen kaschiert. [24] Zudem schützt der andere Arzt die *Darstellung*, indem er, nachdem Frank die Frage zum dritten Mal wiederholt, hat ohne eine Antwort zu bekommen, einen Behandlungsvorschlag unterbreitet.

[10] Da die *Fassade* von Frank stimmt und die *Rolle* zudem auf [14] *Autorität* verweist, was Frank durch ernste Mimik, strengen Tonfall und das Beharren auf einer Antwort unterstreicht, machen die Assistenzärzte [26] zunächst *naive Züge*, *vertrauen* darauf, dass Frank ist, wer er vorgibt zu sein, und stellen bis zuletzt ([23] vielleicht aufgrund des Konsistenzprinzips?) nicht ihn, sondern sich selbst in Frage (*„I blew it, didn't I? Why didn't I concur?"*).

[19] Franks lobende Worte (*„That's very good, Mr. Ashland. Very good"*), kurz bevor er die Notaufnahme verlässt, senken vermutlich (aufgrund des dadurch ausgelösten *Sympathieprinzips*) das kritische Urteil der Ärzte noch ein wenig weiter. Schließlich kann auch die Aussage von Frank, dass er hier wohl nicht mehr gebraucht werde, als Kompliment (dass sie selbst schon so qualifizierte Ärzte sind, dass sie den Jungen auch allein adäquat behandeln können) gedeutet werden, was in die gleiche Richtung schlägt und das Sympathieprinzip aktiviert.

[34] So gelingt Frank die *Vermeidung*, die schon beinahe einer Flucht gleicht. [5] Die *Opfer* – die Ärzte, die Krankenschwestern und indirekt die Eltern und der Junge mit dem gebrochenen Bein – haben ihm geglaubt, ohne *Zweifel* zu entwickeln.

Vierte Hochstapelei: Der Agent (Secret Service)

Zum Abschluss sei noch eine Szene aufgegriffen, in der Frank eine *Flucht* nach dem *Chamäleon-Prinzip* gelingt:

Wie eingangs erwähnt, wird Frank wegen Scheckbetrügereien und *Hochstapeleien* (als Pilot und Arzt) vom FBI bzw. von Agent Carl Hanratty verfolgt. Zu einem Zeitpunkt, als dem FBI Franks Gesicht noch unbekannt ist, ist Hanratty ihm dicht auf den Fersen, stürmt in das Hotelzimmer, in dem Frank zu dieser Zeit wohnt. Frank ist gerade im Bad. Als Hanratty die Toilettenspülung hört, postiert er sich mit erhobener Waffe vor der Tür und ruft: „FBI. Come out of the bathroom!", dann lauter: „Step out of the bathroom!" Frank, in einen Anzug gekleidet, tritt aus dem Bad, trocknet sich in aller Ruhe die Hände mit einem Handtuch ab, schaut kurz irritiert und mit zur Seite geneigtem Kopf auf Hanrattys Waffe, tritt dann aus der Tür. Als Hanratty verlangt: „Hands on your head!", zeigt Frank auf die hinter Hanratty stehende Schreibmaschine, die aus circa einem Meter Entfernung auf sein Gesicht gerichtete Waffe völlig ignorierend, und sagt: „Oh, that's the new IBM Selectric." Während Hanratty aufgebracht immer wieder laut fordert, er solle die Hände hoch nehmen, redet Frank in aller Ruhe weiter über das Schreibmaschinenmodell (IBM Selectric), geht im Zimmer umher und sagt: „You can change the print type in five seconds." Dabei geht er am vor ihm zurück- bzw. ausweichenden Hanratty vorbei, der noch immer die Waffe auf ihn richtet und aufgebracht befiehlt: „Shut up!" Frank redet weiter über die Schreibmaschine: „Just put out the ball. You know, he's got over 200 checks here, a gallon of India ink, drafting." Er nimmt einen Briefumschlag in die Hand und hält ihn Hanratty demonstrativ hin, während er erklärt: „Even has little payroll envelopes addressed to himself from Pan Am." Während Franks gesamter Ausführungen wiederholt Hanratty immer lauter werdend seine Aufforderung „Put your hands on your head!". Frank schaut gelassen, kein bisschen beeindruckt von der Waffe, und deutet weiter erklärend auf den Umschlag. „Put it down!", sagt Hanratty energisch, und schreit „Drop it!", als Frank keine Anstalten macht, ihm zu gehorchen. In diesem Moment ruft Frank „Relax!", lächelt, nimmt beschwichtigend die Hände runter und verkündet: „You are too late, all right? My name's Allen, Barry Allen. United States Secret Service.", und wendet seine Aufmerksamkeit wieder dem Schreibtisch zu, während er weiter erläutert: „Your boy just tried to jump out the window. My partner has him in custody downstairs." Hanratty bleibt skeptisch, sagt: „I don't know what you're talking about.", und hält weiter die Waffe auf ihn gerichtet. Frank behält eine leicht überhebliche, entspannte Mine, schaut Hanratty direkt ins Gesicht und sagt: „You think the FBI are the only ones on this guy? I mean, come on." Franks Mine zeigt ein wenig Bedauern und Unglauben. „Come on, he's dabbling in government check here. We've been following a paper trail on this guy for months now." Bei diesen Worten blickt Hanratty zum ersten Mal auf die Utensilien, die Frank in der Hand hält und lockert die Armspannung, die Waffe noch immer auf Frank gerichtet. Dieser blickt nun, als Hanratty näherkommt, um sich die Unterlagen genauer anzuschauen, auf die Waffe, als würde er sie zum ersten Mal wahrnehmen. Seine Stirn wirft Falten, zeigt Irritation und er bittet, die Hand schützend zwischen die Waffe und sein Gesicht haltend: *„Hey, you mind taking that gun out of my face? I mean, it makes me nervous."* Dabei wirkt Frank allerdings nicht nervös, sondern gelassen und überlegen. Hanratty macht einen Schritt zurück, hält die Waffe wieder auf Frank gerichtet und verlangt: *„Let me see some credentials."* Frank schaut etwas genervt, senkt den Blick in Richtung Schreibtisch, sagt *„Yeah, sure,"* drückt ihm seine Geldbörse mit den Worten *„take my whole wallet"* in die Hand und räuspert sich. Während Hanratty die Börse entgegennimmt, fragt Frank: *„You want my gun, too? Come over here, take my gun.",* und macht eine sich öffnende Geste. Bevor Hanratty dazu kommt, einen Blick in die Geldbörse zu werfen, bittet Frank, als er mit aufgeregter Mimik und Gestik zum Fenster geht und die Gardine zur Seite schiebt: *„Hey, hey, look. Just do me a favor. Take a look outside. Look. Look out the window."* Hanratty geht zum Fenster, blickt aber Frank an, der weiter spricht: *„My partner is walking him to the car as we speak – look. Old guy almost pissed in his pants when I came through the door."*

Zu sehen sind zwei Männer. Der eine führt den anderen am Arm zum Auto, öffnet die Beifahrertür, schiebt den anderen Mann, seine Hand auf dessen Kopf legend, auf den Sitz. *„He jumped right through the window onto the hood of my car.",* berichtet Frank.

Was Hanratty nicht weiß, wohl aber der Film-Zuschauer: Bei den beiden handelt es sich um Franks blinden Nachbarn und dessen Begleiter. Die drei waren sich kurz vor Hanrattys Ankunft im Flur begegnet und Frank hatte mit dem Blinden eine kurze, freundliche Konversation gehalten.

Als der Blinde nun im Wagen Platz nimmt, schiebt Frank die Gardine beiseite, öffnet das Fenster und ruft: *„Hey, Murph, call the LAPD* [Abk. für: Los Angeles Police Department; Anm. der Verf.] *again, I don't want people walking through my crime scene!",* und dreht sich um, geht hüstelnd und noch bevor er den Satz beendet hat wieder in den Raum hinein. Hanrattys Aufmerksamkeit wandert mit Frank in den Raum. Frank hustet, der TV-Zuschauer – nicht Hanratty! – sieht weit aufgerissene Augen in Franks Gesicht. Frank schüttet sich aus einer Karaffe Wasser in ein Glas, den Rücken Hanratty zugewandt. Hanratty eröffnet: *„I didn't expect the Secret Service on this."* Frank entgegnet mit fester Stimme: *„Don't worry about it.",* räuspert sich, fragt nach Hanrattys Namen, verzieht keine Mine, während er Carl Hanrattys Namen erfährt, trinkt das Glas Wasser aus, dreht sich schwungvoll um, geht mit geradem Rücken, die Hände lässig in den Hostentaschen, auf Hanratty zu, blickt diesen kritisch an und fragt: *„Mind if I see some identification?"* Hanratty kramt sofort in seiner Gesäßtasche, sagt *„sure"* und übergibt Frank seinen Ausweis. Dieser nimmt ihn entgegen, schaut mit Stirnrunzeln darauf und erklärt: *„You never can be too careful these days."* Nach längerem Blick auf den Ausweis gibt er ihn mit den Worten *„Well, tough luck, Carl."* zurück, setzt eine bedauernde Mine auf, und sagt: *„Five minutes earlier you would've landed yourself a pretty good collar."* Hanratty erwidert mit einem Schmunzeln: *„It's all right. Ten seconds later and you'd have been shot."* Frank, der wieder in den Schreibtischunterlagen kramt, blickt ebenfalls schmunzelnd auf. Hanratty fragt: *„Mind if I come downstairs with you? I-I got to take a look at this guy."* Frank, inzwischen die Schreibmaschine unter den Arm geklemmt und einige Papiere in der noch freien Hand haltend, blickt Hanratty an und sagt ohne Zögern: *„Sure thing. Just, uh, do me a favor and sit tight for a second while I get this evidence downstairs. You know, I don't want some maid walking through here and making the bed. LAPD should be here any sec."* Mit diesen Worten geht Frank zügig, aber gemessenen Schrittes, in Richtung Tür. Da sagt Hanratty plötzlich: *„Wait."*

Frank bleibt stehen, schließt die Augen, was Hanratty nicht sieht, da Frank ihm den Rücken zuwendet. Als Frank sich zu Hanratty umdreht, wieder mit gelassenem Gesichtsausdruck, sagt dieser: *„Your wallet."*, und winkt mit der Geldbörse, die ihm Frank zuvor gegeben hat. Frank antwortet: *„You hang onto it for a minute. I trust you."*, und geht.

Der Zuschauer bleibt weiter mit Hanratty im Raum. Hanratty atmet tief durch, wirkt erleichtert, lacht, setzt sich auf die Bettkante, schüttelt noch einmal den Kopf und spricht leise zu sich selbst *„Secret Service"*. Dann hält er kurz inne, hat scheinbar einen Gedanken, vielleicht einen Zweifel? Blickt *auf* die Geldbörse in seiner Hand, blickt *in* die Geldbörse – und findet darin nichts weiter als abgelöste (Flaschen-)Etiketten. Eines nach dem anderen zieht er heraus, lässt es auf den Boden gleiten, zieht schneller und inzwischen stapelweise die dünnen Etiketten, die statt der vermuteten Kreditkarten, Ausweise etc. in der Börse stecken, heraus. Dann springt er plötzlich auf, schaut aus dem Fenster – und sieht Frank zwei Stockwerke unter sich (zu Hanratty aufblickend) mit der Schreibmaschine unter dem Arm die Straße entlang- und davonrennen.

[34] Wie eingangs erwähnt, handelt es sich hier um eine *Flucht* nach dem *Chamäleon-Prinzip*: Frank wird aufgrund seiner Scheckbetrügereien

und seiner *Hochstapeleien* von FBI-Agent Carl Hanratty gesucht. In dem Moment, in dem die Enttarnung kurz bevorsteht, schlüpft Frank kurzerhand in die *Rolle* eines United-States-Secret-Service (USSS)-Agenten. [9] Eine *Täuschung*, die prinzipiell nur gelingen kann, weil dem *Opfer* das Gesicht des *Hochstaplers* (als verfolgte Person) nicht bekannt ist und somit eine *Diskrepanz* zwischen dem Nominellen und dem Realen besteht.

Mit der Wahl dieser *Rolle* hält er sich an die „Empfehlung" von Flynn, auch einen „Wechsel der sozialen Schicht" vorzunehmen. Denn zweifellos ist die [2] Position eines USSS-Beamten sehr viel höher als die eines Scheckbetrügers und Hochstaplers ohne Schulabschluss, Ausbildung und Anstellung: [4] Allein schon das reproduzierbare *ökonomische Kapital* differiert stark durch das regelmäßige Beamtengehalt, das Frank sicherlich nicht bezieht. Hinzu kommen *inkorporiertes* und *institutionalisiertes kulturelles Kapital*, das eine Ausbildung zum Secret-Service-Mitarbeiter mit sich bringt. Frank wechselt also nicht etwa in eine niedrigere soziale Position, sondern in eine höhere – er wird wieder zum *Hochstapler*. [5] Sein *Opfer*: Carl Hanratty.

[11] Ähnlich wie bei der ersten Hochstapelei nutzt Frank die bereits vorhandenen *Fassaden* (seinen Anzug, das Hotelzimmer mit den Utensilien seiner Scheckbetrügereien) für die Übernahme der neuen *Rolle*. [26/28] Im Unterschied zur Lehrer-*Hochstapelei* gilt es hier allerdings kein naiv agierendes *Publikum* zu überzeugen. Sein *Opfer* Carl Hanratty hegt sehr große *Zweifel* an der von Frank beabsichtigten Situationsdeutung. Seine *Zweifel* sind so groß, dass er minutenlang eine Waffe gegen Frank richtet, der – äußerlich unbeirrt und unbeeindruckt – währenddessen ein für Carl Hanratty offensichtlich immer konsistenter und glaubhafter erscheinendes [13] *Lüge*ngebäude entwirft. Schauen wir uns genauer an, wie es Frank gelingt, sein äußerst skeptisches *Opfer* zu der Situationsdeutung zu bringen, der Betrüger/*Hochstapler* sei längst gefasst und Frank selbst sei der USSS-Agent, der diesen gefasst hat:

Zunächst fällt auf, [17/16] dass Frank trotz vorgehaltener Waffe scheinbar gänzlich unbeeindruckt und gelassen bleibt. Das kann hier nicht nur als sehr gute *Bühnensicherheit* bezeichnet werden, sondern ist an dieser Stelle ein *instrumenteller Zug*: Furcht vor der Waffe eines „Kollegen" wäre nicht konsistent zur *Rolle* des USSS-Mitarbeiters, der den lang gesuchten Kriminellen bereits verhaftet hat. [11/12] Parallel zu dieser instrumentell zur Schau getragenen Gelassenheit setzt Frank sein tatsächlich vorhandenes *inkorporiertes kulturelles Kapital* (Wissen) als *Symbol* ein, um auf das Insiderwissen des vermeintlichen Agenten zu verweisen: Er hält einen kurzen Monolog über die Qualitäten der Schreibmaschine (*"You can change the print type in five seconds"*) und über die Tätigkeiten des Scheckbetrügers (*"You know, he's got over 200 checks here, a gallon of India ink, drafting. [...] Even has little payroll envelopes addressed to himself from Pan Am."*) und will damit die Glaubwürdigkeit seiner *Rolle* als Mitarbeiter einer Behörde, zu deren Hauptaufgaben die Aufdeckung von Finanzkriminalität, insbesondere Geldfälschung, zählt, unterstreichen.

[11] Interessanterweise konfrontiert er Hanratty nicht gleich verbal mit der gewünschten Situationsdeutung, sondern hält es offensichtlich für überzeugender, Hanratty von selbst auf die von ihm intendierte Situationsdeutung kommen zu lassen. Als Hanratty nach einigen Minuten noch immer nicht begreift respektive zweifelt, sagt Frank erklärend: *"You think the FBI are the only ones on this guy? I mean, come on. [...] Come on, he's dabbling in government check here. We've been following a paper trail on this guy for months now."* Indem er sich verblüfft darüber gibt, dass Hanratty nicht bereits von allein darauf gekommen ist, dass das FBI nicht als einzige Behörde an dem Scheckbetrüger interessiert sein kann, greift er das *Image* von Hanratty als klug kombinierendem FBI-Agent an und macht gleichzeitig deutlich, wie die Situation zu definieren ist.

Dieser instrumentelle Zug, die Rolle, die er einzunehmen gedenkt, nicht zu erklären, sondern darzustellen (wie Frank es übrigens auch bei der Lehrer-Hochstapelei getan hat), ist eine weitere Technik. Sie zwingt Hanratty, sich die Definition der Rolle und damit der Situation selbst zu erschließen, was Hanratty irritiert, verunsichert und ihn damit prinzipiell für den Hochstapler Frank leichter beeinflussbar macht. Schließlich kann Hanratty sich zu keiner die Hochstapelei beendenden Handlungsreaktion (wie z.B. einer Verhaftung) entschließen, bis er sicher ist, die Situation richtig definiert zu haben. Durch diese anstrengende und langwierige Meinungsbildungsphase über die Situation, wird für Frank ein sehr „nützlicher" Effekt ausgelöst: Die Vermutung liegt nämlich nah, dass ein Opfer, das nach einer längeren Zeit der Verunsicherung schließlich durch eigene „Anstrengung" die Puzzleteile einer fremden Darstellung vermeintlich richtig zusammengefügt hat, noch viel stärker dem Drang unterliegt, bei dieser (endlich und) selbst gebildeten Meinung bleiben zu wollen, als wenn das Gegenüber die Situationsdefinition gleich zu Beginn formuliert und vorgibt.

Das Unterlassen eines (wenn auch nur vermeintlich) klärenden (verbalen) Beitrags zur Situationsdefinition von Seiten des Hochstaplers kann folglich die Wirkung des Konsistenz-Prinzips verstärken.

Da Hanratty sich in der konkret hier analysierten Situation wohl zu lange weigert, die von Frank gewünschte Deutung (an)zu-erkennen, ändert Frank die Taktik: Er löst Hanrattys Verunsicherung auf, präsentiert ihm seine Situationsdeutung – und geht zudem zu einem Angriff auf Hanrattys Image über: Nachdem Frank zum Ausdruck gebracht hat, dass Hanratty sich als nicht besonders spitzfindig erwiesen hat, weil er die „Puzzleteile nicht korrekt zusammengefügt hat", offeriert er Hanratty nun die Möglichkeit, seine Unfähigkeit nicht noch weiter zu demonstrieren, indem er aufhört, eine Waffe auf einen Kollegen zu richten, der ihm bei der Ergreifung des Gesuchten sogar noch zuvorgekommen ist, indem er ihn bittet, die Waffe nicht weiter auf ihn zu richten (*„Hey, you mind taking that gun out of my face? I mean, it makes me nervous."*).

Der *Zweifler* Hanratty ist noch immer nicht überzeugt und verlangt Beweise von Frank (*„Let me see some credentials."*). Eine eigentlich ausweglose Situation für Frank, der sich ja nun einmal nicht als Agent ausweisen kann. Indem er Hanratty seine gesamte Geldbörse hinwirft, verschafft er sich aber eine kleine Chance auf „Rettung". Jetzt liegt es einzig an Hanratty, ob es zur Enttarnung kommt oder nicht. Schaut Hanratty in die Börse hinein, ist die falsche Rolle enttarnt, lässt er sie zu, kann Frank erst einmal weiter „spielen".

Diese Technik „beobachten" wir hier erstmalig und haben sie noch nicht explizit in unserem Leitfaden erwähnt. Wir werden sie „Bluff" nennen[79].

In der oben beschriebenen Situation setzt Frank jedoch nicht nur auf diese eine Technik. Um seine Rettungs-Option zu stärken, um zu verhindern, dass Hanratty in die Geldbörse hineinschaut, geht er zu einer schnellen Ablenkung über, indem er Hanrattys Aufmerksamkeit in

---

[79] Im Unterschied zum Russischen Roulette wird der Gegner hier nicht mit der Wahrheit konfrontiert, sondern mit einer Unwahrheit, um ihn auf eine falsche Fährte zu locken. Die Konsequenz ist bei beiden Strategien gleich: Das Opfer entscheidet – und zwar (im Unterschied zur Lüge) unmittelbar –, ob es die Wahrheit als Scherz (russisches Roulette), die Unwahrheit als wahr (Bluff) deutet oder nicht; sprich: ob die Strategie des Hochstaplers gelingt oder nicht.

Richtung Fenster zieht („*Hey, hey, look. Just do me a favor. Take a look outside. Look. Look out the window.*"*).

In dem Bluff von Frank spielen sicher auch das *Reziprozitätsprinzip* und die *Emotionsfalle* eine unterstützende Rolle. Schließlich ist es einerseits wie ein Kompliment, andererseits auch wie ein Geschenk aufzufassen, dass Frank einen (vermeintlichen) maximalen Vertrauensvorschuss gewährt, indem er Hanratty viel mehr als gefordert, nämlich statt des Ausweises seine gesamte Geldbörse, überlässt – und sogar weitere „Geschenke" anbietet: seine Waffe („*You want my gun, too? Come over here, take my gun.*").

[11] Indem er Hanratty zum Fenster bittet, gelingt es Frank nicht nur, den Aufmerksamkeitsfokus von der Geldbörse abzulenken, sondern er nutzt die außerhalb des Fensters sichtbaren „Symbole", um die von ihm hervorgerufene Situationsdeutung zu „belegen", dass der Betrüger bereits durch seinen Partner abgeführt worden ist. Er ruft dem Begleiter seines blinden Nachbarn, der gerade dem Blinden beim Einsteigen ins Auto geholfen hat, zu: „*Hey, Murph, call the LAPD again, I don't want people walking through my crime scene*" – und bevor der Nachbar seine Irritation über diese aus seiner Perspektive völlig sinnlose Aussage vor Hanratty zeigen kann, wendet sich Frank – gemeinsam mit Hanrattys Aufmerksamkeit – wieder in den Raum. Da Hanratty noch in Hörweite des Nachbarn ist, lässt Frank sicherheitshalber ein Husten folgen, das eventuell verbal geäußerte Irritationen des Nachbarn übertönen würde – und geht gleich zum nächsten Schachzug über.

Erstens appelliert er noch einmal an Hanrattys angekratztes *Image*, indem er daran erinnert, dass er leider nicht schnell genug war, um den Betrüger zu fassen („*Don't worry about it. [...] Well, tough luck, Carl. Five minutes earlier you would've landed yourself a pretty good collar.*"). Zweitens geht er von der Defensive in die Angriffshaltung, indem er jetzt seinerseits nach Hanrattys Identifikationspapieren fragt („*Mind if I see some identification?*"). [14] Somit betont Frank nicht nur die *Autorität*, die mit seiner Agenten*rolle* einhergeht, sondern er lenkt Hanratty weiterhin davon ab, einen Blick in die Geldbörse zu werfen.

Auch die für seine geplante *Flucht* äußerst hinderliche Bitte Hanrattys, ihn begleiten zu dürfen, weiß Frank durch eine erneute *Lüge* zu verhindern: „*Sure thing. Just, uh, do me a favor and sit tight for a second while I get this evidence downstairs. You know, I don't want some maid walking through here and making the bed. LAPD should be here any sec.*" Die Glaubwürdigkeit dieser *Lüge* wird wohl dadurch unterstützt, dass

Frank an dem anknüpft, was er zuvor als Situationsdeutung bei Hanratty hervorgerufen hatte (er wartet auf das LAPD) und an Erfahrungen appelliert, die vermutlich zum Alltag eines FBI- oder USSS-Agenten gehören: das Zerstören eines Tatortes durch vorzeitige Entfernung der Spuren.

Dass Frank während seiner *Täuschung* stetig [15] *Ausdruckskontrolle* betreibt und akribisch den [31] Zugang zur *Hinterbühne* bewacht, zeigt sich an den für den Filmzuschauer sichtbaren Übergängen zwischen *Vorder-* und *Hinterbühne*: Als Frank mit dem Rücken zu Hanratty (also auf der *Hinterbühne*) steht und dieser *„wait"* ruft, zeichnet sich auf Franks Gesicht deutlich die Angst ab, dass die *Täuschung* aufgefallen sein könnte. Doch als er sich Hanratty zuwendet (die *Vorderbühne* betritt), sind die Zeichen von Angst den Zeichen der *Bühnensicherheit* gewichen.

Frank baut in dieser Szene nach und nach ein *Lügen*gebilde auf, das nicht nur perfekt in das Realitätsbild des *Opfers* passt, sondern durch den äußerst geschickten Einsatz von vorhandenen *Symbolen* immer konsistenter und „bewiesener" erscheint[80]. Dabei pariert er *Fallen* durch Bluffs, lenkt die Aufmerksamkeit seines *Opfers* wie ein Magier geschickt und unauffällig von den die *Täuschung* diskreditierenden Zeichen zu den die *Täuschung* unterstützenden. Er bringt sein *Opfer* von der Offensive in die Defensive, erzeugt leichte *Imagebedrohungen* und *Zweifel* hinsichtlich der eigenen Fähigkeiten bei seinem *Opfer* – und hält die *Täuschung* solange aufrecht, bis er ungehindert fliehen kann.

---

[80] Diese Technik findet übrigens auch perfektionierte Anwendung in dem Film *The Usual Suspects* (1995).

Zusammenfassung

Die exemplarische Filmanalyse hat zum einen gezeigt, dass sich das Phänomen der Hochstapelei durch den entwickelten Begriffsapparat gut fassen und beschreiben lässt. Zum anderen wurden die zuvor theoretisch erarbeiteten Erklärungen und Techniken durch die Gegenstandsanalyse weitgehend bestätigt: Indem der Hochstapler bestimmte Symbole einsetzt, lenkt der Hochstapler das zur Symboldeutung neigende Publikum zu der von ihm beabsichtigten Deutung. Dabei geht er weitaus geschickter, kreativer und intuitiver vor, als wir in der Theorie angenommen haben, und verwendet einige für uns neue Techniken sowie neue Variationen bekannter Techniken.

Zunächst fällt auf, dass viele Hochstapeleien von der Aktivierung des **Sympathieprinzips** geprägt waren – und zwar sowohl passiv, sprich: durch die attraktive Erscheinung des Hochstaplers (die Stewardess hilft unaufgefordert, S. 119) als auch aktiv, durch das Verteilen von Lob und Komplimenten (er lobt die Assistenzärzte, S. 126).

Eine für uns in diesem Zusammenhang neue Variante und Technik konnten wir in der Fluchtszene beobachten: Der Hochstapler hat sich mit attraktiven Objekten (betont weiblichen Stewardessen) umgeben. Durch die sexuellen Reize, die diese bei seinen männlichen Verfolgern auslösten, konnte der Hochstapler die Aufmerksamkeit der Verfolger auf die Stewardessen lenken (vgl. S. 121 f) – und dadurch selbst ihrem Aufmerksamkeitsfokus (und damit seiner Verhaftung) entgehen. Wir nennen diese Technik **Ablenkung durch sexuelle Reize**.

An anderen Stellen der Hochstapelei wurde das Sympathieprinzip zur **Gefühlsfalle** ausgeweitet, die demnach nicht nur (wie angenommen) als Notfallmaßnahme dienen kann, sondern auch generell zur Unterstützung der Täuschung, um das kritische Urteil des Publikums zu senken. Die Gefühlsfalle haben wir als Flirtinszenierung „beobachtet" (S. 118 und S. 121), aber auch als emotionale Ablenkung durch negative Gefühle. So hat der Hochstapler in der Agenten-Flucht-Szene versucht, durch leichte Bemerkungen das Image seines Opfers, seines Zweiflers und Fallen-Stellers zu bedrohen, indem er immer wieder auf dessen Inkompetenz als Agent verwies (S. 135 ff).

In besagter Szene haben wir weitere interessante neue Einsichten bekommen: Zum Beispiel wurde deutlich, wie wichtig es ist, als Hochstapler den **Aufmerksamkeitsfokus** des Publikums lenken zu können und wie hilfreich, wenn nicht gar notwendig eine gute **Bühnensicherheit** ist, die sich in einigen Darstellungen sogar als **instrumenteller Zug** einsetzen lässt (der selbstbewusste, coole Agent hat seinen Verfolger überzeugt).

Bestätigt hat die Analyse, dass eine gelungene Täuschung nur bei sehr guter **Kontrolle der Hinterbühne** funktionieren kann und dass die unbedingte Voraussetzung dafür eine gute **Ausdruckskontrolle** ist, die bis zur letzten Sekunde beibehalten werden muss. Hätte Carl Hanratty in der „Agenten-Hochstapelei" den zutiefst erschrockenen Gesichtsausdruck von Frank gesehen, als er „*wait*" rief, wäre die Hochstapelei vermutlich sofort enttarnt gewesen (S. 136).

Ebenso konnten wir eine gelingende **Flucht nach dem Chamäleon-Prinzip** (ohne Fassadenwechsel und unter Ausnutzung der Tatsache, dass es für verschiedene Rollen zum Teil gleiche Fassaden gibt) beobachten.

Diese Tatsache, dass für verschiedene Rollen gleiche Fassaden gültig sind, war auch ausschlaggebend für die ersten beiden Hochstapeleien, die wir analysiert haben: Die Schüler hielten Frank aufgrund seiner Fassade (zwar zunächst nur scherzhaft, aber dann durch Franks weiteres Verhalten tatsächlich) für einen Lehrer (S. 104 ff) und die Schalterdame am Flughafen interpretierte Franks Fassade nicht als die eines Piloten, der lediglich einen Scheck einlösen wollte, sondern als die des *deadhead*, auf dessen Ankunft sie gewartet hat (S. 116). Darin wird zudem deutlich, wie stark die **Neigung des Publikums ist, Symbole zu deuten** und wie groß der Einfluss der **Publikumserwartung** auf die Anforderung und das Gelingen einer Hochstapelei ist. Dabei genügen offenbar an einigen Stellen wenige Schlüsselmerkmale, um die Publikumsdeutung in eine bestimmte Richtung zu lenken. (Das heißt, es werden insgesamt weniger „Codes" abgefragt, als theoretisch angenommen wurde.)

Neben der Fassade erweist sich vor allem der Fachjargon als Schlüsselmerkmal, wie in der Szene am Flughafenterminal und in der Telefonzelle zu sehen war. Möglicherweise ist dies auf das Sympathieprinzip zurückzuführen, denn die Anwendung des Vokabulars, das typischerweise nur eine bestimmte, spezifische Gruppe miteinander teilt, suggeriert sofort sehr viel Gemeinsamkeit. Vielleicht gehen wir aber auch einfach davon aus, dass tatsächlich nur die legitim zur Gruppe gehörenden Personen „unser" Fachvokabular kennen und beherrschen, sodass wir dessen Verwendung als ausreichendes Indiz für die Echtheit der Rolle betrachten.

Umgekehrt gerät der Hochstapler in schwieriges Fahrwasser, wenn er den Jargon nicht kennt, der eindeutig mit seiner Rolle verbunden wird: Die Nicht-Kenntnis des *jump seat* und des *deadhead* wären ihm beinahe zum Verhängnis geworden (S. 116 ff). Die Gefahr liegt in der spezifischen Kapital-Sorte und dessen spezifischer Eigenschaft begründet: Es gibt kein Symbol, das auf inkorporiertes kulturelles Kapital verweist, keine Diskrepanz zwischen behauptetem und faktisch vorhandenem Wissen, wenn es „abgefragt" wird. Das weiß auch der Hochstapler, der uns in der Analyse zwei Techniken präsentierte, der Enttarnung trotz mangelndem Wissen zu umgehen: In der einen Szene leitete er die Wissensabfrage an eine andere Person um (den Assistenzarzt; S. 125), in der anderen Szene setzte er auf ein Prinzip, das – wie durch die Analysen bewiesen[81] – ebenfalls große Gültigkeit hat: die Neigung des Publikums, fremde Darstellungen zu schützen. So behauptete Frank, das Wissen schon lange nicht mehr angewendet und daher vergessen zu haben, spickte die darin enthaltene Bitte, ihm das Wissen zu verraten, parallel mit dem Angebot, die Bitte als Scherz aufzufassen (S. 117). In besagter Szene wurde die Scherz-Deutung angenommen, sodass es nicht zur Wissens-Vermittlung kam, die Hochstapelei aber immerhin unentdeckt blieb.

Die Gefahrenstelle verweist uns auf eine weitere Erkenntnis, die sich bei der Analyse bestätigt hat: Der Hochstapler kann nur da aktiv werden, wo es eine Diskrepanz zwischen Nominellem und Realem gibt. Je geringer die Verweisungsmöglichkeit, desto anspruchsvoller bzw. undurchführbarer wird die Hochstapelei.

Als Möglichkeit, die Anforderungen an die Hochstapelei zu senken, haben wir eine Technik kennengelernt, die die Diskrepanz zwischen dem Realen und dem Nominellen aktiv vergrößert und die Möglichkeiten der Code-Abfragen senkt: Das Telefon als „Distanzwaffe" (um in Gert Postels Worten zu sprechen; S. 115). Sobald der Hochstapler außer Sichtweite ist, gilt nur noch das gesprochene Wort. Die Hochstapelei ist dann weitestgehend auf die Kunst der Lüge reduziert.

Damit die Lüge glaubhaft wird und bleibt, muss sie zwei Kriterien erfüllen: Sie muss erstens in sich konsistent sein und zweitens in das

---

[81] Die Neigung zum Schutz fremder Darstellungen zeigte sich zum Beispiel auch in der Szene, in der die ersten Schüler begonnen haben, Frank zu „gehorchen" (S. 107).

Realitätsbild des Opfers passen. Hier gibt es einen Verweis auf die Bedeutung der Publikumserwartung: Wer weiß, was in das Realitätsbild des Opfers passt, kann dessen Erwartungen leichter bedienen – und dadurch dessen kritisches Urteil weiter senken bzw. dafür sorgen, dass die grundsätzlich vorhandenen naiven Züge weitergeführt werden. Die Extremvarianten wurden in der ersten und zweiten Hochstapelei sichtbar: Erst inspiriert durch die vom Publikum geäußerte Deutung (die ein Spiegel der Publikumserwartung ist), begann Frank seine Hochstapelei!

Die Beobachtung, dass Frank zweimal nicht (direkt) durch die verbale Äußerung der Deutung zu überzeugen versucht hat, sondern primär durch die Wirkung seiner Fassaden (S. 128 ff und S. 104 ff), hat uns zur Entdeckung einer weiteren Technik geführt, die die Wirkkraft des Konsistenzprinzips verstärkt. Indem der Hochstapler seinem Publikum keine verbalen und eindeutigen Hinweise auf die Situationsdeutung gibt, erlebt das Publikum eine Irritation und Verunsicherung, die es prinzipiell leichter beeinflussbar macht. Zudem ist das Publikum gezwungen, sich die Situationsdeutung selbst zu erschließen – und fühlt sich, wenn es schließlich zu einer Deutung gelangt ist, mehr an diese da selbst gebildete Meinung gebunden, als wenn es eine vorgegebene Deutung schlicht akzeptiert.

Was die Urteilskraft ebenfalls senkt, scheint die Ausführung von Rollen zu sein, die mit Expertentum oder Autorität verknüpft sind und/oder hierarchisch über denen des Publikums liegen. So zweifelten die Assistenzärzte (Dritte Hochstapelei) eher an sich als an Frank, obwohl dieser offensichtliche „Fehler" in der Darstellung beging und den Fachjargon falsch einsetzte (S. 128). Ein richtiger Vergleich konnte in der Analyse übrigens nicht hergestellt werden, da Frank ausschließlich Rollen mit Autoritäts- oder Expertencharakter dargestellt hat (Arzt, Pilot, Lehrer vor Schülern, USSS-Agent). Wohl haben wir beobachtet, dass der Hochstapler die Autorität seiner Rolle durch entsprechende Gesten (= instrumentelle Züge) aktiv zu unterstreichen versuchte (strenge Mine, laute Stimme, Machtausübungsandrohung als Lehrer (S. 107); aufrechte Haltung, bestimmende Aufforderungen, leicht überhebliche Art als Agent (siehe Kapitel „Vierte Hochstapelei")).

Da der Hochstapler eigentlich in jeder Täuschung einen „Methodenmix" angewendet hat, kann schwer beurteilt werden, welche Bedeutung den jeweils einzelnen Techniken zukommt. Es ist aber davon auszugehen, dass vor allem das Konsistenz-Prinzip eine überraschend starke Wirkmächtigkeit besitzt. Dadurch, dass Frank immer wieder „Patzer" in der Darstellung unterlaufen sind (fehlendes Fachvokabular am Flughafen, falsch eingesetztes Fachvokabular als Arzt, fehlendes Fachwissen im Flugzeug ...), scheint zuzutreffen, dass Personen, die einmal von der Richtigkeit einer Darstellung überzeugt wurden, Darstellungen im Weiteren weniger kritisch betrachten und bei der bereits gebildeten Situationsdeutung bleiben wollen.

Interessante Einblicke hat die Analyse darin gegeben, woher der Hochstapler sein Wissen über die zur Rolle gehörenden Eigenschaften hat: Frank hat sich beispielsweise über aktive Beobachtung von Fernsehsendungen das vermeintlich korrekte medizinische Fachvokabular angeeignet, und durch eine trickreiche vorangegangene Hochstapelei das Wissen um Abläufe und Fachbegriffe im Pilotenumfeld (S. 120 f).

Trickreich und vor allem kreativ zeigte sich Frank in einigen der Hochstapeleien. So demonstrierte er ein gewitztes Spiel mit den Erwartungen des Publikums und dessen Neigung, Symbole zu deuten, als er am Flughafen eine Ablenkung erschaffte, indem er beides kombinierte (S. 121 f). Als kreativ und spontan kann sicherlich auch die Umdeutung der gesamten Fassaden und Symbole – inklusiv lebendiger Akteure – bezeichnet werden, die Frank in der Flucht-Szene (Kapitel „Vierte Hochstapelei") als vermeintlicher USSS-Agent entwarf, sodass wir den Eindruck gewinnen, neben handwerklicher Techniken seien vor allem Persönlichkeitseigenschaften wie Kreativität und Intuition von großer Bedeutung. Zudem muss der Hochstapler Bedrohungen aushalten können, ohne seine Anspannung für sein Publikum sichtbar werden zu lassen: Denn neben der „üblichen" Anforderung, in einer leicht diskreditierbaren Rolle vor einem Publikum bühnensicher zu bleiben, kann die Bedrohung sich sehr plötzlich derart steigern, dass der Hochstapler nur einen winzigen Schritt von der Enttarnung entfernt ist. Dass er in solch einer Situation nur bei absoluter Kontrolle über sich selbst und seine Hochstapelei bis zur letzten Sekunde bestehen kann, haben wir in der Szene erlebt, in der Hanratty das Portemonnaie des Hochstaplers bereits in Händen hielt – und Frank sofort enttarnt und verhaftet worden wäre, wenn Hanratty einen Blick hineingeworfen hätte. Dass Frank ihm das Portemonnaie überhaupt ausgehändigt hat, ist als **Bluff** zu bezeichnen und eine Notfallstrategie, auf die wir durch die Filmanalyse gestoßen sind. Ihr Ziel besteht darin, in einer Situation, die eigentlich unweigerlich zur Enttarnung führt, weil das Opfer vom Hochstapler etwas fordert, das er aufgrund seiner falschen Rolle nicht geben kann, eine neue Rettungs-Option zu eröffnen. Diese Option eröffnet er, indem er dem Opfer etwas gibt, das die Forderung vermeintlich erfüllt, sich bei näherer Untersuchung durch das Opfer jedoch sofort als Bluff entpuppen und zur Enttarnung führen würde.

Insgesamt zeigt die Analyse, dass wir durch die Beobachtung von Hochstaplern viel über deren Techniken lernen können. Im nächsten Kapitel wollen wir feststellen, was wir durch einen „echten" Vertreter dieser Spezies erfahren können.

TEIL 4: HOCHSTAPELEI IN DER REALITÄT

Warum Interview?

Es ist anzunehmen, dass keine Theorie und kein Gegenstand dem untersuchten Phänomen so nahe kommt, wie die Betrachtung eines realen Hochstaplers selbst. So scheint mir ein Interview mit einem solchen, das ich im Rahmen dieser Studie durchgeführt habe, als methodisch sinnvoll[82].

Die interpretative Auswertung dieses Interviews kann dazu dienen, die bisherigen Ergebnisse zu konkretisieren, zu veranschaulichen, zu bestärken (oder zu verwerfen) und sie – im Idealfall – um weitere Aspekte zu ergänzen.[83]

Gert Postel

Gert Postel, der 1958 als Sohn eines Kfz-Handwerkers und einer Schneiderin zur Welt kam, einen Volksschulabschluss erlangt und eine Ausbildung zum Postboten absolviert hat, arbeitete unter anderem eineinhalb Jahre lang (1995-1997) als Oberarzt in der psychiatrischen Abteilung des Sächsischen Krankenhauses Zschadraß (vgl. Postel 2003: 11; 14). Da ihm zu dieser beruflichen Anstellung jegliche formale Voraussetzung (also mindestens institutionalisiertes kulturelles Kapital) fehlte, besaß er eine deutlich tiefere soziale Position als eine Person, die regulär die Rolle eines solchen Oberarztes hätte spielen dürfen. Das bestätigen auch die Verweise auf die Berufe der Eltern und seine eigene Ausbildung, die mit deutlich weniger ökonomischem Kapital

---

[82] Das narrative Interview nach Schütze (Schütze 1978) ist die Darstellungsweise, die „am engsten an die zu berichtende Handlungswirklichkeit und entsprechende Orientierungsbestände des Informanten anschließt", sofern der Informant über eigenerlebte Erfahrungen berichtet (ebd.: 52). Da letzteres bei Herrn Postel der Fall ist, habe ich mich methodisch für diese Spezialform des offenen Interviews entschieden. Mehr zur methodischen Vorgehensweise finden Sie im *Bonusmaterial*, S. 205 ff.

[83] Theoretisch kann nicht ausgeschlossen werden, dass einige Antworten des Hochstaplers neuerliche Täuschungen sind. Dennoch werden die von Postel getroffenen Aussagen in der Analyse wörtlich genommen. Damit folgen wir der Sichtweise von Kern: „Lassen wir uns täuschen. Einen anderen Weg zur Wahrheit gibt es nicht" (Kern 2003: 98).

einhergehen dürften als der Beruf bzw. die Position eines Oberarztes. Nach unserer Definition gilt er somit als Hochstapler.

Herr Postel hat sich freundlicherweise zu diesem Interview bereit erklärt[84].

Interpretation

Dem Anraten von Schütze folgend, dass der Sozialforscher „seine Interviewtexte vornehmlich unter den ihn interessierenden inhaltlichen Gesichtspunkten" auswerten soll (Schütze 1978: 53 f), erfolgt die Auswertung als rein „inhaltliche Interpretation" nach Witzel (Witzel 1982: 110).

In diesem Sinne wurde das Interview zunächst vollständig (nur sprachlich geglättet) transkribiert (siehe S. 207 ff, rechte Spalte), um eine vorzeitige Selektion zu vermeiden. Darauf folgte eine systematische Textanalyse, in der Themenfelder (entsprechend des Leitfadens) identifiziert wurden (siehe S. 207 ff, linke Spalte). Die weiteren Schritte, bei denen der Sinngehalt der einzelnen Textpassagen ermittelt und ihre Interpretation mit Textstellen belegt wird, soll nun thematisch sortiert erfolgen (Witzel 1982: 110 f)[85]. Damit erhält der Leser dieser Arbeit zugleich eine komprimierte Version des Interviews und einen Bezug zu den bisherigen Ergebnissen, der durch die Interpretation hergestellt wird. [86]

Da angenommen wird, dass der Begriffsapparat inzwischen vertraut ist, wird dessen Kenntnis vorausgesetzt. Der Bezug darauf wird nicht mehr explizit ausgewiesen wie in der Filmanalyse.

---

[84] Der persönliche Kontakt wurde im Anschluss an eine öffentliche Lesung, die Gert Postel hielt, hergestellt.

[85] Nach Witzel soll zunächst eine „Satz-für-Satz-Interpretation" erfolgen, an die sich eine komprimierte Darstellung der Ergebnisse anschließt, die wiederum mit den vorherigen Ergebnissen verglichen werden kann (Witzel 1982: 110 ff). Da ich es für methodisch vertretbar und für die Lesefreundlichkeit für unabdingbar halte, habe ich diese drei Schritte übersichtlich zusammengefasst.

[86] Ebenso wie bei der Filmanalyse habe ich mich auch bei der Auswertung des Interviews auf die Beschreibung und Interpretation der Teile beschränkt, die ich im Sinne der Beantwortung der Ausgangsfrage für Ziel führend halte.

(K)ein Hochstapler?

(1) [87] Im Interview stellt Gert Postel zunächst klar, dass er sich selbst nicht als Hochstapler betrachtet und diesen Begriff lediglich aus vermarktungsstrategischen Gesichtspunkten mit seinen Handlungen in Verbindung setzt:

(1) S. V.: „Herr Postel, Ihr Buch trägt den Untertitel Geständnisse eines Hochstaplers. Wie hat Ihre Karriere als Hochstapler begonnen? G. P.: „Ich bezeichne mich gar nicht als solcher. Aber, wenn [...] ich mich verständlich machen will, [muss ich mich] sozusagen dem Verständnishorizont des Volkes anpassen, das das Buch kaufen soll [...]. So war das ein Akt der Selbstverleugnung."

(1) Hochstapelei ist seiner Meinung nach allgegenwärtig und beginnt, wenn sich z.B. jemand als „Sportlehrer i. A." ausgibt, weil kaum jemand weiß, dass „i. A." für „in Ausbildung" steht und es sich bei dem so Bezeichneten nicht um einen Sportlehrer handelt[88]:

(1) G. P.: „Also, ich hab vorhin die Geschichte erzählt von dem Titel des Trainers im Vita Fit (Fitnessstudio; Anm. des Verf.), der da unter seinem Namen stehen hat ‚Sportlehrer i. A.', was einfach heißt ‚Sportlehrer in Ausbildung', aber jeder liest natürlich nur ‚Sportlehrer'. Und da fängt es an. Die Allgegenwart der Hochstapelei mag uns mit ihr versöhnen."

Gert Postel versucht zunächst darauf aufmerksam zu machen, dass ihm die gesellschaftliche Definition von Hochstapelei zu kurz gefasst ist und dass er sich von dieser distanziert. Gleichzeitig wirbt er um Verständnis für diese und lenkt den Fokus darauf, dass Hochstapelei (nach seinem Verständnis) ein allgegenwärtiges Phänomen ist. Er zeigt sich aber schließlich bereit, sich für das Interview auf diese Etikettierung einzulassen ...

(1) S. V.: „Aber Ihnen ist schon bewusst, was andere, das ‚gemeine Volk', unter dem Begriff ‚Hochstapler' versteht?" G. P.: „Ja, ja, ja, daher ‚Bekenntnisse eines Hochstaplers'." S. V.: „Und, um in den Begriffen zu bleiben: Wie würden Sie Ihre erste Hochstapelei beschreiben? Wie haben Sie das gemacht?"

---

[87] Die Nummern vor den einzelnen Aussagen (also vor Passagen, die den Sinngehalt wiedergeben und vor den belegenden Zitatstellen) verweisen auf die Originalstelle im Interview (siehe S. 207 ff). Textpassagen, die nicht nummeriert sind, sind Interpretationen. Der besseren Lesbarkeit halber sind die Originalzitate aus dem Interview kursiv gesetzt.

[88] Den Aspekt der Allgegenwart der Hochstapelei thematisieren auch Saehrendt und Kittl (2011). Es zeigt sich darin die Notwendigkeit, die Definition der Hochstapelei noch weiter zu präzisieren. Vorschläge für relevante Kriterien finden sich in der Schlussbetrachtung dieses Buches.

… und berichtet, wie er vorgegangen ist, um als Postbote eine Anstellung als Arzt zu bekommen.

Vom Postboten zum Oberarzt

(2) Gert Postel berichtet, dass er sich, wie circa 39 Ärzte, auf eine ausgeschriebene Stelle als leitender Oberarzt beworben hat. Als er in die engere Auswahl gekommen sei und einen Vortrag vor der Auswahlkommission des Sozialministeriums habe halten sollen, habe er diesen, so sagt er, zum Teil bewusst unverständlich gestaltet. Dadurch glaubte er, seine Erfolgschancen zu erhöhen.

(2) *G. P.: „Also die Stelle des leitenden Oberarztes war durch das* [unverständlich; Anm. des Verf.] *ausgeschrieben, da habe ich mich beworben, da haben sich 39 oder 40 Ärzte beworben, acht waren in der engeren Wahl, die mussten vor der Auswahlkommission des Sozialministeriums 'nen Vortrag halten. Ich auch. [...] wenn man Leute beeindrucken will, dann muss man immer so ein bisschen über deren Köpfe hinweg reden. Wenn die alles verstehen, sind sie der Meinung, dass man dumm sei. Und wenn sie gar nichts verstehen, frustriert man sie."*

(2) Auf die an den Vortrag anschließende Frage des Kommissionsvorsitzenden, über was er promoviert habe, habe Postel einen, wie er sagt, inhaltsleeren Titel genannt. Daraufhin habe er vom Vorsitzenden der Kommission die Antwort bekommen: „Ach, Sie werden sich bestimmt bei uns wohlfühlen."

(2) *G. P.: „Und dann fragte mich zum Schluss der Vorsitzende der Kommission, über was ich promoviert hätte, und dann hab ich wieder was gesagt, was so schön war: ‚Über kognitiv induzierte Verzerrung mit einer stereotypen Urteilsbildung' – das ist eine Aneinanderreihung leerer Begriffe und der antwortete dann nur: ‚Ach, Sie werden sich bestimmt bei uns wohlfühlen.'"*

(4) Postel, einziger Nicht-Arzt, wie er betont, wurde als leitender Oberarzt der psychiatrischen Abteilung eingestellt.

(4) *G. P.: „Das finde ich schon sehr komisch, dass sozusagen alle Fachärzte gehen müssen und der einzige Postbote dann eingestellt wird."*

Komplex-Prinzip

Entsprechend der bisherigen Ergebnisse und des Begriffsapparates lassen sich hier zunächst wieder deutlich die direkten Opfer der Täuschung identifizieren: Die Mitglieder der Auswahlkommission des Sozialministeriums sowie exemplarisch als indirekte Opfer die späteren Patienten, Kollegen und die Steuerzahler. Prüfungskriterien mit

Code-Abfrage waren a) die Bewerbung b) der Fachvortrag c) das Promotionsthema. Während die a) Bewerbung offenbar den Anforderungskriterien entsprach, da Postel zum Vortrag geladen wurde, wendete er b) beim Fachvortrag [die fachliche Qualität kann die Autorin nicht beurteilen, zumal der Vortrag nicht vorliegt] eine Methode an, die er „über die Köpfe hinweg reden" nennt und die seine Glaubwürdigkeit erhöhen sollte. Dass er damit möglicherweise auf ein allgemeingültiges Denkschema verweist, lässt der Vergleich mit Flynn vermuten, der Hochstaplern zur Anwendung des „Komplex-Prinzip[s]" rät (Flynn 1987: 28; Hervorh. des Verf.). Darunter versteht Flynn die Technik, sich möglichst unverständlich auszudrücken – frei nach der Maxime: „Je unverständlicher, desto besser" (Flynn 1987: 28). So scheint es mir gerechtfertigt, eine Neubewertung der ersten Deutung vorzunehmen und diese Technik unter dem von Flynn eingeführten Terminus **„Komplex-Prinzip"** der Ergebnisliste hinzuzufügen. Wobei das Prinzip inhaltlich nicht Flynns undifferenzierte Anweisung, sondern Postels Erklärung beschreiben soll: in die grundsätzlich verständlichen Aussagen hin und wieder für das Publikum unverständliche Aussagen zu mischen im Sinne von komplexen Formulierungen, sehr hoch geistigen und/oder sehr fachspezifischen Inhalten, so dass die Zuhörer den Sinngehalt der Aussagen nicht ganz erfassen können. Diese Technik führt möglicherweise zum gewünschten Erfolg, weil eine leicht unverständliche da zu komplexe Ausdrucksweise als Zeichen von Autorität interpretiert wird und ihr Hervorbringer daher aufgrund des Autoritäts-Prinzips weniger angezweifelt wird[89].

---

[89] Grundsätzlich ist die Anwendung des Komplex-Prinzips riskant, da es möglich ist, dass ein Teilnehmer der Interaktion „kontert", den Anwender infrage stellt. Ein potenzieller „Gegner" könnte beispielsweise zugeben, dass er die Aussage nicht verstanden hat und den Anwender des Komplex-Prinzips absichtlich in Erklärungsnot bringen. Selbstverständlich könnte der Hochstapler darauf wiederum mit einer entsprechend entwaffnenden Technik reagieren (falls seine Wortwahl nicht nur komplex, sondern auch inhaltlich Nonsens war), die an dieser Stelle aber nicht spezifiziert oder prognostiziert werden soll. Es sei lediglich darauf hingewiesen, dass es für die Reaktionsmöglichkeiten des Hochstaplers einen Unterschied machen dürfte, ob der Gegner ihn infrage stellt, weil Misstrauen seinem Charakter entspricht, weil er sich selbst dadurch positiv darstellen möchte, oder weil er tatsächlich einen Zweifel an speziell dieser Darbietung hegt.

Die Möglichkeit einer solchen Nachfrage ist nicht unwahrscheinlich, da die Nachfrage für den Nachfragenden zwar einen Imageverlust zur Folge haben kann („der weiß ja gar nichts"), aber auch – im Gegenteil – eine Imageaufwertung: Möglicherweise hält man ihn für interessiert, authentisch, mutig o. ä.

Die Antwort auf die Frage nach dem c) Promotionsthema folgte einem ähnlichen Prinzip: Die Antwort ergab sprachlich und fachlich betrachtet keinen Sinn, hätte demnach nicht als richtige Lösung, als „Code, der gewusst wurde", identifiziert werden und zum Einlass führen dürfen. Sie tat es aber doch. Postel legt durch die Art seiner Wiedergabe der Situation (Auf seine „Aneinanderreihung leerer Begriffe" habe der Vorsitzende geantwortet: „,Ach, Sie werden sich bestimmt bei uns wohlfühlen.") die Lesart nah, dass die gesamte Kommission, die Abteilung oder gar die gesamte Psychiatrie mit leeren Worthülsen arbeitet bzw. dass der Vorsitzende der Kommission nicht schlau genug war, um zu erkennen, dass es sich um, wie Postel sagt, „eine Aneinanderreihung leerer Begriffe" handelte. Diese Lesart mag vor allem Kritikern der Psychiatrie gefallen, ist aber sicher nicht die einzig mögliche Deutung.

So sei hier exemplarisch und stellvertretend für alternative Deutungen an die Mechanismen zur Reduktion von Komplexität erinnert:

Erstens rechnete niemand auch nur im Entferntesten damit, dass sich ein Arzt als promoviert ausgibt, ohne je eine Promotion verfasst zu haben; geschweige denn, dass sich auf eine Arzt-Stelle jemand bewirbt, der kein Arzt ist. Zweitens bestand bei den Kommissionsmitgliedern vermutlich keine hohe Motivation, das Promotionsthema detailliert zu verstehen, weil es für die Ausübung der ausgeschriebenen Stelle keine Relevanz haben würde. Der Fokus der „Prüfungen" im Vorstellungsgespräch wird auf anderen Stellen gelegen haben.

In diesem Kontext ist also denkbar, dass die Verantwortlichen – grundsätzlich auf die Rechtmäßigkeit der Bewerbung und Darstellung vertrauend – der Antwort Postels keine so große Bedeutung beigemessen haben, dass ihnen eine konkretere Prüfung durch eine Nachfrage lohnenswert erschien, obwohl der Titel möglicherweise zu Irritation im Sinne von „das habe ich nicht ganz verstanden" geführt hat. Auch denkbar: Das Publikum war so sehr von der Darstellung überzeugt, dass es an dieser Stelle, dem Konsistenzprinzip gemäß, „blind für Gegenbeweise" war.

Willens-Appell

(20) Bevor Postel seinen Bewerbungsvortrag begonnen hat, habe er der Kommission erzählt, er habe ein bisschen Angst vor dem Vortrag, weil er darin noch nicht so geübt sei, und auf Anraten seiner Freunde sage er dies nun einfach, in der Hoffnung, die Angst verginge. Dies habe er erzählt, weil er glaubt, man müsse sich in Vorträgen oder Gesprächen

immer eines Kontaktes versichern und an den Willen statt an den Intellekt appellieren:

(20) G. P.: „[...] ich habe den Leuten gesagt, ich hätte ein bisschen das Gefühl, ich sei noch nicht so ein alter Profi in Vorträgen dieser Art, und Freunde hätten mir gesagt, ich sollt auch jetzt sagen, vor diesem Vortrag, dass ich ein bisschen Angst hätte vor diesem Vortrag. Vielleicht würde die Angst dann weggehen. [...] wenn sie einen Vortrag halten, oder ein Gespräch führen, müssen Sie sich immer eines Kontaktes vergewissern. [...] Sie müssen sich an den Willen wenden, an das Herz, wie immer Sie das nennen wollen, und nicht an den Intellekt."

Postel kommt in einem anderen Zusammenhang (16) noch einmal auf diesen Aspekt zu sprechen und erklärt den Wirkmechanismus des Appells dadurch, dass der Wille des Menschen stärker sei als sein Intellekt, wie er glaubt. Daher sei es sinnvoll, sich an den Willen statt an den Intellekt des Menschen zu wenden:

(16) G. P.: „Also ich hab mal irgendwie begriffen, dass der Wille das Eigentliche im Menschen ist und dass der Intellekt nur im angestellten, im nachgeordneten Verhältnis [...] steht. Sie müssen halt den Willen des Menschen für sich haben."

Postel führt nicht genau aus, was er unter dem „Willen" versteht. In Anlehnung an die bereits genannte Tatsache, dass Menschen häufig emotional statt rational handeln (vgl. S. 75), gehe ich aufgrund seiner Schilderungen davon aus, dass es Postel bei dem, was ich nun **Willens-Appell** nenne, darum geht, die Menschen emotional auf seine Seite zu ziehen.

Als Technik, mit der er versucht, diesen Willens-Appell zu vollziehen, sehen wir hier das Zurschaustellen oder bewusste Preisgeben von Verletzbarkeit. Postel macht sich offen angreifbar, indem er (vermeintlich) eine vermeintliche Schwäche zugibt und versucht dadurch, bei seinen Opfern eine positive emotionale Haltung (Sympathie?) auszulösen.

Tatsächlich wirken Techniken wie das Sympathie-Prinzip und auch die Gefühlsfalle eng mit dem Willens-Appel verbandelt, da sie auf der gleichen, nämlich emotionalen Ebene ansetzen.

Lift-Effekt

(8) Mit 21 oder 22 Jahren wurde Postel als Leiter der Flensburger Gesundheitsbehörde eingestellt. Dort hatte er sich mit gefälschten Zeugnissen und als „Dr. Dr. Clemens Bartholdy" beworben. Den zweifachen Titel habe er verwendet, weil das dadurch suggerierte „Geniale" die Leute blind mache, wie er sagt, und sie sich geschmeichelt fühlen,

mit einer solch genialen Person zusammen sein zu dürfen. Der Titel sollte also seine Chancen auf Glaubwürdigkeit seiner Darstellung und seine Anstellung als Arzt erhöhen. Für die Fälschung der notwendigen Unterlagen hat er eine weitere Hochstapelei begangen: Er berichtet, sich als „Leiter der behördenübergreifenden zentralen Beschaffungsstelle bei der Städteverwaltung Berlin" und später als dessen Bote ausgegeben zu haben, um an entsprechende Stempel zu gelangen.

(8) G. P.: „Ich war mal Leiter an der Flensburger Gesundheitsbehörde. Da war ich aber erst 21, 22 [...] die suchten einen Amtsarzt, einen Leiter der Gesundheitsbehörde, und ich war damals der Meinung, ich sollte mich da bewerben. Hab ich mich beworben und hab die Stelle gekriegt. Mit zwei Doktortiteln übrigens: Dr. Dr. Clemens Bartholdy. Weil ich dachte, bei zwei Doktortiteln werden die Fragen weniger, was übrigens auch zutrifft. [...] Das Geniale muss da im Raum stehen, das macht die Leute blind. Und vor allem fühlt man sich dann auch geehrt, dass man mit einem doppelt Promovierten Kaffee trinken darf oder ihn zu seinem Fest einladen darf." (9) S. V.: „Es wurden doch auch formale Voraussetzungen gefordert. Zeugnisse und dergleichen." G. P.: „Ja, aber das hat keinen interessiert. Es wurde vorausgesetzt, dass das da ist. Es ist ja nie einer auf die Idee gekommen, dass sich jemand bewirbt, der nicht Arzt ist. Aber natürlich, dass musste da sein, um es abzuhaken. [...] Da es die [Zeugnisse] nicht echt gab, mussten die ja sozusagen synthetisch entwickelt werden. Das bezeichnet man sozusagen justiziell als Fälschung. [...] ich hab ja Freundinnen und Freunde, die ordentlich Medizin studiert haben, Ärzte waren, und hab dann einfach 'ne Approbationsurkunde genommen und die fotokopiert. Hab da den Namen rausgemacht, deren Namen, hab das noch mal kopiert und da hatte ich [...] ein Blankoformular. Dann hab ich meinen Namen eingesetzt und hab's nochmal fotokopiert. Dann hatte ich ne Approbationsurkunde und so weiter auf meinen Namen. Und dann musste das beglaubigt werden. Dann hab ich als Dr. von Berg, als Leiter der behördenübergreifenden zentralen Beschaffungsstelle bei der Städteverwaltung Berlin, angerufen und gesagt, wir würden jetzt auch die kleinen Stempelfirmen ins Behörden-Lieferprogramm aufnehmen, bräuchten dazu aber Leistungsnachweise. Und dann bin ich als mein eigener Bote am Nachmittag des selbigen Tages zu dieser Firma gegangen und hab das Dienstsiegel der Generalbundesanwalt [unverständlich] mitgenommen."

Als Hürden lassen sich hier identifizieren a) die Bewerbung und b) die Zeugnisse und Urkunden.

Bezüglich der a) Bewerbung kann gefolgert werden, dass sie offenbar die Code-Abfragen zufriedenstellend beantwortet hat, denn Postel wurde als Leiter der Behörde eingestellt. Dass Postel sich als „Dr. Dr." ausgab, wird nicht nur das Autoritätsprinzip und dadurch blinden

Gehorsam ausgelöst haben („Das Geniale muss da im Raum stehen, das macht die Leute blind.")́. Postel verweist zudem auf einen Aspekt, den wir bislang noch nicht berücksichtigt haben: Man fühle sich „geehrt, dass man mit einem doppelt Promovierten Kaffee trinken darf oder ihn zu seinem Fest einladen darf."

Dieses Ehrgefühl, von dem Postel spricht, lässt sich zum einen mit Bourdieu erklären: Da davon auszugehen ist, dass die soziale Position eines „doppelt Promovierten" recht hoch ist, wäre entsprechend die Bekanntschaft mit einer solch gut positionierten Person im Hinblick auf das eigene soziale Kapital sehr hoch – und würde einen eigenen kleinen Aufstieg auf der Leiter der sozialen Positionen bedeuten[90]. Dieses Prinzip der Erhöhung des eigenen Kapitalwertes durch die Nähe zu einer Person, die eine offensichtlich sehr hohe soziale Position innehat, nenne ich **Lift-Effekt**. Postel macht sich an dieser Stelle den Wunsch seiner Opfer nach dem Lift-Effekt zunutze.

Denkbar ist übrigens auch, als Technik für einen Hochstapler, den Lift-Effekt für sich selbst zu nutzen. Indem er (einem Opfer) suggeriert, mit einer sozial höher gestellten Person eng verbunden zu sein, steigt (in den Augen dieses Opfers) das soziale (und möglicherweise auch das symbolische) Kapital des Hochstaplers – und damit dessen (vermeintliche) soziale Position.

b) Die Erzählung über das Fälschen der Zeugnisse enthält zwei bekannte Aspekte: Zum einen bestätigt Postel die von Goffman angenommene Neigung zu naiven Zügen bzw. die starke Wirkung des Vertrauens als komplexitätsreduzierendem Mechanismus („Es ist ja nie einer auf die Idee gekommen, dass sich jemand bewirbt, der nicht Arzt ist"). Zum anderen ist zu erfahren, dass Postel ähnlich wie Frank Abagnale das Telefon verwendete, um sich über eine Hochstapelei (er gab sich als „Dr. von Berg" aus) die für die eigentliche Hochstapelei notwendigen Utensilien zu verschaffen (hier: Stempel zum Beglaubigen der Zeugnisse). Darin bestätigt sich einmal mehr, dass sich das Telefon als Instrument zur Hochstapelei besonders gut eignet.

Intuition als Erfolgsrezept

(3) Grundsätzlich – sowohl bei der Bewerbung als auch während seiner „Amtszeit" – lag die Anforderung als leitender Oberarzt laut Postel

---

[90] Vgl. Simmel: „Jede Persönlichkeit einer Adelsgruppe [...] hat in ihrem Werte teil an dem Glanze, den gerade die hervorragendsten Mitglieder dieser Gruppe erworben haben" (Simmel 1908: 739).

darin, Regeln zu beherrschen, die er nicht explizit hätte formulieren können:

(3) G. P.: „Also es geht bei dieser Sache, die ich gemacht habe, eigentlich darum, Regeln beherrschen zu können, ohne sie zu kennen."

(3 b) Diese Regeln betreffen das Verhalten im emotionalen und sozialen Umgang mit Menschen, (10) das Beherrschen der psychiatrischen Sprache und (12) die insgesamt glaubwürdige Darstellung der Rolle, wie er erklärt:

(3 b) S. V.: „Wenn Sie über Regeln, die man beherrschen muss, ohne sie zu kennen, reden, an welche Regeln denken Sie da?" G. P.: „Naja, Sie brauchen ja für den emotionalen und sozialen Umgang mit Menschen, müssen Sie sich ja irgendwie so verhalten, dass Sie auf diese Menschen so angenehm wirken, dass die von Ihnen so begeistert sind, dass sie Sie haben wollen und 39 andere wegschicken. Und ich meine, die 39 anderen waren Fachärzte." (10) G. P.: „Man muss erstmal die psychiatrische Sprache beherrschen. Und wenn Sie eine Sprache beherrschen, können Sie mit der Sprache ja eigentlich alles ausdrücken." (12; 12 b; 19) S. V.: „Würden Sie sagen, dass auch Kleidung, bestimmte Gesten usw. ..." G. P.: „Ja, ja, sicher. Sie mussten schon den Oberarzt, der da gesucht wurde, oder gewollt wurde, darstellen können [...] also die meisten Leute, nehmen wir mal an, sie hätten diese Hürden geschafft, die wären ja aufgefallen. Sie hätten sich in der Klinik nicht bewegen können. Sie müssen, wenn Sie 'ne Oberarzt-Visite machen 'ne bestimmte Inszenierung haben. Das ist ne Liturgie [...], die stimmen muss. Es ist schon wichtig, wo Sie die Hände tragen und wie Sie auftreten. [...] Das ist ganz wichtig, dass man als Oberarzt auch mal über die Station schreit wie ein Wahnsinniger, so dass die nachgeordneten Ärzte glauben, sie würden gleich geschlagen. Ganz wichtig. Aber nicht zu häufig. Nur einmal im Jahr [lacht]."

Hier bestätigt Postel die Relevanz gleich mehrerer Teile der bisherigen Ergebnisliste: Er beschreibt die Notwendigkeit einer stimmigen Darstellung („Sie müssen [...] 'ne bestimmte Inszenierung haben."), die das Beherrschen des Fachjargons („Man muss [...] die psychiatrische Sprache beherrschen.") beinhaltet sowie die Stimmigkeit der Fassaden (S. V.: „Würden Sie sagen, dass auch Kleidung, bestimmte Gesten usw. ..." G. P.: „Ja, ja, sicher. [...] Es ist schon wichtig, wo Sie die Hände tragen und wie sie auftreten"), im Sinne der Erwartung, die das Publikum an den Inhaber dieser Rolle richtet („Sie mussten schon den Oberarzt, der da gesucht wurde, der da gewollt wurde, darstellen können."). Wobei er an anderer Stelle – ganz die Ergebnisse der Filmanalyse bestätigend – darauf hinweist, dass die Darstellung nicht hätte perfekt sein müssen: (24) G. P.: „Ich hätte das alles viel schlechter noch darstellen können. Und ich hätte es trotzdem alles geschafft." (24) Er hat jedoch seine eigene Erklärung dafür: den Geisteszustand der Menschen, den er als (24) *„sehr schlicht, als ausgesprochen schlicht und wenig klug"* bezeichnet.

Neu im Sinne des Erkenntnisgewinns ist an seinen Ausführungen, dass es scheinbar nicht unbedingt erforderlich ist, sich die Regeln bewusst abzuschauen und dadurch anzueignen, sondern dass es auch möglich ist, sie intuitiv zu beherrschen.

Die hohe Relevanz von Intuition bestätigt sich auch in seiner Antwort auf die Frage, ob er in brenzlige Situationen gekommen sei und ob er spezielle Tricks habe anwenden müssen, um einer Enttarnung zu entgehen:

(27) S. V.: *„Sie haben gesagt, es gab keine brenzligen Situationen. Haben Sie diese vermieden, indem sie solche ‚Tricks' angewendet haben wie vom Thema abzulenken, wenn eine unangenehme, eine möglicherweise enttarnende Frage gestellt wurde?"*
G. P.: *„Nein, ich habe zwar mal solche Seminare besucht, aber damit kommt man nicht weiter. Ich habe solche Tricks nie angewandt, nie nötig gehabt. [...] Ich hätte* [unverständlich] *nie ausführen können, wenn sie sich darauf beschränkt hätte, Tricks anzuwenden, um Leute auszutricksen. Sie müssen eigentlich, um in einer solchen Rolle bestehen zu können, eigentlich nichts können, sondern was sein."*

Postels Einschätzung, dass er die Rolle „nie [hätte] ausführen können", wenn sie sich auf die Anwendung von Tricks beschränkt hätte, ist ein Hinweis darauf, dass es in der Theorie möglicherweise sehr viele Techniken gibt, die helfen können, eine Hochstapelei glaubhaft zu machen, dass sie aber nur gelingen können, wenn der Hochstapler diese mehr oder weniger intuitiv anwendet. Intuition ist also nicht nur hilfreich, sondern nahezu **notwendig**. Postel benennt (3 a) die Intuition sogar als wichtigsten Schlüssel zu seinem Erfolg:

(3 a) G. P.: *„Ich habe eine ganz hoch entwickelte Intuition. Und das war, glaube ich, der Schlüssel; nicht nur dafür, dass ich die Stelle bekam und dort Karriere[91] gemacht habe, sondern auch für den alltäglichen oberärztlichen Dienst. Das war der Schlüssel."*

So notieren wir: Eine gute Intuition ist für eine gelingende Hochstapelei unverzichtbar. Wobei es sich bei Intuition kaum um eine erlernbare Technik handelt, sondern um eine unbewusst wirkende Leitlinie; vielleicht auch um ein naturgegebenes Talent?

---

[91] Gert Postel sollte tatsächlich zum Chefarzt befördert werden, allerdings wurde er enttarnt, bevor es dazu kam.

Sein und Schein

Was Postel half, seine Darstellung glaubwürdig erscheinen zu lassen und unwillkürliche Zeichen zu unterdrücken, zeigt ein Blick auf seine Definition der Lüge:

(18) Für Postel ist nicht jede unwahre Aussage eine Lüge; wobei er letzterer eine „sittliche Qualität" zuschreibt. Zudem sind Lügen seiner Ansicht nach manchmal notwendig, um die Wahrheit aufzudecken. Tatsächlich behauptet Postel, nur ein einziges Mal die Unwahrheit gesagt zu haben: Als er sich bei der Bewerbung als Arzt vorgestellt und die gefälschten Urkunden als „richtige" Zeugnisse dargestellt hat:

(18) *G. P.: „Nicht jede unwahre Aussage […] hat die sittliche Qualität einer Lüge. Man muss manchmal […] der Wahrheit mit der Lüge, in Anführungszeichen, zum Durchbruch verhelfen." S. V.: „Unwahre Aussagen mussten Sie aber schon viele treffen?" G. P.: „Ne, eigentlich nur eine. Ich musste eigentlich nur sagen im Bewerbungsgespräch, ‚Ich bin Arzt und hier sind meine Zeugnisse'. Alles andere war ja, sozusagen, oberärztlicher Alltag. Ich musste ja nicht immer neu irgendetwas erzählen. Ich war mit mir völlig im Einklang. Ich habe meinen Job gemacht und war erschöpft, hab mich gefreut, hab mich geärgert, war amüsiert und [hab; Anm. des Verf.] rumgebrüllt – alles Mögliche."*

Während die Lüge in „Moral, Philosophie, Religion und Gesellschaft […] eine Grenzüberschreitung und einen Angriff auf die Wahrheit dar[stellt], die bei Entdeckung in der Regel eine Sanktion nach sich zieht" (Mancas 2004: 90), deutet Postel die Lüge als etwas Positives, als etwas, das zur Wahrheit verhilft und daher nicht zwangsläufig sittenwidrig ist. Somit ist anzunehmen, dass sich in ihm bei der Äußerung einer unwahren Aussage keine Persönlichkeitsspaltung vollzieht und dass daher auch keine zu unterdrückenden verräterischen Zeichen entstehen. Folglich ist die Kapazität, die er für eine gute Ausdruckskontrolle aufwenden muss, vermutlich ungleich geringer als die, die der Hochstapler Frank aus dem Filmbeispiel bei seinen Darstellungen aufwenden musste. Darin findet sich eine Erklärung dafür, warum Postel meint, in seiner Rolle „völlig im Einklang mit sich" gewesen zu sein. Weitere Erklärungen liefern die folgenden Beschreibungen Postels, die verdeutlichen, dass er sich an vielen Stellen kaum verstellen musste:

(14) Das Wissen um die erforderliche Mimik und Gestik habe er nicht durch eine frühkindliche Sozialisation in einem akademischen Milieu erworben; sondern erst später im Umgang mit Freunden aus akademischen Kreisen erlernt. Dies habe er so verinnerlicht, dass er sich im Moment der Darstellung nicht hat verstellen müssen:

(14) *S. V.: „Woher haben Sie diese Gestik [...], diese Mimik [...]? Kommen Sie aus einem Ärzte-Elternhaus?" G. P.: „Ne, ne, keinesfalls. Ich bin ja so akademisch dann doch sozialisiert. Meine erste Freundin war Lehrerin, die zweite Richterin, ich war eigentlich nur im akademischen Milieu unterwegs. [...] ohne 'ne Sozialisation im akademischen Milieu hätte ich das nicht machen können. Weil, ich musste ja doch wissen, wie man sich bewegt und wie man sich verhält. Und das hab ich aber nicht sozusagen wie ein Affe so menschliches Verhaltensweisen nachahmt gemacht, sondern das ist auch jetzt, auch heute, in mir und das war auch damals." (12; 12 a)
S. V.: „Woher wussten Sie, wie man ihn [den Oberarzt] darstellen musste, um glaubwürdig zu sein?" G. P.: „Ja, weil ich der ja war. Also, im Ernst, ich hab mich nie verstellt. Ich hatte halt meinen Stil und ich wär halt nicht mit gelbem Hemd und weißen Punkten gekommen, sondern ich trag halt meine blauen Klamotten oder was. Ich hab halt so meinen Stil und der Stil stimmt überein mit dem Stil, der da gefragt war."*

Das unterstützt auch die Aussage, die Postel während der Erzählung über die Urkunden-Fälschung gemacht hat, dass er „Freundinnen und Freunde [hat], die ordentlich Medizin studiert haben, Ärzte waren". Es scheint möglich, dass Postel durch eine gute Adaptionsfähigkeit deren Verhaltensweisen, deren Lebensstil übernommen und verinnerlicht hat und so eine überzeugende Darstellung der Oberarztrolle möglich war.

(11) Die psychiatrische Sprache habe Postel durch das Lesen psychologischer Fachliteratur erlernt, allerdings nicht in Vorbereitung auf seinen Oberarzt-Posten, sondern weil ihn psychologische Fragestellungen interessiert haben:

(11) *S. V.: Woher beherrschten Sie diese [psychiatrische] Sprache?" G. P.: „Darauf kann ich nicht antworten. Ich kann darauf schlecht antworten. Ich hab mich immer interessiert für Motivationstheorien und -strukturen, warum Menschen wie handeln, tja, so psychologische Fragestellungen. Da hab ich schon mal das ein oder andere gelesen. Aber ich habe nie systematisch auf meinen Oberarztantritt hin etwas vorbereitet. Aber ich hatte eine Affinität zu dem Thema und ich war der Meinung, dass ich so völlig ungebildet bin und der Meinung [...], dass ich ein bisschen lernen müsste. Außerdem bin ich sprachlich nicht ganz unbegabt. Find ich jedenfalls."*

Folglich besaß Postel zumindest einige Kenntnis über das Fachvokabular, die schon ausgereicht haben mögen, um ihn als „Insider" auszuweisen. Echtes Fachwissen, so sagt Postel, habe keine schwierige Hürde dargestellt:

(21) Postel behauptet, dass es in der Psychiatrie keine richtigen und falschen Antworten gibt, sondern viele Grauzonen. Zum Beweis bringt

er an, dass selbst dann keiner nachgefragt habe, als er einen nicht existierenden Krankheitsbegriff eingeführt hat.

S. V.: „Gab es denn Situationen, in denen beispielsweise eine konkrete medizinische Frage gestellt wurde, die sie definitiv nicht adäquat hätten beantworten können?"
G. P.: „Na, das ist wieder so eine, Entschuldigung, aber wirklich naive Frage. Die enthält die Implikation, es gäbe in der Psychiatrie falsch und richtig. Das ist aber mitnichten so [...], es gibt viele Grauzonen und Zwischentöne und [...] in psychiatrischen Gutachten [können Sie] auch das Gegenteil und das Gegenteil vom Gegenteil begründen. [...] ich war Weiterbildungsbeauftragter der Ärztekammer und ich hab Krankheitsbegriffe eingeführt, die es überhaupt nicht gibt. Vor Psychiatern! Die ‚bipolare Depression dritten Grades'. Keiner da traut sich, eine Frage zu stellen. Nein, also, soviel wie die über Psychiatrie wussten, wusste ich schon lange."

(28/29) Relevanter war laut Postel, dass er richtige Entscheidungen habe treffen müssen. Dies sei ihm gelungen, da er zum einen entscheidungsfreudig sei und sich zum anderen in der Psychiatrie alle Entscheidungen begründen ließen.

(28) *G. P.: „Und sie durften keine falschen Entscheidungen treffen. Das war auch ganz wichtig [...]. Die Staatsanwaltschaft hat ermittelt und ermittelt, die haben nichts gefunden, wo [...] ärztliche Fehler geschehen sind."* (29) *„Es ist auch schwierig, in der Psychiatrie wirklich Fehler zu machen, weil Sie eigentlich alles immer irgendwie begründen können; warum Sie Tavor* (ein Beruhigungsmittel; Anm. des Verf.) *geben, warum Sie's nicht geben; warum Sie jemanden zwangseinweisen oder warum Sie es nicht tun. Sie können beides begründen."*

Die Tatsache allein, dass bei der Einführung eines neuen Krankheitsbegriffes keiner nachgefragt hat, beweist meiner Meinung nach nicht, dass es Grauzonen im Sinne uneindeutiger Losungen in der Psychiatrie gibt. Hier mögen dem Hochstapler eher zwei Wirkmechanismen zugute gekommen sein: Erstens die Neigung der Menschen, eigene und fremde Darstellungen schützen zu wollen, und zweitens ihr Gehorsam gegenüber Autoritäten. Ein Facharzt, der öffentlich zugibt, einen bestimmten Krankheitsbegriff nicht zu kennen, riskiert einen Imageverlust – und wird daher in der Regel nicht nachfragen.

Hingegen lässt die Tatsache, dass ein Postbote ohne medizinische Ausbildung zwei Jahre als leitender Oberarzt in der Psychiatrie arbeiten konnte und nachweislich keinen fachlichen Fehler begangen hat, zwei Deutungen zu: dass Postel entweder doch ausreichendes Fachwissen besaß oder dass es tatsächlich „Türen" gibt, die uneindeutige Losungen haben und ihm das Durchkommen erleichtert oder ermöglicht haben.

Grenzen der Hochstapelei

(30) Die von Postel als Tatsache formulierte Aussage, dass es in der Psychiatrie keine richtigen und falschen Antworten gebe, betrachtet er als das entscheidende Kriterium für das Gelingen seiner Darstellung. Die Rolle des Bäckers oder des Mathematikers hätte er aus diesem Grunde nicht spielen können – eventuell die des Soziologen, sagt er kokettierend:

S. V.: „Hätten Sie sich auch vorstellen können, eine Rolle zu spielen, in der es richtige und falsche Antworten gegeben hätte?" G. P.: „Nein, nein. Ich hätte ja nicht die Rolle des Bäckers spielen können oder des Mathematikers. Vielleicht die des Soziologen. Das sind ja auch so Hochstapler, ganz schreckliche Leute, die sind noch viel schlimmer als die Psychiater. Ich hab neulich mal so soziologische Vorlesungen zu lesen versucht, das ist mir aber nicht gelungen, wobei nicht der Grund darin lag, dass ich zu dumm bin, sondern dass die [...] leere Begriffe [,] de[nen] keinerlei Anschauung zugrundeliegt, [...] hin und her werfen."

Die Aussage, dass er keine Rolle in einem Umfeld hätte spielen können, in dem es Code-Abfragen mit eindeutigen Losungen gibt, bestätigt in gewisser Weise die im theoretischen Teil postulierte Annahme, dass der Hochstapler nur da aktiv sein kann, wo eine Diskrepanz zwischen Realem und Nominellem vorherrscht. Denn wenn eine Code-Abfrage keine eindeutige Losung hat, besteht kein feststehender „realer" Wert. Infolgedessen gibt es auch keine „Wahrheit" für das Nominelle – die Folge ist in beiden Fällen gleich: Wahre Aussagen sind nicht von falschen zu unterscheiden, und folglich führen beide durch eine Tür, die nur zum Schein ein codiertes Schloss hat[92].

---

[92] Dies verweist auch auf die gesellschaftlichen Voraussetzungen für eine Hochstapelei; dazu Haag: „Hochstapelei setzt eine hierarchisch gegliederte Gesellschaft voraus [...]. Wo Statussymbole statusbegründende Wirkung entfalten, wo der äußere Schein die Realität ersetzt [...], wird die Hochstapelei gesellschaftsfähig, fordern die gesellschaftlichen Wertungen und Einstellungen selbst zur Hochstapelei heraus und liefern dem Hochstapler sein betrügerisches Konzept" (Haag 1977: 201 f, 205; vgl. Kaiser 1987: 95). Vgl. auch Hopmann: „Hochstapelei setzt beides voraus: Die Fähigkeit, etwas zu simulieren, und die objektive Möglichkeit dazu. [...] Es muß ganz einfach möglich sein, sich ärztlich, soldatisch oder blaublütig zu verhalten, ohne Lizenz bzw. ohne Dienst oder von Adel zu sein" (Hopmann 1993: 423).

Die Enttarnung

(5) Enttarnt wurde Postel, weil die Eltern einer Assistenzärztin sich an den Namen Postel erinnert haben:

(5) G. P.: „[...] es gab eine Assistenzärztin aus dem Westen, die in dem Oberarztbereich ihrer Oberärztin [...] nicht klarkam [...] und dann habe ich sie in meinen geholt und dann hat sie zu Hause erzählt, dass sie jetzt im Oberarztbereich des Dr. Postel sei und da hat man sich an den Namen Postel erinnert. Die Eltern haben irgendwie ein Bild von mir gehabt, die kannten mich, und so schlug es ein wie eine Bombe."

Es wird zwar nicht explizit erzählt, woher die Eltern den Namen Postel kannten, aber aufgrund dessen, dass dies zur Enttarnung geführt hat, liegt die Deutung nah, dass die Rolle, aus der sie ihn kannten, mit der Rolle des leitenden Oberarztes unvereinbar war. Postel wurde also nicht durch eine fehlerhafte Darstellung enttarnt, sondern wegen einer misslungenen Publikumssegregation, durch ein Rollendilemma.

Zusammenfassung und Schlussfolgerungen

Da wir der Hochstapelei hier nicht beiwohnen durften, fand diese Analyse sozusagen basierend auf den Eindrücken und Gedanken des Hochstaplers selbst statt.

Dabei konnten einige Ergebnisse sowohl der theoretischen als auch der filmanalytischen Kapitel bestätigt sowie neue Erkenntnisse gewonnen werden.

In den Bereich der neuen Erkenntnisse gehören das **Komplex-Prinzip** und der **Lift-Effekt** als weitere Techniken, die zur Beeinflussung des Publikumsurteils dienen, sowie der Hinweis auf die Möglichkeit eines sogenannten **Willens-Appells** und daraus folgenden weiteren Beeinflussungsoptionen.

Der **Lift-Effekt** basiert auf der Erhöhung des eigenen Kapitalwertes, die durch die Nähe zu einer Person entsteht, die eine deutlich höhere soziale Position innehat als man selbst. Der Hochstapler kann sich diesen Effekt gleich zweifach zunutze machen: Er kann Opfer, die gern selbst höher positioniert wären, durch seine vermeintlich hohe soziale Position ködern. Er kann aber auch seine eigene Position erhöhen, indem er die Nähe zu einer höhergestellten Person behauptet und dadurch – dank des Lift-Effektes – in den Augen seiner Opfer auf der Leiter der sozialen Positionen höher steht.

Eine Image-Aufbesserung soll die Anwendung des **Komplex-Prinzips** bewirken. Postel rät, in grundsätzlich verständliche Aussagen hin und wieder derart komplexe Aussagen zu mischen, dass die Zuhörer deren Sinngehalt nicht ganz erfassen können. Dadurch entstehe beim Publikum der Eindruck, der Sprecher sei besonders klug oder gebildet oder sei gar ein Experte, eine Autorität. In diesem Fall kann die Anwendung des Komplex-Prinzips das Autoritätsprinzip aktivieren (und blinden Gehorsam wecken). Dies funktioniert allerdings nur, insofern es keine Interaktionsteilnehmer gibt, die sich durch eine „mutige" Nachfrage eine Imageaufwertung versprechen oder grundsätzlich gegenüber verbal geäußertem Expertentum kritisch sind. Außer: Die Aussage kann durch den Hochstapler tatsächlich erläutert werden und war tatsächlich „nur" komplex und schwer verständlich, aber kein Nonsens.

Der **Willens-Appell** bezeichnet die Einschätzung von Postel, dass bei der Beeinflussung von Menschen weniger das rationale Urteil eine Rolle spielt als der Wille, den wir als „die emotionale Seite" interpretiert haben. Auf dieser Ebene agieren auch bereits genannte Manipulationsmechanismen, wie das Sympathie-Prinzip und die Gefühlsfalle. Die Erzählung von Postel, wie er durch das Zurschaustellen oder bewusste Preisgeben von Verletzbarkeit versucht hat, an den Willen seiner Opfer zu appellieren, legt nahe, dass es sich auch bei dieser Handlung um eine grundsätzlich anwendbare Technik der emotionalen Beeinflussung handelt. Sie verweist aber auch darauf, dass die psychologische, emotionale und kommunikative Manipulation bei einer Hochstapelei eine so große Rolle spielt, dass weitere Forschungen auf diesen Gebieten notwendig sind; zumal die aus dem Interview gefolgerten Techniken einzig auf Postels Einschätzung beruhen und daher grundsätzlich einer weiteren Prüfung bedürfen.

Bestätigt hat sich durch das Interview, dass Darstellungen nicht durchgängig perfekt sein müssen, sondern primär am Anfang. Dem liegen mehrere Mechanismen zugrunde: Grundsätzlich sorgt die Komplexität unserer Realität für ein großes Maß an Grundvertrauen darin, dass Darstellungen „ehrlich" sind. Menschen rechnen nicht damit, dass sich jemand mit einer Rolle schmückt, die weit von dem entfernt ist, was „erlaubt" wäre. Sie gehen davon aus, dass die moralische (und rechtliche) Pflicht zur Einhaltung der legitimen Passung zwischen Rolle und sozialer Position stark genug ist, als dass sie nicht so häufig gebrochen wird, dass grundsätzliches Misstrauen angemessen wäre[93].

Zudem haben Zuschauer, wie bereits erläutert, grundsätzlich die Neigung, fremde Darstellungen zu schützen, sodass sie wohlwollend über „Fehler" hinwegsehen, solange sie keine besonders hohe Motivation für eine genaue Prüfung haben.

Dass Postels eineinhalb Jahre währende Hochstapelei nicht angezweifelt wurde, hängt auch mit der Wahl der Rolle zusammen. Als leitender Oberarzt war er in einer Position, die mit sehr viel Autorität verbunden ist – also das Publikum per se „blind" macht. Hinzu kommt, dass die Überprüfungsanzahl und -intensität in dem „Korridorab-

---

[93] Die Vermutung liegt nahe, dass eine Hochstapelei von Beobachtern als umso dreister empfunden wird, je weiter sich der Hochstapler von dieser Passung und damit von der Einhaltung der moralischen Verpflichtung entfernt.

schnitt", in dem sich Postel als leitender Oberarzt (bildlich gesprochen) befand, stark reduziert war. Denn das Publikum, das ihm dort begegnet ist, ging grundsätzlich davon aus, dass eine Person, die die Position eines leitenden Oberarztes bekleidet, an anderer Stelle auf die Erfüllung der formalen Anforderungen etc. hin bereits überprüft wurde. Die Anzahl der Prüfungskriterien sank also trotz der langen Dauer der Darstellung durch die Höhe der (erreichten) formalen, beruflichen Position.

Bestätigt wurde die Bedeutung der korrekten (im Sinne von erwarteten) Darstellung des zur Rolle passenden Lebensstils sowie das Beherrschen des Fachjargons, welcher seinem Nutzer offenbar unmittelbar den Status eines „Insiders" verleiht und dadurch die Wahrscheinlichkeit für naive Züge auf Seiten des Publikums erhöht. Eine Erklärung dafür, wie Postel diese Anforderungen über einen so langen Zeitraum hinweg (offensichtlich ausreichend überzeugend) erfüllen konnte, besteht darin, dass diese Anteile weniger „gespielt" waren als vermutet.

So schildert Postel eine langjährige Sozialisation im akademischen Milieu, während der er diesen Lebensstil, der zur Rolle eines leitenden Oberarztes durchaus passt, so verinnerlicht hat, dass er sich diesbezüglich kaum verstellen musste. Er konnte in vielen Teilen der leitende Oberarzt „sein". Eine plausible Erklärung, die auf eine hohe Adaptionsfähigkeit verweist.

Ähnlich „echt" war wohl auch sein Fachjargon, den er sich durch ein jahrelanges Interesse an und durch das Lesen von psychologischen Theorien angeeignet hat.

Dazu passt Postels Bericht, wie er gegenüber der Lüge eingestellt ist: Er deutet die Lüge so um, dass er vor sich selbst das Gefühl hat, gar kein Lügner zu sein – das verringert natürlich das Aufkommen unwillkürlicher Zeichen um ein Vielfaches und zeigt einen optimalen Weg auf, diese Hürde zu umgehen.

Gleichzeitig macht Postel deutlich, dass eine Hochstapelei ohne stetige Kreativität und sehr hohe Intuition nicht auskommt – zumindest nicht bei einer aufwändigen im Sinne einer zeitlich dauerhaften Hochstapelei, wie es die von Postel war.

An dieser Stelle sei auf die Notwendigkeit verwiesen, für vertiefte Forschung eine detailliertere und differenziertere Definition der Hochstapelei auszuarbeiten, worauf nicht nur die Vielzahl der in diesem

Buch behandelten Hochstapeleien hinweist, sondern auch Postels Anmerkung über die (möglicherweise vorhandene) „Allgegenwart der Hochstapelei".

Zurück zur Intuition: Obschon das Interview deutlich macht, dass Postel klar strategisch vorgegangen ist und eine Vielzahl manipulativer Techniken verwendet hat, so wird zugleich deutlich, dass Postel viele davon mehr intuitiv als geplant waren. Dies betrachtet er selbst sogar als den entscheidendsten Aspekt für eine gelingende Hochstapelei. Er hätte die Rolle „nie ausführen können", wenn sie sich auf die Anwendung von Tricks beschränkt hätte, sagt er dazu im Interview. Angesichts der unzähligen und unvorhersehbaren Situationen, in die der Hochstapler während seiner Täuschung geraten kann und auf die er jeweils angemessen reagieren muss, lässt sich diese Einschätzung gut nachvollziehen.

Tatsächlich zeigt sich selbst beim (verhältnismäßig schlichten) Fälschen des institutionalisierten Kapitals (der Zeugnisse und Urkunden) bereits ein hoher Grad an Intuition und Kreativität: Postel wusste, an wen er sich mit welcher „Geschichte" und unter Angabe welcher beruflichen Position wenden musste, um zu bekommen, was er brauchte (Stempel). Er hat schlicht ein gutes Gespür dafür, welche Menschen welche Lügen für glaubwürdig halten und wie sie zu manipulieren sind.

Insgesamt bestärkt das Interview den Eindruck, dass Hochstapelei tatsächlich technisch nur bis zu einem gewissen Punkt erklärbar ist. Hochstapelei ist äußerst komplex und individuell, und ein Hochstapler kann praktisch nicht ohne bestimmte Persönlichkeitsmerkmale oder Talente wie eine hohe Intuition und Anpassungsfähigkeit auskommen, wenn er unentdeckt bleiben will. Diese Intuition ist ebenso Geheimnis wie Voraussetzung und macht eine vollständige Technik-Analyse vermutlich unmöglich. Und: Selbst unter prinzipieller Kenntnis aller potenziell einsetzbarer Techniken kann eine Hochstapelei nur gelingen, wenn diese Techniken intuitiv beherrscht und angewendet werden.

Eine klare Grenze der Hochstapelei bestätigt Postel am Ende des Interviews: die Diskrepanz zwischen Realem und Nominellem. Nur wo diese existiert bzw. nur in Bereichen, in denen es ausschließlich uneindeutige Losungen für Code-Abfragen gibt, hat der Hochstapler eine Chance.

TEIL 5: SCHLUSS-
BETRACHTUNG

Zusammenfassend lassen sich die eingangs gestellten Fragen, welche Techniken ein Hochstapler zur Herstellung seiner gefälschten Identität benötigt, und wie eine soziologische Definition des Hochstaplers lauten kann, wie folgt beantworten:

Hochgestapelt

Der Hochstapler ist eine Person, die einem Publikum vortäuscht, eine im sozialen Raum höhere Position zu haben als sie tatsächlich – aufgrund ihres vorhandenen und reproduzierbaren Kapitals und dessen Zusammensetzung – besitzt, indem sie eine Rolle spielt, die „legal" nur Personen spielen dürfen, die eine größere Kapitalmenge und eine andere Kapitalzusammensetzung haben als sie.

Um sein Publikum zu überzeugen, muss der Hochstapler also (definitionsgemäß) sowohl die mit der Rolle korrespondierende Kapitalmenge und -zusammensetzung als auch den dazu „passenden" Lebensstil vortäuschen zu haben. Er muss im Grunde „ein vortrefflicher Schauspieler" sein (Middendorf 1959: 110), vermag zumindest nicht „ohne eine gewisse darstellerische, schauspielerische Gabe [...] auszukommen" (Wulffen 1923: 25). Denn während eine falsche Kapitalmenge und -zusammensetzung einigermaßen „simpel" über den Einsatz bestimmter Symbole herzustellen ist, erweist sich die Darstellung des (fremden) Lebensstils als die eigentliche Hürde bei einer Hochstapelei. Der Lebensstil, als Summe aller Geschmackspräferenzen, Einstellungen, Lebensweisen, wird im Zuge der Sozialisation so tief und unbewusst in den Körper und Geist „eingebrannt", dass es beinahe unmöglich ist, einen anderen als den fest in sich verwurzelten Lebensstil zur Schau zu tragen.

In Bezug auf die Kapitalmenge ist insofern leichter zu täuschen, als dass Akteure jeweils sicht- und hörbare Symbole deuten, um schnellstmöglich einen Eindruck davon zu gewinnen, mit wem und mit welcher Situation sie es zu tun haben. Weil sich diese Methode, bewährt hat, tun sie dies auch im Umgang mit dem Hochstapler, solange sie seine Darstellung für wahr und echt halten. Der Hochstapler kann sich diese Neigung zunutze machen, indem er sich mit Symbolen umgibt, die die Situationsdeutung seines Publikums in eine von ihm gewünschte Richtung lenken; vorausgesetzt, er weiß, welche Symbole zu welcher Deutung führen.

Die Symbole, die sich für die Deutungslenkung in der Face-to-Face-Interaktion als besonders relevant erwiesen haben, sind alle Symbole, die auf Kapitalmenge und Lebensstil (und die Rolle) verweisen. Sie betreffen die Bühnenausstattung (z.B. das Zimmer, in dem der Hochstapler jemanden empfängt) und die persönliche Fassade, zu der Kleidung, Mimik, Gestik und allgemein das Verhalten zählen.

Das wohl wirkmächtigste Symbol, das bei der Hochstapelei am häufigsten Anwendung findet, ist die Lüge als Arrangement von Worten. Die Lüge ist für den Hochstapler ein sehr wirksames Mittel, weil sich bei korrekter Anwendung innerhalb von Sekunden eine ganze Welt erschaffen lässt. Die Lüge wirkt allerdings nur überzeugend, wenn die durch sie kreierte Realität in das Bild des Opfers passt und in sich konsistent ist. Manchmal genügt eine Lüge allein, um die Hochstapelei gelingen zu lassen, an anderen Stellen überzeugt erst eine kreative und detailliert abgestimmte Anordnung weiterer und anderer Symbole.

Die Analyse hat gezeigt, dass es (z.B. im Falle einer ad hoc begonnenen Hochstapelei) auch möglich ist, bereits vorhandene Symbole (wie bspw. eine Schuluniform) mit einer Deutung („Ich bin Lehrer") zu belegen, die zwar nicht der Realität („Ich bin Schüler") entspricht, aber die Lüge und die gesamte Täuschung durch die Uminterpretation vermeintlich bestätigt.

Bleibt die Frage, woher der Hochstapler weiß, welche Symbole vor welchem Publikum zu welcher Deutung führen und wie ein ganz bestimmter Lebensstil überzeugend dargestellt werden kann. Die Analyse lässt darauf schließen, dass sich viele Erkenntnisse über die Eigenarten einer Rolle durch Beobachtung gewinnen lassen. Da jedoch so viele unerwartete, komplexe und verschiedene Anforderungen an eine Rolle bestehen, scheint es, als wäre das wertvollste Gut des (erfolgreichen) Hochstaplers seine ausgeprägte Intuition.

Vorausgesetzt

Grundsätzlich ist Hochstapelei nur da möglich, wo eine Diskrepanz zwischen dem Realen und dem Nominellen besteht, d. h. da, wo es keine exakte sofortige Überprüfung gibt, wo die Möglichkeit besteht, durch Symbole auf etwas zu verweisen, das faktisch nicht vorhanden ist.

Je kleiner die Diskrepanz ist, desto weniger kommt der Hochstapler allein mit Lügen weiter und desto eher muss er andere Symbole einsetzen. Das heißt, wenn es nicht mehr genügt, zu behaupten, einen Rolls-Royce zu besitzen, ein Fremdsprachen-Diplom, einen Arztausweis oder eine bestimmte Villa zu haben, muss der Hochstapler zu weiteren Tricks oder betrügerischen Techniken greifen: z.B. diejenigen materiellen Güter ausleihen oder stehlen, die er notwendigerweise für eine glaubwürdige Täuschung braucht. Geht es nicht um die Darstellung materiellen, sondern institutionalisierten kulturellen Kapitals, so scheint dem Hochstapler keine weitere Möglichkeit als die Fälschung der entsprechenden Nachweise zu bleiben. Beinahe unmöglich wird die Beschaffung von nicht vorhandenem inkorporiertem kulturellem Kapital, weil es hier grundsätzlich kaum Verweisungsmöglichkeiten gibt. In der Analyse haben wir gesehen, dass der Hochstapler Möglichkeiten hat, von seinem Nicht-Wissen abzulenken oder zu versuchen, sich das fehlende Wissen ad hoc anzueignen, doch sind diese Möglichkeiten äußerst riskant und eher als Notfallmaßnahmen denn als geplante Techniken zu empfehlen.

Wir sehen: Je geringer die Diskrepanz zwischen Realem und Nominellem, desto schwieriger bzw. anspruchsvoller ist die Hochstapelei. Eine Hochstapelei, die auf einem Gebiet stattfindet, auf dem faktisches Wissen abgefragt wird, ist somit eigentlich unmöglich. Die Tatsache, dass der interviewte Hochstapler Gert Postel als Oberarzt der psychiatrischen Abteilung eineinhalb Jahre unbemerkt agieren konnte, verweist entweder darauf, dass der Hochstapler doch mehr Wissen auf dem Gebiet der Psychiatrie besitzt, als er glauben machen möchte, oder dass das psychiatrische Wissen mehr uneindeutige als eindeutige Antworten zulässt.

Die Kriterien, die der Hochstapler erfüllen muss, um vor einem Publikum bestehen zu können, hängen nicht per se von der Rolle ab, die der Hochstapler einnimmt, sondern von den einzelnen Situationen und dem jeweiligen Publikum: Es macht einen Unterschied, ob der Hochstapler als Arzt unter anderen Ärzten in seiner Rolle „bestehen" will oder unter Handwerkern. Es macht einen Unterschied, ob er als Arzt in einem Bewerbungsverfahren auf eine ausgeschriebene Chefarztstelle überzeugen will oder während seines Aufenthalts in einem Klinikbüro oder als behandelnder Arzt in der Notaufnahme. Je nach Situation ändert sich für verschiedene Kriterien die Diskrepanz zwischen Nominellem und Realem, sodass die Hochstapelei unterschiedlichen Anforderungen genügen muss. Sehr „beliebt", da aktiv die Distanz vergrößernd und die Anforderungen verringernd (nämlich primär auf die Kunst der Lüge reduzierend), ist daher die Hochstapelei per Telefon.

Zugespielt

Grundsätzlich kommt dem Hochstapler zugute, dass die Welt so komplex ist, dass wir nicht in der Lage sind, alle uns dargebotenen Informationen (Symbole) genauestens zu überprüfen. Wir, und damit auch das Publikum des Hochstaplers, sind darauf angewiesen, in hohem Maß zu vertrauen. Das heißt, wir müssen grundsätzlich davon ausgehen, dass ein Gegenüber ist, was es vorgibt zu sein, und der Hochstapler kann grundsätzlich davon ausgehen, dass seine Darstellung nicht gleich infrage gestellt wird (insofern niemand einen konkreten Grund zum Zweifeln oder eine hohe Motivation zur Überprüfung hat).

Es konnte zudem gezeigt werden, dass der Hochstapler nicht über die gesamte Dauer der Hochstapelei hinweg eine perfekte Darstellung bieten muss, sondern primär zu Beginn. Denn wenn das Publikum erst einmal an die Richtigkeit einer Darstellung glaubt, tendiert es dazu, für die Gegenbeweise „blind" zu werden, da es äußerst ungern von einer einmal gebildeten Meinung abweicht (= Konsistenz-Prinzip). Für den Hochstapler heißt das, dass er sich ab diesem Moment auch den ein oder anderen „Fehler", die ein oder andere Unstimmigkeit erlauben kann, ohne gleich mit einer existenziellen Gefährdung seiner Hochstapelei rechnen zu müssen. Dies gilt umso mehr, weil zwischen Interaktionsteilnehmern die stillschweigende Übereinkunft herrscht, Darstellungen (und damit unbewusst eben auch die Täuschung des Hochstaplers) gegenseitig zu schützen, solange kein konkreter Verdacht oder Zweifel gegenüber einem Teilnehmer besteht.

Überzeugt

Um ein Publikum schnell für sich einzunehmen und den Eindruck zu festigen, dass die angezeigte Rolle „wahr" ist, gibt es verschiedene Möglichkeiten, das ohnehin schon wenig kritische Urteil des Publikums weiter zu senken; einerseits über die Wahl der Rolle, andererseits über konkrete Techniken.

So kann der Hochstapler beispielsweise eine Rolle wählen, die auf einen im Vergleich zu den Rollen der Publikumsmitglieder höheren Status verweist. Durch diese Hierarchie hat das Publikum dann das Gefühl, eine Infragestellung oder Überprüfung nicht vornehmen zu dürfen – und verzichtet in der Regel darauf. Noch drastischer ist die Publikumsreaktion, wenn der Hochstapler als Autorität oder Experte auftritt (oder lediglich über Symbole darauf verweist): Dann sinkt das kritische Urteil gen Null und das Publikum schaltet auf „blinden Gehorsam" um.

Bei beiden Varianten wird das rationale Urteil des Publikums ausgeschaltet und auf emotionaler Ebene überzeugt. Es ist sicher kein Zufall, dass der Hochstapler viele Techniken anwendet, die genau diese Ebene ansprechen; so etwa das Sympathie-, das Reziprozitäts- und das Knappheits-Prinzip, die soziale Bewährtheit, das Komplex-Prinzip und den Lift-Effekt. Dahinter verbergen sich konkret (und verkürzt) das Austeilen von Lob und Komplimenten (Sympathie-Prinzip), das Auslösen des Gefühls, seinem Gegenüber etwas schuldig zu sein (Reziprozitäts-Prinzip) oder eine vermeintlich gute Gelegenheit zu verpassen (Knappheits-Prinzip). Das Empfinden, „was die meisten tun, sei wohl auch das richtige" (soziale Bewährtheit), erleichtert es dem Hochstapler, potenzielle Zweifler doch für sich zu gewinnen. Indem er schwer verständliche Aussagen in seine Reden mischt (Komplex-Prinzip), versucht er das Autoritäts-Prinzip und damit letztlich „blinden Gehorsam" zu wecken. „Blind" in Bezug auf ein kritisches Urteil macht auch der Wunsch des Publikums nach sozialem Aufstieg, den sich der Hochstapler zunutze machen kann, indem er seinem Publikum die Nähe zu einer sozial höher gestellten Person und somit den eigenen Aufstieg suggeriert (Lift-Effekt).

Als besonders effektive Technik zur schnellen Überzeugung hat sich die Aneignung bzw. Verwendung des spezifischen Fachjargons erwiesen, der in dem Feld vorherrscht, zu dem die vom Hochstapler gespielte Rolle gehört und zu dem er sich gesellen möchte. Der entsprechende Fachjargon scheint ein Schlüsselmerkmal zu sein, das das Gegenüber sofort zur der Deutung veranlasst: „Er gehört dazu." Ebenfalls sehr wirkungsvoll ist die Verstärkung des Wirkmechanismus des Konsistenz-Prinzips, die darin besteht, dass der Hochstapler keine verbalen und eindeutigen Hinweise gibt, welche Rolle er darstellt und das Publikum somit „zwingt", sich dies aufgrund der Darstellung selbst zu erschließen. Dadurch gewinnt der Hochstapler nicht nur Zeit, sondern verstärkt beim Publikum – wenn es dann schließlich zu einer Situationsdefinition gelangt ist – den Drang, bei dieser zu bleiben. Es wird also noch anfälliger dafür, „Fehler" in der weiteren Darstellung zu übersehen.

Aufgepasst

Da der Hochstapler ein Doppelleben führt, das jederzeit diskreditiert werden könnte, sind einige Vorsichts- und Sicherheitsmaßnahmen angeraten.

Grundsätzlich sind es Informationen, die die Darstellung des Hochstaplers diskreditieren und damit gefährden können. Diese Informationen können in verschiedener Form auftreten, z.B. als Gedanke, Gefühl, Ort oder Gegenstand. In der Theatermetapher sprechen wir davon, dass sich diese Informationen auf der Hinterbühne befinden und den Eindruck widerlegen, der bewusst (auf der Vorderbühne) für das Publikum hervorgerufen wurde. Entsprechend werden Vorder- und Hinterbühne beispielsweise durch Wege und Hindernisse, durch Augenblicke, Worte, Gesten oder Mimik voneinander getrennt; manchmal sind es auch Personen, die gezielt oder unwissentlich Informationen der Hinter- auf die Vorderbühne transportieren. Je nach Art der Hinterbühne bzw. der Information, unterscheiden sich die möglichen und weiteren Schutzmaßnahmen zur Kontrolle der Hinterbühne bzw. der Information:

Informationen, die sich über Mimik, Gestik und Sprache offenbaren, werden durch die sogenannte Ausdruckskontrolle von der Vorderbühne ferngehalten. Besonders schwer fällt dies bei den (im Grunde unbeeinflussbar auftretenden) unwillkürlichen und dadurch verräterischsten Zeichen, wie z.B. dem Erröten. Ein Rollendilemma, das entsteht, wenn Akteure, die den Hochstapler in der *einen* Rolle gesehen haben, ihn in einer *anderen* und nicht mit der ersten zu vereinbarenden Rolle sehen, kann durch eine sorgfältige Trennung des Publikums (Publikumssegregation) vermieden werden. Allgemein sind Vermeidung(sprozesse) (wie Versuche, Menschen, Gesprächsthemen etc. aus dem Weg zu gehen, bei denen die Täuschung nicht standhalten könnte) gute Möglichkeiten, um die Hinterbühne zu sichern. Je nachdem, ob die Vermeidung präventiv oder aus akutem Anlass eingesetzt wird, kann es einige Kreativität erfordern, die gewünschte Vermeidung zu erreichen. Eine ähnliche Technik kann die Ablenkung sein. Wir haben festgestellt, dass es für den Hochstapler sehr vorteilhaft ist, wenn er die Aufmerksamkeit seines Publikums so gefangen nehmen und nach seinen Wünschen lenken kann, dass dieses nur wahrnimmt, was der

Hochstapler ihm präsentieren möchte[94]. Als Aufmerksamkeitsmagnet, den sich der Hochstapler für Ablenkungen zunutze machen kann, haben sich Objekte erwiesen, die beim Opfer sexuelle Reize ansprechen.

Kann der Hochstapler es trotz diverser Vorsichtsmaßnahmen und Ablenkungs- oder Vermeidungsversuche nicht verhindern, dass sein Publikum den Eindruck gewinnt, über die Situation getäuscht worden zu sein und aktiv Zweifel äußert oder dem Hochstapler gar Fallen stellt, kann er sich möglicherweise noch durch Notfallmaßnahmen vor Enttarnung retten. In der Theorie haben wir als solche die Techniken Offenheit, Scheinbeichte, Russisches Roulette[95] und Empörung kennengelernt, die uns in der „Praxis" der Analyse aber noch nicht begegnet sind. Sehr anschaulich dagegen wurden der Einsatz der Gefühlsfalle, ein Bluff und eine Flucht nach dem Chamäleon-Prinzip dargestellt. Erstere ist sozusagen eine Ausweitung des Sympathieprinzips: es werden nicht nur Komplimente verteilt, sondern ein richtiger Flirt mit dem Opfer wird inszeniert, um dessen Aufmerksamkeit von einer diskreditierbaren Sache abzulenken. Ein Bluff ist sozusagen ein Fifty-Fifty-Joker, der in einer eigentlich ausweglosen Situation eine neue Rettungs-Option eröffnet, und bei der Flucht nach dem Chamäleon-Prinzip nimmt der Hochstapler blitzschnell eine andere Rolle ein, die sich so drastisch von der ursprünglich gespielten unterscheidet, dass der oder die Verfolger das Gefühl haben, er habe sich „in Luft aufgelöst" – ein Trick, der in einem der analysierten Szenen unter Aufwendung zahlreicher weiterer Techniken, größter Kreativität und Bühnensicherheit für den Hochstapler funktioniert hat.

Insgesamt zeichnet sich das Bild ab, dass eine Hochstapelei technisch zwar bis zu einem gewissen Grad erklärt werden kann, dass aber das Wissen um die Techniken allein zur Nachahmung nicht ausreicht. Denn zur praktischen Umsetzung sind vor allem gewisse Persönlichkeitsmerkmale wie Sozialkompetenz, Schlagfertigkeit, Assimilations- und Adaptionsfähigkeit, Kreativität, Selbstbewusstsein, Gelassenheit und die Fähigkeit zum kompetenten Lügen und Täuschen (also absolute Kontrolle über sich selbst und jegliche verräterische Zeichen) er-

---

[94] Hier könnte eine Analyse von Zauberer- und Magiertechniken aufschlussreich sein, zu deren Haupttechniken die Lenkung der Aufmerksamkeit zweifelsohne gehört.

[95] Die Technik des Russischen Roulettes wird in einer anderen, hier nicht analysierten Szene aus *Catch Me If You Can* (2002) angewendet.

forderlich – und diese sind nicht einfach erlernbar[96]. Darauf verweist auch Gert Postels Aussage „Sie müssen […], um in einer solchen Rolle bestehen zu können, eigentlich nichts können, sondern was sein" (S. 155 und S. 220). Dies mag auch erklären, warum Hochstaplern neben aller Empörung eine gewisse Faszination, wenn nicht gar Bewunderung zukommt. Denn unbestreitbar haben sie ein seltenes Talent, das sich in ihrer „Arbeit" offenbart.

Empört

Ohne explizit einen Fokus darauf gelegt zu haben, liefert die Untersuchung einen ersten Erklärungsansatz für die Frage, warum das öffentliche Interesse an Hochstaplern und ihren Taten so hoch ist bzw. warum Hochstapler oft für Empörung sorgen:

1. Hochstapelei rüttelt an den Grundfesten der Gesellschaft, denn Hochstapler erschüttern das Vertrauen, auf das sie als Mitglieder einer so hoch komplexen Gesellschaft angewiesen sind, um eben diese Komplexität reduzieren zu können.

2. Die Brüchigkeit des Systems wird deutlich: „Die Versprechen der Leistungsgesellschaft werden nicht eingelöst, die Prinzipien nicht eingehalten: Nicht (allein) Fleiß und ehrliche Leistung führen zum Erfolg, sondern scheinbar auch ‚Abkürzungen' [Täuschung und Manipulation[97]; Ergänzung des Verf.]. Das ist vor allem für diejenigen ein herber Schlag, die an die Gültigkeit dieser Prinzipien glauben, die ihren Kindern Ehrlichkeit beibringen wollen und die selbst auf

---

[96] Damit ist auch angedeutet, dass das, was gemeinhin als Hochstapelei bezeichnet wird, oftmals lediglich schlichter Betrug ist und mit den aufwändigen Techniken der Hochstapelei nur wenig gemein hat. Auf der anderen Seite scheint es zugleich weitaus mehr Hochstapelei zu geben, als gemeinhin angenommen – zumindest wenn die zeitliche Komponente aus der Definition weiterhin ausgespart bleibt.

[97] „Bildungstitel sind Zugangsvoraussetzung und ‚Türöffner' für bestimmte gesellschaftliche Positionen und stehen damit für erweiterte Chancen. Da sie auf eine langwierige, intensive Arbeitsperiode verweisen, sind sie mit gewissem Ansehen verknüpft. Zudem sind sie ein Symbol, das auf Autorität und Expertentum verweist. […] Wenn sich jemand einen Bildungstitel unlauter erwirbt, sich also die damit einhergehenden ‚Vorteile' unlauter verschafft, kratzt dies nicht nur an der Wertigkeit und dem Ansehen solcher Bildungstitel. Es verspottet auch diejenigen, die im festen Glauben an eine mögliche Erweiterung des kulturellen Kapitals viel Zeit und Arbeit für diese Erweiterung investieren." (Veelen in: Klöckner 2011)

Leistung setzen – in der Hoffnung auf Erfolg." (Veelen in: Klöckner 2011)

3. Nicht-Hochstapler spüren zudem: Diese Art der Manipulation ist (rein technisch betrachtet und unabhängig jeglicher moralischer Urteile) so schwierig, dass sie es selbst nicht könnten – und das finden sie schlicht unfair.[98]

Weitere Parameter, die die Empörung über Hochstapelei auslösen, sind die Konsequenzen für die Opfer der Hochstapelei und die Bedeutung, die wir dem Feld beimessen[99], in dem der Hochstapler „aktiv" wurde. Als Wissenschaftler reagieren wir auf einen falschen Professor vermutlich eher säuerlich; als Kritiker der Psychiatrie fühlen wir uns durch einen falschen Oberarzt in der Psychiatrie vielleicht eher belustigt. „Operiert ein ‚falscher' Arzt unerlaubterweise und ungekonnt Patienten, die im Zuge dieser angewandten Inkompetenz sterben, so wird dies sicherlich anders bewertet als wenn ein ‚falscher'

---

[98] Dass der Wunsch danach vorhanden ist, sich besser (dar)zu stellen als man ist, oder durch wenig Aufwand besser zu werden oder zu scheinen, wird nicht nur in geschönten Lebensläufen, gekauften Adelstiteln, Schönheitsoperationen und dergleichen deutlich, sondern auch in „Ratgebern" unter dem Label des *impression managements*; auch bekannt unter Namen wie *marketing of self, self promotion, personal branding, image control* und Eigen-PR (exemplarisch siehe Jendrosch 2010).

Hinweise auf den Wunsch nach einer besseren Selbstdarstellung liefern auch Titel der Belletristik-Abteilung, die mit dem Begriff „Hochstapelei" werben: Dazu zählen beispielsweise die Titel: *Kochen für Hochstapler* (Buchholz 2009/Hess 1998), *Ex Cathedra. Latein für Hochstapler* (Plebejus 1996), *Das Sex-Buch für lustvolle Hochstapler* (Icks 1994) und *Das Wein-Buch für geistreiche Hochstapler* (Kellergeist 1996).

Dass auch faktisch mehr Hochstapelei betrieben wird als angenommen, versuchten jüngst Saehrendt und Kittl (2011) darzulegen. Sie stellen sogar die These auf, dass „die Hochstapelei unsere gesellschaftliche Realität längst tiefgreifend durchwirkt hat" und sprechen gar von einer „Hochstaplerepidemie" (S. 13 f; 9; vgl. auch Schwertfeger 2002).

Interessant, dass auf der anderen Seite eine scheinbar viel verbreitete Sorge steht, trotz legitim erworbener Qualifikationen als vermeintlicher Hochstapler „enttarnt" zu werden. Diese (rein formal unbegründete) und vor allem bei Frauen in hohen beruflichen Positionen anzutreffende Sorge wird unter dem Namen „Hochstapler-Phänomen" respektive „Imposter-Phenomenon" beschrieben und beforscht (vgl. z.B. Bell; Young 1986, Clance 1988, Clance; Imes 1978, Harvey; Katz 1986, Klinkhammer; Saul-Soprun 2009).

[99] Es ist davon auszugehen, dass die Wertigkeit eines Feldes mit der Nähe des Urteilenden zu diesem Feld korreliert.

Wissenschaftler durch Inkompetenz oder bewusste Täuschung fremde Gedanken als eigene ausgibt" (Veelen in: Klöckner 2011[100]).

Zudem ist zu vermuten, dass eine Hochstapelei von Beobachtern als umso dreister empfunden wird, je weiter sich der Hochstapler von der legitimen Passung zwischen Rolle und sozialer Position und damit von der Einhaltung der moralischen Verpflichtung entfernt.

Dies sind jedoch nur erste Erklärungen, die im Zuge weiterer Forschungen vertieft und weiter entwickelt werden können.

Ungeklärt

Ansatzpunkte für weitere Forschungen auf dem Forschungsgebiet der Hochstapelei gibt es reichlich. Eine Aufgabe könnte darin bestehen, die Definition der Hochstapelei weiter zu präzisieren und in eine Kategorisierung zu überführen, die in der Lage ist, verschiedene Arten von Hochstapelei begrifflich zu trennen und zu beschreiben.

Es scheint mir angemessen, zwischen dem Jurastudenten, der sich bei einem Date als Anwalt ausgibt, und einem Jurastudenten, der sich parallel (und ohne entsprechende fachliche und formale Qualifikation) als praktischer Chirurg verdingt, unterscheiden zu können; zwischen jemandem, der die Hochstapelei als Mittel zum Zweck einsetzt oder als Aufgabe an sich; zwischen einer Hochstapelei, die nur wenige Minuten dauert, vor wenig Publikum ausgeführt wird, und einer, die über Jahre hinweg dargestellt wird, vor unterschiedlichem und großem Publikum – um nur einige denkbare Differenzierungen zu nennen.

Erste Parameter wären also: Die zeitliche Dauer, das Ausmaß der Diskrepanz zwischen Nominellem und Realem, die Diskrepanz zwischen der faktischen (ursprünglichen) und der dargestellten sozialen Position des Hochstaplers sowie die Konsequenzen für den Hochstapler, aber auch für dessen Opfer.

Ebenso ließe sich das Publikum genauer unter die Lupe nehmen und klassifizieren: Wann wird das Publikum zum Opfer? Sind Opfer nur diejenigen, die aktiv und direkt getäuscht werden oder auch diejenigen, die indirekt die Folgen der Hochstapelei mittragen? Gehört das Publikum der gleichen sozialen Position, der gleichen „Gruppe" an, in

---

[100] Das Zitat bezieht sich auf die Doktorarbeit von Karl Theodor Maria Nikolaus Johann Jacob Philipp Franz Joseph Sylvester Freiherr von und zu Guttenberg, die zu diesem Zeitpunkt unter Plagiatsverdacht stand (der sich später bestätigte und zur Aberkennung des Doktorgrades von Guttenberg geführt hat).

der der Hochstapler seine Rolle angesiedelt hat? Wie stark unterscheiden sich die Erwartungen des Publikums? Gibt es eine Korrelation zwischen den Anforderungen an die hochstaplerische Darstellung und der sozialen Position des Publikums (auch in Relation zu der des Hochstaplers)? Kann vielleicht eine Neigung des Publikums (oder bestimmter Publikumsarten), sich täuschen lassen zu wollen, festgestellt werden?

Natürlich wäre es interessant, die Techniken, die bislang lediglich in der Theorie erarbeitet und zusammengetragen wurden (Knappheitsprinzip, Offenheit, Empörung, Scheinbeichte, Lift-Effekt, Komplex-Prinzip und weitere Optionen der emotionale Ansprache (Willens-Appell)), auf ihre tatsächliche Verwendbarkeit hin zu prüfen und nach weiteren Techniken zu forschen, die Hochstapler anwenden (können). Da der Buch- und Filmmarkt eine solche Fülle an Hochstapler-Romanen, -Selbstberichten, -Ratgebern und dergleichen bereithält, mangelt es nicht an zu analysierendem Material. Auch Experimente wären (in juristisch und ethisch vertretbarem Rahmen) denkbar. Vielversprechend hinsichtlich der Ausweitung des Technik-Repertoires scheinen auch Rhetorik- und Körpersprache-Trainer, die eine Verbesserung der Darstellung und das Verbergen unbeabsichtigter Zeichen und Symbole lehren, sowie das Heranziehen von wissenschaftlichen Werken über Manipulation, Überzeugung und Führung. Ebenso könnte ein Blick auf die Ausbildung von Spionen aufschlussreich sein, die bei ihrer Rollenübernahme ähnliche Techniken anwenden müssen, um nicht enttarnt zu werden – bei deutlich drastischeren Konsequenzen, die schließlich gar tödlich sein können[101].

Da die Symbole, die auf bestimmte Eigenschaften und Kapitale verweisen, so vielfältig und stetigen Wandlungen unterworfen sind, scheint mir das Anliegen, einen vollständigen Katalog über die Deutung bestimmter Symbole für bestimmte gesellschaftliche Gruppen, Kreise oder Menschen schlicht ein unmögliches Unterfangen. Hingegen halte ich es für eine spannende Frage, inwiefern sich Hochstapelei heute im Vergleich zu früheren zeitlichen Epochen verändert hat. Es ist denkbar, dass die Losungen für bestimmte Codeabfragen und die Symbole, mit denen sich die Mitglieder eines bestimmten Feldes umgeben, weniger klar definiert und viel variabler sind als noch vor eini-

---

[101] Vgl. Altmann 1931: 37; Urbanski von Ostrymierz 1931: 99.

gen Jahr(zehnt)en. Es gibt Hinweise darauf, dass die mit bestimmten sozialen Positionen gekoppelten Lebensstile viel weniger „typisch" sind oder es viel mehr „Ausreißer" gibt als einst; vor allem die höheren sozialen Positionen betreffend, in die sich der Hochstapler ja gern einschleicht. Mit anderen Worten: Ist Hochstapelei heutzutage also „leichter" als noch vor einigen Jahrzehnten[102]?

Inwieweit praktizierende Hochstapler und solche, die es werden wollen, von den vorgelegten Ergebnissen profitieren können, wage ich nicht zu beurteilen. Aufschlussreich könnten die Ergebnisse allerdings für Akteure sein, die auf „legale" Weise in ihnen bislang ferne soziale Position[103] geraten sind und ein Verständnis entwickeln wollen für die Andersartigkeit und Abgeschlossenheit bestimmter sozialer Felder.

In jedem Fall versteht sich das vorliegende Buch als ein Baustein zu einer Soziologie der Hochstapelei als Element der soziologischen und sozialpsychologischen Theorie des *impression managements*, dessen Autorin gespannt darauf ist, welche Erkenntnisse weitere Analysen und Forschungen auf diesem Gebiet liefern.

---

[102] Damit sind nur einige der noch offenen und anschließbaren Forschungsfragen genannt. Die Reihe ließe sich – auch über verschiedene Fachdisziplinen hinweg – noch lange fortsetzen.

[103] Z.B. durch eine bildungs-/schichtinhomogene Heirat/Verbindung, einen beruflichen Aufstieg und dergleichen.

ANHANG

Dank

Danken möchte ich

- zuvorderst meinem Mann André, ohne den dieses Buch weder begonnen noch jemals fertiggestellt worden wäre. Erst seine Inspiration, seine stetige und vielfältige Unterstützung, seine endlose Geduld, seine ehrliche und offene Kritik sowie die zahlreichen anregenden Diskussionen mit ihm haben diese Publikation zu einem Anfang und einem Ende gebracht.

- meinem Bonus-Sohn Jonas, der mich durch seine Anwesenheit gelehrt hat, Prioritäten zu setzen und somit wesentlich dazu beigetragen hat zu entscheiden, ob und wann es zu dieser Veröffentlichung kommen wird. Zudem danke ich ihm für sein blindes Vertrauen in die Qualität meiner Arbeit und hoffe, er möge mir die vielen Zeiten verzeihen, in denen ich den Hochstaplern mehr Vorrang eingeräumt habe als ihm.

- meinen Eltern, die mir das nötige Vertrauen mitgegeben und stets an mich geglaubt haben.

- Dirk Hülst, der von einem Betreuer zum Freund und Mentor wurde – und mir nicht nur in diesem Projekt den Weg gewiesen hat.

- Gert Postel, von dem ich weitaus mehr lernen durfte als Techniken der Hochstapelei, und der nicht nur als Interviewpartner eine wichtige Rolle gespielt hat. Seine Unterstützung war in jeglicher Hinsicht konstruktiv und anregend, und ich wünsche ihm von Herzen alles Gute.

- Gerrit Köhler und Anne Huschka, die dem Text durch aufmerksame Lektüre und hilfreiche Anmerkungen zu mehr Glätte verholfen haben.

- Margot Dorra, durch deren Begeisterung und Einladung sich mir die Pforte zur Soziologie überhaupt erst geöffnet hat.

- allen, die länger und fester als ich selbst daran geglaubt haben, dass die Hochstapelei aus soziologischer Perspektive einst auf dem Buchmarkt zu finden sein wird.

- dem Tectum-Verlag, der mir – im Vertrauen darauf, dass der Titel hält, was er verspricht – das Angebot zur Veröffentlichung unterbreitet hat.

- allen Hochstaplern, die schließlich die Hauptdarsteller dieses Büchleins sind, das ohne sie keinerlei Existenzgrundlage hätte.

Glossar

Ausdruckskontrolle: Der Begriff der Ausdruckskontrolle beschreibt die Kontrolle über die Preisgabe jeglicher Information, die die Darstellung diskreditieren könnte. Dabei geht es nicht nur um die Kontrolle verbaler Äußerungen oder faktischer Handlungen, sondern vor allem auch um die Kontrolle der (über) Mimik und Gestik (vermittelten Informationen). Besonders schwer zu kontrollieren sind die unwillkürlichen Zeichen (vgl. S. 61).

Ausgleichshandlungen: Kommt es zu einer Bedrohung des Images, gibt es verschiedene Möglichkeiten, diese Bedrohung abzuwenden. Alle Handlungen, die mit der Imagebedrohung beginnen und mit der Wiederherstellung des Gleichgewichts enden, nennen wir Ausgleichshandlungen. Beispiele für Ausgleichshandlungen sind: die bedrohende Handlung ignorieren, als Scherz darstellen, die Situation umdeuten.

Autoritäts-Prinzip: Autoritäten und Autoritätssymbole sind gewissermaßen wie Schlüsselmerkmale, die Handlungsketten auslösen. Sie wecken „blinden Gehorsam": Das Gegenüber denkt nicht mehr, sondern reagiert nur noch.

Bluff: Der Bluff ist eine Notfallstrategie, deren Ziel darin besteht, in einer eigentlich ausweglosen Situation eine Rettungs-Option zu eröffnen. Dies funktioniert wie folgt: Wird der Hochstapler durch eine bestimmte Aufforderung seines Gegenübers dahingehend in die Enge getrieben, dass das Befolgen dieser Aufforderung zur Enttarnung führen würde, kann der Hochstapler die Aufforderung beantworten, indem er seinem Gegenüber etwas „hinwirft" (eine Aussage, eine Geste, einen Gegenstand ...), das bei genauerer Betrachtung zwar ebenfalls zur Enttarnung führt, die Enttarnung aber verhindert, wenn das Gegenüber *nicht* genauer untersucht, was ihm „hingeworfen" wurde.

Ist der Bluff also erst einmal ausgespielt, liegt es einzig in der Hand des Gegenübers, ob er als solcher aufgedeckt oder für bare Münze genommen wird.

Bühnenbild: Das Bühnenbild ist Teil der▶ *Fassade* und umfasst Dekorationselemente wie z.B. Möbelstücke. Ein weiterer Teil der Fassade ist die ▶*persönliche Fassade.*

Bühnensicherheit: Bühnensicherheit beschreibt die Fähigkeit, damit umzugehen, von anderen beobachtet zu werden, während man eine leicht diskreditierbare Rolle spielt; die Voraussetzung, um die Technik der Ausdruckskontrolle zu beherrschen. Bühnensicherheit ist synonym zu setzen mit dem Begriff „Gelassenheit".

Chamäleon-Effekt: Nimmt der Hochstapler in Sekundenschnelle eine Rolle ein, die unterschiedlich zu der Rolle ist, in der der Verfolger den Hochstapler anzutreffen erwartet, so entsteht durch diese Diskrepanz zwischen Erwartung und Realität eine perfekte Tarnung (= Chamäleon-Effekt.). Besonders gut funktioniert der Effekt/die Tarnung, wenn der Hochstapler mit dem Rollenwechsel auch einen Wechsel der sozialen Position vornimmt. Der Hochstapler kann sich diesen Effekt in Notfallsituationen zunutze machen, um vor Verfolgern zu flüchten (= Flucht nach dem ▶ *Chamäleon-Prinzip*), weil der Chamäleon-Effekt (im Idealfall) den Hochstapler für die Augen des Verfolgers unsichtbar erscheinen lässt.

Chamäleon-Prinzip: Das Chamäleon-Prinzip beschreibt eine ▶ *Notfallmaßnahme*, die der Hochstapler zur Flucht einsetzen kann und die auf dem ▶ *Chamäleon-Effekt* beruht.

Codes: *Als Code soll hier metaphorisch eine Regel bezeichnet sein, die im Interaktionsverlauf erfüllt werden muss. Dabei kann sich die Regel auf sprachliche Äußerungen, auf Kleidung, auf Wissen, auf Gestik, Mimik, bestimmte Handlungsabläufe etc. beziehen.*

Darstellung: Unter einer Darstellung wird die Summe aller Tätigkeiten eines Teilnehmers einer Situation verstanden, „die dazu dient, die anderen Teilnehmer in irgendeiner Weise zu beeinflussen" (Goffman 1991: 18).

Diskrepanz zwischen Nominellem und Realem: Der Unterschied zwischen dem Genannten, Gesagten, Behaupteten und der „Wahrheit" wird als Diskrepanz zwischen dem Nominellen und dem Realen bezeichnet.

Empörung: Die Empörung ist eine ▶ *Notfallmaßnahme*, die darin besteht, dass sich der Hochstapler dem ▶ *Zweifler* gegenüber empört und verletzt darüber gibt, dass er einem selbst eine solche Lüge zutraut und diese vermutete Lüge dann vorwegnimmt.

Erscheinung: Die Erscheinung ist Teil der ▶ *persönlichen Fassade*. In ihr drückt sich der ▶ *Geschmack* aus, sodass die Erscheinung etwas über die soziale Position verrät. Beispiele für die Ausdruckselemente der Erscheinung sind Amtszeichen, Rangmerkmale, Kleidung, Geschlecht, Alter, physische Erscheinung, Haltung, Sprechweise, Mimik, Gestik, Frisur, usw.

Fallen-Stellen: Hat ein Interaktionsteilnehmer ►*Zweifel* an der Richtigkeit seiner Situationsdeutung und/oder hegt einen ► *Verdacht*, dann wird der Zweifler möglicherweise demjenigen, den er für den Verursacher der falschen Situationsdeutung hält, aktiv versuchen auf die Schliche zu kommen, indem er Fallen stellt. Er wird versuchen, Ereignisse zu initiieren, die die Situationsdefinition klären.

Fassade: Zur Fassade gehören das ►*Bühnenbild* (Möbelstücke, Dekorationselemente, etc.) und die ►*persönliche Fassade* (als Summe von ► *Erscheinung* und ► *Verhalten*). Sie gibt Hinweise auf den Lebensstil und damit auf die soziale Position.

Flucht nach dem Chamäleon-Prinzip: siehe ► *Chamäleon-Prinzip*.

Gefühlsfalle: Die Gefühlsfalle ist eine ►*Notfallmaßnahme*, die darin besteht, das Opfer durch eine emotionale Verunsicherung, wie z.B. einen Flirt, von der rationalen Bewertung abzulenken.

Gelassenheit: siehe ► *Bühnensicherheit*.

Halo-Effekt: Der Halo-Effekt beschreibt einen Beurteilungsfehler, der bewirkt, dass die Bewertung eines einzelnen Merkmals, das an einer Person wahrgenommen wird (z.B. attraktives Äußeres), recht undifferenziert auf andere (für den Beobachter relevante) Merkmale/Eigenschaften (z.B. Intelligenz, Humor, Eloquenz, etc.) der Person übertragen wird.

Hinterbühne: Die Hinterbühne beschreibt den Ort, an dem der durch die Darstellung hervorgerufene Eindruck ganz selbstverständlich widerlegt wird, so dass der Zugang zur Hinterbühne strengstens kontrolliert werden muss. Den Gegensatz dazu bildet die ► *Vorderbühne*.

Hochstapler: „Der Hochstapler ist eine Person, die einem Publikum vortäuscht, eine im sozialen Raum höhere Position zu haben als sie tatsächlich – aufgrund ihres vorhandenen und reproduzierbaren Kapitals und dessen Zusammensetzung – besitzt, indem sie eine Rolle spielt, die ‚legal‘ nur Personen spielen dürfen, die eine größere Kapitalmenge und eine andere Kapitalzusammensetzung haben als sie.“ (Def. Veelen; siehe auch Kapitel *Hochstapler dingfest gemacht: eine soziologische Definition* und S. 168)

Image: Mit Image ist das Bild bezeichnet, das ein Darsteller bei seinem Gegenüber von sich hat entstehen lassen und das er unbedingt aufrechterhalten will, um glaubhaft zu sein. Das Image kann bedroht werden (= Imagebedrohung), wenn z.B. ein ▶ *Vermeidungsprozess* nicht erfolgreich verlief oder eine ▶ *Falle gestellt* wurde.

instrumentelle Züge: Wer ganz bewusst ▶ *Ausdruckselemente* erzeugt, d. h. Informationen „preisgibt", von denen er glaubt, dass sie seine Situation verbessern/die Darstellung glaubwürdiger erscheinen lassen, macht instrumentelle Züge.

Kapital: Das Kapital bezeichnet Ressourcen, die Personen in verschiedener Menge und Zusammensetzung haben. Unterschieden werden die folgenden Kapitalarten: das ▶ *ökonomische*, das ▶ *kulturelle*, das ▶ *soziale* und das ▶ *symbolische* Kapital.

Knappheits-Prinzip: Das Knappheits-Prinzip beschreibt das Faktum, dass sich knappe Güter größerer Beliebtheit erfreuen, egal ob sie benötigt werden oder nicht. Der Hochstapler kann dieses Prinzip z.B. einsetzen, indem er dem Opfer vortäuscht, selbst eine Person zu sein, die nur über begrenzte Mittel (wie z.B. Zeit) verfügt.

Komplex-Prinzip: Das Komplex-Prinzip beschreibt die Technik, in die grundsätzlich verständlichen Aussagen hin und wieder für das Publikum unverständliche Aussagen zu mischen im Sinne von komplexen Formulierungen, sehr hoch geistigen und/oder sehr fachspezifischen Inhalten, so dass die Zuhörer den Sinngehalt der Aussagen nicht ganz erfassen können. Der Hochstapler kann möglicherweise insofern von der Anwendung dieser Technik profitieren, weil eine leicht unverständliche da zu komplexe Ausdrucksweise als Zeichen von Autorität interpretiert wird und ihr Hervorbringer – also der Hochstapler – daher aufgrund des Autoritäts-Prinzips weniger angezweifelt wird.

Konsistenz-Prinzip: Das Konsistenz-Prinzip beschreibt das Faktum, dass man einmal getroffene Überzeugungen nicht mehr (so schnell) ändern mag – besonders, wenn man sich die Überzeugung, wie z.B. eine Situationsdeutung, mühsam selbst erarbeitet hat. Für den Hochstapler ist dies von Vorteil, weil er das Publikum vielleicht nur zu Beginn seiner Vorstellung von der vorgebrachten Rolle überzeugen bzw. sehr überzeugend sein muss. Zudem kann er absichtlich unterlassen, dem Publikum eindeutige Hinweise auf die Situationsdeutung zu geben, damit es sich diese selbst erschließen muss und sich somit mehr an diese gebunden fühlt.

Kontrolle der Hinterbühne: siehe ▶ *Hinterbühne.*

Kulturelles Kapital: Das kulturelle Kapital existiert in drei verschiedenen Formen:

1. **inkorporiert** = Wissen, das verinnerlicht wurde und nicht kurzfristig weitergegeben oder verschenkt werden kann.

2. **institutionalisiert** = Bildungstitel, Diplome etc., die sozusagen die offizielle Anerkennung dieser Kapitalart darstellen.

3. **objektiviert** = z.B. Bücher, Gemälde, Maschinen und Instrumente; auf jeden Fall übertragbar.

Lüge: Die Lüge ist eine bewusst falsche oder täuschende Aussage, in dem Sinne, dass sie für denjenigen, der diese Aussage ausspricht, das Gegenteil von Wahrheit ist.

naiver Zug: Die Einschätzung eines Interaktionsteilnehmers, dass das Gegenüber so zu nehmen ist, wie es scheint, und einen absichtslosen Zug führt, nennen wir naiven Zug. Wer einen naiven Zug macht, hinterfragt weder die ▶ *Darstellung* noch die ▶ *Rolle* des Gegenübers.

Nominelles: siehe ▶ *Diskrepanz zwischen Nominellem und Realem.*

Notfallmaßnahmen: Notfallmaßnahmen kann der Hochstapler einleiten, wenn seine Enttarnung droht. Mögliche Maßnahmen sind: ▶ *Offenheit,* ▶ *Russisches Roulette,* ▶ *Gefühlsfalle,* ▶ *Scheinbeichte,* ▶ *Empörung,* ▶ *Flucht nach dem Chamäleon-Prinzip.*

Offenheit: Offenheit ist eine ▶ *Notfallmaßnahme,* die darin besteht, eine zweiflerische Frage mit einer so offensichtlich falschen Aussage zu beantworten, dass der Zweifler weitere Fragen scheut und verwirft.

Ökonomisches Kapital: Das ökonomische Kapital umfasst alle Formen materiellen Reichtums und ist nahezu unmittelbar in Geld umtauschbar.

Opfer: Alle diejenigen, die andere Darstellungen zur Darstellung des Hochstaplers beisteuern und/oder von diesem getäuscht werden (sollen), werden hier als ▶ *Opfer,* ▶ *Zuschauer,* ▶ *Partner* oder ▶ *Publikum* bezeichnet.

Partner: siehe ▶ *Opfer.*

Person: Wir unterscheiden zwischen der Person, beschrieben als Subjekt eines Lebenslaufs (konkret hier: der Hochstapler an sich) und der ▶ *Rolle*, die er übernimmt/spielt.

persönliche Fassade: Die persönliche Fassade ist neben dem ▶ *Bühnenbild* ein Teil der ▶ *Fassade*. Sie ist die Summe von ▶ *Verhalten* und ▶ *Erscheinung*.

Publikum: siehe ▶ *Opfer*.

Publikumssegregation: Die Publikumssegregation ist eine ▶ Schutzmaßnahme, die darin besteht, dass der Hochstapler dafür sorgt, dass ein und dasselbe Publikum ihn jeweils nur in Rollen sieht, die miteinander vereinbar sind. Gelingt diese Segregation nicht, gerät er in ein so genanntes Rollendilemma, das zu seiner Enttarnung führen kann, weil der Widerspruch der Darstellung für die Zuschauer offenbar wird. Die Publikumssegregation steht in direktem Zusammenhang mit der ▶ *Vermeidung*.

Reales: siehe ▶ *Diskrepanz zwischen Nominellem und Realem*.

Reziprozitäts-Prinzip: Das Reziprozitäts-Prinzip bezeichnet einen psychologischen Mechanismus, der das Gefühl auslöst, dass die Reaktion auf bestimmte Handlungen eine ähnliche Handlung sein muss. Für den Hochstapler eröffnet es die Möglichkeit, seine Opfer ungefragt mit etwas zu beschenken, das bei ihm das Bedürfnis nach einem Gegengeschenk auslöst, idealerweise etwas, das ihm hilft, die Täuschung gelingen zu lassen.

Rolle: Als Rolle wird hier eine spezialisierte Funktion einer ▶ *Person* beschrieben, die bei Darstellungen im „realen" Leben und auf der Bühne vorkommt. Dabei hängt es von der sozialen Position der Person ab, welche Rollen sie „legal" übernehmen darf.

Rollendilemma: siehe ▶ *Publikumssegregation*.

Russisches Roulette: Das Russische Roulette ist eine Notfallmaßnahme, bei der der Hochstapler zum Bluff die Wahrheit sagt und sich sozusagen selbst enttarnt; eben in der Hoffnung, dass sein Gegenüber die Enttarnung für einen Bluff hält.

Scheinbeichte: Die Scheinbeichte bezeichnet eine Notfallmaßnahe, die darin besteht, dass der Hochstapler dem Zweifler statt der ganzen Täuschung einen kleinen, harmloseren Teil der großen Täuschung gesteht und ihn dadurch in Sicherheit wiegt.

Soziale-Bewährtheit-Prinzip: Die soziale Bewährtheit meint den menschlichen „Herdentier"-Instinkt: Man neigt dazu, der Masse zu folgen, sich am Handeln der anderen zu orientieren. Dieses Prinzip kann sich der Hochstapler zunutze machen, indem er sich darauf konzentriert, wenige Publikumsmitglieder von seiner Darstellung zu überzeugen/zu bestimmten (von ihm intendierten) Deutungen (und dadurch zu bestimmten Handlungen) zu verleiten; in der Hoffnung, dass die anderen diesen Überzeugungen/Handlungen der Wenigen folgen werden.

Soziales Kapital: Das soziale Kapital umfasst alle Ressourcen, die durch ein dauerhaft bestehendes Beziehungsnetz mobilisiert werden können. Es ist also entsprechend hoch, wenn ein ausgedehntes Netzwerk besteht, und steigt mit dem Umfang des Kapitals, das deren Mitglieder wiederum besitzen.

Symbol: Ein Symbol ist ein Zeichen, das für etwas anderes als sich selbst steht, sozusagen auf etwas verweist.

Symbolisches Kapital: Das symbolische Kapital lässt sich gut durch die Begriffe Renommee, Ansehen und Prestige beschreiben. Es bezeichnet die Anerkennung von bestimmten Akteuren und Gruppen.

Sympathie-Prinzip: Dieses Prinzip beruht auf der Tatsache, dass 1. es uns schwerer fällt, Beeinflussungsversuchen standzuhalten, wenn uns das Gegenüber sympathisch ist und 2. das Austeilen von Anerkennung, Lob und Komplimenten oder das Herstellen von Ähnlichkeit Sympathiegefühle steigert. Der Hochstapler kann sich dies zunutze machen, z.B. aktiv Anerkennung, Lob und Komplimente verteilen, um bei seinem Opfer sympathischer zu erscheinen und dessen kritische Urteilskraft zu senken.

Takt: „Wenn Darstellern irgendein Versehen unterläuft, in dem sich deutlich Unstimmigkeiten zwischen dem erweckten Eindruck und der enthüllten Realität zeigt, kann das Publikum das Versehen taktvoll ‚übersehen' oder die Entschuldigung, die angebracht wird, einfach annehmen" (Goffman 1986: 210; vgl. Goffman 1991: 16). Handelt das Publikum wie hier beschrieben, so lässt es Takt walten.

Täuschung: Die Täuschung bezeichnet die Gesamttätigkeit eines Darstellers, die darauf abzielt, dass andere Menschen zu einer falschen (und zwar einer von ihm auf ganz bestimmte Weise intendierten) Situationsdeutung kommen.

Verdacht: Wenn jemand den Eindruck gewinnt, dass die Situation, in der er sich befindet, ohne sein Wissen manipuliert worden ist und bemerkt, dass ihm nicht klar ist, welche Rolle ihm dabei zugedacht wurde, hat er einen Verdacht.

Verhalten: Das Verhalten ist der Teil der ▶*persönlichen Fassade*, der etwas darüber aussagt, welche Rolle der Darsteller zu spielen beabsichtigt. Im Verhalten zeigen sich▶ *Praktiken*, sodass das Verhalten Hinweise auf die soziale Position gibt.

Vermeidung(sprozess): Mit Vermeidung sind alle Versuche des Hochstaplers bezeichnet, Situationen und/oder Menschen (zumindest zeitweilig) aus dem Weg zu gehen, die im Widerspruch zu seiner Rolle oder seinem aufgebauten Image stehen und dadurch akut bedrohlich für die Täuschung sind oder werden könnten. Dazu gehört auch die ▶*Publikumssegregation*.

Vorderbühne: Die Vorderbühne bezeichnet den Ort, an dem die Darstellung stattfindet. Im Gegensatz dazu gibt es die▶ *Hinterbühne*, die für das Publikum plangemäß nicht einsehbar ist.

Zuschauer: siehe ▶*Opfer*.

Zweifel: Wenn jemand die Richtigkeit seiner Situationsdefinition infrage stellt und besorgt ist, hinters Licht geführt worden zu sein, hat er einen Zweifel.

Literatur und Filme

Literatur

Abagnale, Frank; Redding, Stan (2003): Mein Leben auf der Flucht. Die unglaublichen Abenteuer eines Hochstaplers. München: Heyne

Abraham, Karl: Die Geschichte eines Hochstaplers im Lichte psychoanalytischer Erkenntnis (1925). In: ders.: Gesammelte Schriften in zwei Bänden, Hrsg. v. Cremerius. Bd. 2, Frankfurt/ M.: Fischer 1982, S. 146-160

Altmann, Ludwig: Zur Psychologie des Spions. In: Lettow-Vorbeck, Paul von (Hrsg.): Die Weltkriegsspionage. (Original-Spionage-Werk). Authentische Enthüllungen über Entstehung, Art, Arbeit, Technik, Schliche, Handlungen, Wirkungen und Geheimnisse der Spionage vor, während und nach dem Kriege auf Grund amtlichen Materials aus Kriegs-, Militär-, Gerichts- und Reichs-Archiven. Vom Leben und Sterben, von den Taten und Abenteuern der bedeutendsten Agenten bei Freund und Feind. München: Justin Moser 1931, S. 37-52

Antfang, Peter; Urban, Dieter: „Vertrauen" – soziologisch betrachtet. Ein Beitrag zur Analyse binärer Interaktionssysteme. In: SISS: Schriftenreihe des Instituts für Sozialforschung der Universität Stuttgart. (1994) Heft 1, S. 1-24

Ariely, Dan (2010): Denken hilft zwar, nützt aber nichts. München: Knaur

Aschaffenburg, Gustav: Zur Psychologie des Hochstaplers. In: März. Halbmonatsschrift für deutsche Kultur. (1907) Heft 1, S. 544-550

Baumgart, Ralf; Eichener, Volker (1991): Norbert Elias zur Einführung. Hamburg: Junius

Behr-Brunetti, Isidora von: Die Darstellung der Lüge und ihre ethische Bewertung in der Schundliteratur. In: Lipmann; Plaut (Hrsg.): Die Lüge in psychologischer, philosophischer, juristischer, pädagogischer, historischer, soziologischer, sprach- und literaturwissenschaftlicher und entwicklungsgeschichtlicher Betrachtung. Leipzig: Johann Ambrosius Barth 1927, S. 262-282

Bell, Lee; Young, Valerie: Imposters, fakes and frauds. In: Moore, Lynda L.: Not far as you think: the realities of working women. Lexington Books, 1986, S. 25-51

Berger, Peter L.; Luckmann, Thomas (2003): Die gesellschaftliche Konstruktion der Wirklichkeit. 19. Auflage, Frankfurt/M.: Fischer

Bernsdorf, Wilhelm (Hrsg.) (1969): Wörterbuch der Soziologie. 2. Auflage, Stuttgart: Ferdinand Enke

Blum, Andre (2010): Das psychologische Konstrukt des Selbst bei Hochstaplern und wie diese von kognitiven Wahrnehmungsschemata profitieren. Grin Verlag

Blumer, Herbert: Der Methodologische Standort des Symbolischen Interaktionismus. In: Arbeitsgruppe Bielefelder Soziologen (Hrsg.): Alltagswissen, Interaktion und gesellschaftliche Wirklichkeit. Bd. 1, Reinbek bei Hamburg: Rowohlt 1973, S. 80-146

Bourdieu, Pierre (1979): Entwurf einer Theorie der Praxis auf der ethnologischen Grundlage der kabylischen Gesellschaft. 1. Auflage, Frankfurt/M.: Suhrkamp

Bourdieu, Pierre (1982): Die feinen Unterschiede. Kritik der gesellschaftlichen Urteilskraft. Frankfurt/M.: Suhrkamp

Bourdieu, Pierre (1983): Zur Soziologie der symbolischen Formen. 2. Auflage, Frankfurt/M.: Suhrkamp

Bourdieu, Pierre: Antworten auf einige Einwände. In: Eder, Klaus (Hrsg.): Klassenlage, Lebensstil und kulturelle Praxis. Theoretische und empirische Beiträge zur Auseinandersetzung mit Pierre Bourdieus Klassentheorie. Frankfurt/M.: Suhrkamp 1989, S. 395-411

Bourdieu, Pierre (1991): Sozialer Raum und ,Klassen'. LeÇon sur la leÇon. Zwei Vorlesungen. 2. Auflage, Frankfurt/M.: Suhrkamp

Bourdieu, Pierre: Die verborgenen Mechanismen der Macht. In: Steinrücke, Margareta von (Hrsg.): Schriften zu Politik & Kultur. Bd. 1, Hamburg: VSA-Verlag 1992, S. 31-79

Brockhaus. Enzyklopädie in 30 Bänden. 21. Auflage, Bd. 12. Leipzig/Mannheim: F.A. Brockhaus 2006, S. 551

Brockhaus. Psychologie: Fühlen, Denken und Verhalten verstehen. 2. Auflage, Leipzig/Mannheim: F.A. Brockhaus 2009, S. 312

Brockmann, Thomas (1991): Die Kunst zu lügen. Leitfaden für die erfolgreiche Unwahrheit. Frankfurt/M.: Eichborn

Buchholz, Frank (2009): Kochen für Hochstapler: Einfache Gerichte – ganz schön raffiniert: Einfache Gerichte effektvoll aufgepeppt. München: Bassermann

Cialdini, Robert B. (1997): *Die Psychologie des Überzeugens. Ein Lehrbuch für alle, die ihren Mitmenschen und sich selbst auf die Schliche kommen wollen.* Bern/Göttingen/Toronto/Seattle: Hans Huber

Cialdini, Robert B.: *The Science of Persuasion.* In: Scientific American 284. Jg. (2001), S. 76-81

Clance, Pauline R. (1988): *Erfolgreiche Versager. Das Hochstapler-Phänomen.* München: Wilhelm Heyne

Clance, Pauline R; Imes, Suzanne A.: *The imposter phenomenon in high achieving women: Dynamics and therapeutic intervention.* In: Psychotherapy: Theory, Research & Practice. 15. Jg. (1978) Heft 3, S. 241-247

Delphendahl, Renate (1975): *Grillparzer. Lüge und Wahrheit in Wort und Bild.* Bern/Stuttgart: Paul Haupt

Deutsch, Helene: *The impostor: Contribution to ego psychology of a type of psychopath.* In: Psychoanalytic Quarterly, 24. Jg. (1955), S. 483-505

Deutsch, Helene (1965): *Neuroses and character types.* Oxford: International Universities Press

Dieball, Werner (2002): *Gerhard Schröder. Körpersprache. Wahrheit oder Lüge?* Bonn: Prewest

Dreitzel, Hans Peter: *Peinliche Situationen.* In: Baetghe, Martin; Eßbach, Wolfgang (Hrsg.): Soziologie: Entdeckungen im Alltäglichen: Hans Paul Bahrdt, Festschrift zu seinem 65. Geburtstag. Frankfurt/New York: Campus 1983, S. 148-173

Eberle, Friedrich; Maindonk, Herlinde (1994): *Einführung in die soziologische Theorie.* 2. Auflage, München: Oldenbourg

Elias, Norbert (2001): *Symboltheorie.* Frankfurt/M.: Suhrkamp

Endruweit, Günter; Trommersdorf, Gisela (Hrsg.) (2002): *Wörterbuch der Soziologie.* 2. Auflage, Stuttgart: Lucius und Lucius

Ernst, Heiko: *...und täglich schnappt die Falle zu. Manipulation, der sanfte Betrug.* In: Psychologie heute. 11. Jg. (1984) Heft 6, S. 21-27

Eschenbach, Eberhard: *Der Betrüger und seine Opfer.* In: Bundeskriminalamt Wiesbaden (Hrsg.): Bundeskriminalamt: Betrug und Urkundenfälschung (unter Ausschluss der Korruption und der Wirtschaftsdelikte): Arbeitstagung im Bundeskriminalamt Wiesbaden vom 23. April bis 28. April 1956 über Bekämpfung von Betrug und Urkundenfälschung (unter Ausschluss der Korruption und der Wirtschaftsdelikte). Wiesbaden: Bundeskriminalamt 1956, Bd. 5, S. 27-36 (= BKA-Vortragsreihe)

Falkenberg, Gabriel (1982): Lügen. Grundzüge einer Theorie sprachlicher Täuschung. Tübingen: Max Niemeyer

Flam, Helena (2002): Soziologie der Emotionen. Eine Einführung. Konstanz: UVK-Verlags-Gesellschaft

Flynn, E. (1987): Handbuch für Hochstapler und Betrüger. Eine Satire. Frankfurt/M.: Fischer

Friedrichs, Jürgen: Thomas-Theorem. In: Fuchs-Heinritz 1995, S.680

Fuchs-Heinritz, Werner; Lautmann, Rüdiger; Rammstedt, Ottheim; Wienold, Hanns (Hrsg.) (1995): Lexikon zur Soziologie. 3. Auflage, Opladen: Westdeutscher Verlag

Garfinkel, Harold: Das Alltagswissen über soziale und innerhalb sozialer Strukturen. In: Arbeitsgruppe Bielefelder Soziologen (Hrsg.): Alltagswissen, Interaktion und gesellschaftliche Wirklichkeit. Bd. 1, Reinbek bei Hamburg: Rowohlt 1973, S. 189-263

Jendrosch, Thomas (2010): Impression Management. Professionelles Marketing in eigener Sache. Wiesbaden: Gabler

Gediman, Helen K.: Imposture, inauthenticity, and feeling fraudulent. In: Journal of the American Psychoanalytic Association. 33. Jg. (1985) Heft 4, S. 911-935

Giese, Bettina (1992): Untersuchungen zur sprachlichen Täuschung. Tübingen: Niemeyer (=Reihe Germanistische Linguistik; 129)

Goffman, Erving (1971): Verhalten in sozialen Situationen. Strukturen und Regeln der Interaktion im öffentlichen Raum. Gütersloh: Bertelsmann

Goffman, Erving (1974): Das Individuum im öffentlichen Austausch. Mikrostudien zur öffentlichen Ordnung. Frankfurt/M.: Suhrkamp

Goffman, Erving (1975): Stigma. Über Techniken der Bewältigung beschädigter Identität. Frankfurt/M.: Suhrkamp

Goffman, Erving (1977): Rahmenanalyse. Ein Versuch über die Organisation von Alltagserfahrungen. Frankfurt/M.: Suhrkamp

Goffman, Erving (1981): Strategische Interaktion. München/Wien: Hanser

Goffman, Erving (1986): Interaktionsrituale. Über Verhalten in direkter Kommunikation. Frankfurt/M.: Suhrkamp

Goffman, Erving (1991): Wir alle spielen Theater. Die Selbstdarstellung im Alltag. 7. Auflage, München: R. Piper & Co

Grünberger, Josef: Der kriminelle Hochstapler. In: Humaner Strafvollzug, Part 20 (2007), S. 178-185

Haag, Detlev: Betrügerische Hochstapelei und Schwindel: Tat, Täter und Opfer. Dissertation, Albert-Ludwigs-Universität. Freiburg 1977

Harksen, Jürgen (2010): Wie ich den Reichen ihr Geld abnahm. Frankfurt/M.: Fischer-Taschenbuchverlag

Hartfiel, Günter (Hrsg.) (1972): Wörterbuch der Soziologie. 3. Auflage, Stuttgart: Alfred Kröner

Harvey, Joan; Katz, Cynthia (1986): Das Hochstapler-Phänomen. Die Angst vor dem Erfolg. Ursachen, Auswirkung, Überwindung. Landsberg am Lech: Moderne Verlagsgesellschaft

Hentig, Hans von (1957): Zur Psychologie der Einzeldelikte. Band 3. Der Betrug. Tübingen: J.C.B. Mohr (Paul Siebeck)

Hess, Reinhardt (1998): Kochen für Hochstapler. München: Südwest-Verlag

Hopmann, Stefan: Über Hochstapler und andere Pädagogen. In: Neue Sammlung. Vierteljahres-Zeitschrift für Erziehung und Gesellschaft. 33. Jg. (1993) Heft 3, S. 421-436

Hülst, Dirk (1999): Symbol und soziologische Symboltheorie. Untersuchungen zum Symbolbegriff in Geschichte, Sprachphilosophie, Psychologie und Soziologie. Opladen: Leske+Budrich

Icks, Oswald (1994): Das Sex-Buch für lustvolle Hochstapler. Gefühlsecht. Frankfurt/M.: Eichborn

Jammer, Nicola; Meyerhöfer, Marion; Neumann, Jana: Wahrheit oder Lüge? Kann man wahre und falsche Aussagen anhand von inhaltlichen Glaubwürdigkeitskriterien unterscheiden? Semesterarbeit, Philipps-Universität. Marburg 1991

Kaiser, Günther: Prahlerei, Lug und Betrug in kriminologischer Sicht. In: Guggenbühl, Allan; Kunz, Martin (Hrsg.): Prahlerei, Lug und Trug. Zürich: Schweizer Spiegel 1987, S. 70-96

Kellergeist, Karlo (1996): Das Wein-Buch für geistreiche Hochstapler. Elegant im Abgang. Frankfurt/M.: Eichborn

Kern, Stefan Helge: Die Kunst der Täuschung. Hochstapler, Lügner und Betrüger im deutschsprachigen Roman seit 1945 am Beispiel der Romane Bekenntnisse des Hochstaplers Felix Krull, Mein Name sei Gantenbein und Jakob der Lügner. Dissertation, Leibniz Universität. Hannover 2004

Kets de Vries, M.F.R. (2004): Führer, Narren und Hochstapler: die Psychologie der Führung. 2. Auflage, Stuttgart: Klett-Cotta

Klinkhammer, Monika; Saul-Soprun, Gunta: Das Hochstaplersyndrom in der Wissenschaft. In: Organisationsberatung, Supervision, Coaching. 16. Jg. (2009), Heft 2, S. 165-182. DOI 10.1007/s11613-009-0120-1

König, René (Hrsg.) (1980): Soziologie. Das Fischer-Lexikon. Neuausgabe. Fischer Taschenbuch, o.O.

Krause, Detlef (2001): Luhmann-Lexikon. Eine Einführung in das Gesamtwerk von Niklas Luhmann. 3. Auflage, Stuttgart: Lucius & Lucius

Larsen, Egon (1986): Hochstapler. Die Elite der Gaunerwelt. Frankfurt/M.: Ullstein

Luhmann, Niklas (1989): Vertrauen. Ein Mechanismus der Reduktion sozialer Komplexität. 3. Auflage, Stuttgart: Ferdinand Enke

Luhmann, Niklas: Vertrautheit, Zuversicht, Vertrauen: Probleme und Alternativen. In: Hartmann, Martin; Offe, Claus (Hrsg.): Vertrauen. Die Grundlage des sozialen Zusammenhalts. Frankfurt/M.: Campus 2001, S. 143-160

Luhmann, Niklas (2002): Die Gesellschaft der Gesellschaft. Bd. 2, Darmstadt: Wissenschaftliche Buchgesellschaft

Luhmann, Niklas (2004): Die Realität der Massenmedien. 3. Auflage, Wiesbaden: VS Verlag für Sozialwissenschaften

Lukesch, Helmut: Erkennbarkeit der Lüge. In: Mayer, Matthias (Hrsg.): Kulturen der Lüge. Köln/Weimar/Wien: Böhlau 2003, S.121-151

Mancas, Magdalena; Wohlleben, Doren: Das Leben, ein Pfeifen auf Ideologie und Lüge, ein Lied auf die (künstlerische) Freiheit. In: Kratochwill; Steinlein (Hrsg.): Kino der Lüge. Bielefeld: Transcript 2004, S. 87-104

Mann, Thomas: Bekenntnisse des Hochstaplers Felix Krull. Der Memoiren erster Teil. In: Mendelssohn, Peter de (Hrsg.): Thomas Mann. Gesammelte Werke in Einzelbänden. Frankfurter Ausgabe. Frankfurt/M.: Fischer 1985

Mecke, Jochen: Kleine Apologie des Kinos der Lüge: Zur Einführung. In: Kratochwill; Steinlein (Hrsg.): Kino der Lüge. Bielefeld: Transcript 2004, S. 9-26

Meinertz, Friedrich: Der hochstaplerische Betrüger. Infantilismus und Routine. In: Schweizer Archiv für Neurologie und Psychiatrie, 75. Jg. (1955), S. 147-172

Middendorf, Wolf (1959): Soziologie des Verbrechens. Erscheinungen und Wandlungen des asozialen Verhaltens. Düsseldorf/Köln: Eugen Diedrichs

Middendorf, Wolf: Hochstapelei und Betrug. Eine kriminologische Studie im Anschluß an den Fall S. In: Archiv für Kriminologie: unter besonderer Berücksichtigung der gerichtlichen Physik, Chemie und Medizin. 165 Jg. (1980) Heft 1, S. 168-183

Milgram, Stanley (1975): Obedience to authority: an experimental view. New York: Harper & Row

Mitnick, Kevin; Simon, William (2003): Die Kunst der Täuschung. Risikofaktor Mensch. Heidelberg: Redline

Müller, Hans-Peter; Schmidt, Michael (Hrsg.) (1988): Norm, Herrschaft und Vertrauen. Beiträge zu James S. Colemans Grundlagen der Sozialtheorie. Opladen/Wiesbaden: Westdeutscher Verlag

Ottermann, Ralf (1998): Soziologie des Betrugs. Hamburg: Kovac

Petersohn, Franz: Zur Psychologie des Betrugs und des Betrügers. In: Schäfer, Herbert (Hrsg.): Wirtschaftskriminalität, Weiße-Kragen-Kriminalität. (Schriftenreihe: Grundlagen der Kriminalistik). Hamburg: Steintor-Verlag 1976, Bd. 13,2, S. 91-111

Plebejus, Marcus (1996): Ex Cathedra. Latein für Hochstapler. Frankfurt/M.: Eichborn

Poigneé, Hans A. (2010): Betrüger und Hochstapler: Satirische Einblicke in eine rare Spezies. Norderstedt: Books on Demand

Postel, Gert (1985): Die Abenteuer des Dr. Dr. Bartholdy. Ein falscher Amtsarzt packt aus. Bremen: Brockkamp

Postel, Gert (2003): Doktorspiele. Geständnisse eines Hochstaplers. München: Goldmann

Rattner, Josef (1996a): Charakterstudien. Berlin: Verlag für Tiefenpsychologie

Rattner, Josef (1996b): Lüge, Wahrheit, Hochstapelei. Berlin: Verlag für Tiefenpsychologie

Reinhold, Gerd (Hrsg.) (1997): Soziologie-Lexikon. 3. Auflage, München/Wien: Oldenbourg

Saehrendt, Christian; Kittl, Steen T (2011): Alles Bluff! Wie wir zu Hochstaplern werden, ohne es zu wollen. Oder vielleicht doch? München: Wilhelm Heyne

Schilling, Raimar: *Psychodiagnostische Untersuchungen an hochstapleri-schen, pseudologistischen Psychopathen. Dissertation Albert-Ludwigs Universität. Freiburg 1957*

Schöck, Helmut (Hrsg.) (1975): *Soziologisches Wörterbuch. 9. Auflage, Freiburg: Herder*

Schütz, Alfred (1971): *Gesammelte Aufsätze. Bd. 1. Das Problem der sozialen Wirklichkeit. Den Haag: Martinus Nijhoff*

Schütze, Fritz (1978): *Die Technik des narrativen Interviews in Interaktionsfeldstudien – dargestellt an einem Projekt zur Erforschung von kommunalen Machtstrukturen. 2. Auflage, Universität Bielefeld*

Schwertfeger, Bärbel (2002): *Leben wir in einer Bluff-Gesellschaft? Ein Streifzug durch die Welt der Karriere. Weinheim: Wiley*

Schwingel, Markus (2000): *Pierre Bourdieu zur Einführung. Hamburg: Junius*

Serner, Walter (1981): *Letzte Lockerung: Ein Handbrevier für Hochstapler und solche, die es werden wollen. Erlangen: Renner*

Siegel, Stefan T.: *Der Hochstapler und seine Tat. Phänomenologische und typologische Untersuchungen. Dissertation Albert-Ludwigs Universität. Freiburg 1975*

Silbermann, Alphons (1997): *Von der Kunst der Arschkriecherei. Berlin: Rowohlt*

Simmel, Georg (1908): *Soziologie. Untersuchungen über die Formen der Vergesellschaftung. Leipzig: Duncker & Humblot*

Simmel, Georg: *Zur Psychologie und Soziologie der Lüge. In: Simmel, Georg: Gesamtausgabe/Hrsg. Otthein Rammstedt. Bd. 5: Aufsätze und Abhandlungen 1894-1900. Frankfurt/M.: Suhrkamp 1992, S. 406-419*

Sommer, Volker (1992): *Lob der Lüge. Täuschung und Selbstbetrug bei Tier und Mensch. München: C.H. Beck*

Strauss, Katharina: *Der Clou – Lüge und Fassade. In: Kratochwill; Steinlein (Hrsg.): Kino der Lüge. Bielefeld: Transcript 2004, S. 39-48*

Thomas, William I.; Thomas, Dorothy S.: *Die Definition der Situation. In: Steinert, Heinz (Hrsg.): Symbolische Interaktion. Arbeiten zu einer reflexiven Soziologie. Stuttgart: Ernst Klett 1973, S. 333-335*

Thorndike, Edward L.: *A Constant Error In Psychological Ratings. In: Journal Of Applied Psychology (1920) Heft 4, S. 25-29*

Tönnies, Ferdinand (1906): Philosophische Terminologie in psychologisch-soziologischer Ansicht. Leipzig: Theod Thomas

Treibel, Annette (1997): Einführung in die soziologische Theorie der Gegenwart. 4. Auflage, Opladen: Leske + Budrich

Tröndle, Herbert; Fischer, Thomas (Hrsg.) (2007): Strafgesetzbuch und Nebengesetze (Beck'sche Kurz-Kommentare). 54. Auflage, München: C.H. Beck

Urbanski von Ostrymierz, August: Spionageschulen. In: Lettow-Vorbeck, Paul von (Hrsg.): Die Weltkriegsspionage. (Original-Spionage-Werk). Authentische Enthüllungen über Entstehung, Art, Arbeit, Technik, Schliche, Handlungen, Wirkungen und Geheimnisse der Spionage vor, während und nach dem Kriege auf Grund amtlichen Materials aus Kriegs-, Militär-, Gerichts- und Reichs-Archiven. Vom Leben und Sterben, von den Taten und Abenteuern der bedeutendsten Agenten bei Freund und Feind. München: Justin Moser 1931, S. 99-103

Veelen, Sonja: Techniken zur Herstellung gefälschter Identität. Eine soziologische Analyse der Hochstapelei. Diplomarbeit Philipps-Universität. Marburg 2003

Vierkandt, Alfred (Hrsg.) (1982): Handwörterbuch der Soziologie. Gekürzte Studienausgabe. Stuttgart: Ferdinand Enke

Voss, Martin (2006): Symbolische Formen. Grundlagen und Elemente einer Soziologie der Katastrophe. Bielefeld: Transcript

Watzlawick, Paul (1976): Wie wirklich ist die Wirklichkeit? Wahn – Täuschung – Verstehen. München/Zürich: Piper & Co

Wenzel, Harald: Herbert Blumer. In: Kaesler, Dirk (Hrsg.): Hauptwerke der Soziologie. Stuttgart: Kröner 2000, S. 47-53

Wermke, Matthias; Kunkel-Razum, Kathrin; Scholze-Stubenrecht, Werner (Hrsg.) (2007): Duden. Das Herkunftswörterbuch. Etymologie der deutschen Sprache. Die Geschichte der deutschen Wörter bis zur Gegenwart. 4. Auflage, Mannheim/Leipzig/Wien/Zürich: Dudenverlag

Willems, Herbert (1997): Rahmen und Habitus: zum theoretischen und methodischen Ansatz Erving Goffmans: Vergleiche, Anschlüsse und Anwendungen. Mit einem Vorwort von Alois Hahn. Frankfurt/M.: Suhrkamp

Wilson, Thomas P.: Theorien der Interaktion und Modelle soziologischer Erklärung. In: Arbeitsgruppe Bielefelder Soziologen (Hrsg.): Alltagswissen, Interaktion und gesellschaftliche Wirklichkeit. Bd. 1, Reinbek bei Hamburg: Rowohlt 1973, S. 54-80

Witzel, Andreas (1982): Verfahren der qualitativen Sozialforschung. Überblick und Alternativen. Frankfurt/New York: Campus

Wulffen, Erich (1923): Die Psychologie des Hochstaplers. Leipzig: Dürr & Weber

Zimbardo, Philip G./ Gerrig, Richard J. (2008): Psychologie. 18. Auflage, München: Pearson Education Deutschland

Zuckermayer, Carl (1961, 1964, 1973, 1977, 1984, 1991, 2006, 2008): Der Hauptmann von Köpenick: Ein deutsches Märchen in drei Akten. Verschiedene Auflagen, Frankfurt/M.: Fischer

Internetquellen

Abagnale & Associates: About Frank Abagnale, in: http://www.abagnale.com/aboutfrank.htm, Abruf am 10.03.2011

Hochstapler (o. A.), in: http://de.wikipedia.org/wiki/Hochstapler, Abruf am 01.08.2011

Klöckner, Marcus: Ist Guttenberg ein Hochstapler?, in: http://www.heise.de/tp/r4/artikel/34/34294/1.html Abruf am 04.03.2011

Filme

Catch Me If You Can, 2002, Regie: Steven Spielberg

Das Fest [Originaltitel: Festen], 1998, Regie: Thomas Vinterberg

Der Hauptmann von Köpenick, 1997, Regie: Frank Beyer

Der Hauptmann von Köpenick: Ein deutsches Märchen in drei Akten, 1956, Regie: Helmut Käutner

Die Hochstapler, 2006, Regie: Alexander Adolph und Nina Ergang

Gier: Der Fall des Hochstaplers Dieter Glanz, 2009, Regie: Dieter Wedel (TV-Produktion)

Hochstapler: Von professionellen Lügnern und Betrügern, 25.01.2011 (*Spiegel-TV-Dokumentation*)

Sherlock Holmes: A Game of Shadows, 2011, Regie: Guy Richie

So glücklich war ich noch nie, 2009, Regie: Alexander Adolph

The Usual Suspects [dt. *Die üblichen Verdächtigen*], 1995, Regie: Bryan Singer

Bonusmaterial

Das narrative Interview nach Schütze

a) Im Idealfall erfolgt das narrative Interview nach Schütze entlang zweier Phasen:

In der ersten Phase lockt der Forscher eine längere Haupterzählung aus dem Befragten hervor. Während dieser erzählt, hört der Forscher lediglich zu, gibt „erzählungsunterstützende Signale" (wie Kopfnicken) und wartet, bis der Befragte eindeutige Signale gibt, dass seine Erzählung beendet ist (Schütze 1978: 4).

Dann beginnt die zweite Phase, in der es darum geht, durch Nachfragen, die an das Erzählte anknüpfen, weitere, „neue narrative Sequenzen" hervorzulocken (ebd.: 11, 30). Das Interview soll also nicht einer starren Erzählfolie folgen, sondern sich durch „ad-hoc-Entscheidungen" [sic!] entwickeln (Schütze ebd.: 10 f).

Für den Fall, dass die Ausgangserzählung nicht genügend Vorlage bietet, sollte der Forscher anhand der vorangegangenen Analyse eine systematische Frage- und Erzählfolie vor Augen haben[104].

Es sollten „explizite und exakte Indexikalisierungen" wie Namen oder Daten bei der Befragung ausgespart bleiben und bis zur Schlussphase keine Warum- oder Einstellungs- und Meinungsfragen gestellt werden (vgl. ebd.: 22, 30).

b) Im Spezialfall, also bei diesem Interview, hat die Frage, die die Erzählung generieren sollte, leider zunächst in eine andere Richtung geführt, da Herr Postel sich an der enthaltenen Begrifflichkeit gestoßen hat.

Danach ist es mir gelungen, ihm doch noch eine längere Erzählung zu entlocken, aus der sich viele Anschlussfragen ergaben, die ich in der zweiten Phase stellen konnte und die wiederum häufig längere narrative Sequenzen zur Folge hatten, aus denen sich wiederum Fragepotenzial ergab. Hin und wieder musste ich nach Gesprächspausen eine Frage aus dem Leitfaden einfügen, um neue Erzählungen hervorzulocken.

---

[104] Als Erzählfolie diente eine abgewandelte Version des Leitfadens (siehe S. 100).

Insgesamt betrachtet, hatte das Interview methodisch gesehen einen nicht optimalen Start, der weitere Verlauf war hingegen zufriedenstellend.

Das vollständige Interview mit Gert Postel

Die Themen	Das Interview
(1) *Definition des Hochstaplers*	S. V.: Herr Postel, Ihr Buch trägt den Untertitel „Geständnisse eines Hochstaplers". Wie hat Ihre Karriere als Hochstapler begonnen?
	G. P.: Ich bezeichne mich gar nicht als solcher. Aber, wenn der Untertitel, ich muss mich, wenn ich mich verständlich machen will, sozusagen dem Verständnishorizont des Volkes, das das Buch kaufen soll, anpassen. So war das ein Akt der Selbstverleugnung. Also ich halte ja sowieso nichts von so diagnostischen Zuschreibungen und Etikettierungen. Ob Sie das Hochstapler nennen oder Sahnetorte ist einerlei.
	S. V.: Was wäre dann für Sie ein Hochstapler?
	G. P.: Ja, das sind Kategorien, in denen ich gar nicht denke. Ich habe mir solche Fragen eigentlich nie gestellt. Also ich meine Hochstapelei ist vieles. Also, ich hab vorhin die Geschichte erzählt von dem Titel des Trainers im Vita Fit *(Fitnessstudio; Anm. des Verf.)*, der da unter seinem Namen stehen hat „Sportlehrer i. A.", was einfach heißt „Sportlehrer in Ausbildung", aber jeder liest natürlich nur „Sportlehrer". Und da fängt es an. Die Allgegenwart der Hochstapeleien mag uns mit ihr versöhnen.
	S. V.: Aber Ihnen ist schon bewusst, was andere, das „gemeine Volk", unter dem Begriff „Hochstapler" versteht.
	G. P.: Ja, ja, ja, daher „Bekenntnisse eines Hochstaplers".

(2) *Techniken*	S. V.: Und, um in den Begriffen zu bleiben: Wie würden Sie Ihre erste Hochstapelei beschreiben? Wie haben Sie das gemacht? Oder was haben Sie gemacht, das andere als Hochstapelei bezeichnen würden?
	G. P.: Wie ich das gemacht habe? Soll ich das technisch erklären?
	S. V.: Ja.
	G. P.: Also die Stelle des leitenden Oberarztes war durch das *[unverständlich]* ausgeschrieben, da habe ich mich beworben, da haben sich 39 oder 40 Ärzte beworben, acht waren in der engeren Wahl, die mussten vor der Auswahlkommission des Sozialministeriums 'nen Vortrag halten. Ich auch. Und ich hab gesprochen über die *pseudologia phantastica*. Das ist die Lügensucht zugunsten der Ich-Erhöhung aus der Tiefenpsychologischen Diagnostik am literarischen Beispiel der Figur des Felix Krull. Ja, und da war man relativ begeistert von diesem Vortrag. Weil ich auch mal, wenn man Leute beeindrucken will, dann muss man immer so ein bisschen über deren Köpfe hinweg reden. Wenn die alles verstehen, sind sie der Meinung, dass man dumm sei. Und wenn sie gar nichts verstehen, frustriert man sie. Also, Sie müssen eigentlich so die Sache verstehen aber im Grunde, aber man muss so ein bisschen über den Kopf hinweg reden, jedenfalls im Umgang mit Wissenschaftlern und so Pseudo-Intellektuellen. Ja, und außerdem, das Thema sprüht ja vor Ästhetik vor dem Hintergrund dessen, was ich wusste, sonst aber keine wusste. Die *pseudologia phantastica* oder auch Mythomanie am literarischen Beispiel der Figur des Felix Krull, das interessiert nicht nur Ärzte und Psychiater, sondern auch Juristen. *[unverständlich]* Und da hat man richtig zugehört. Und dann fragte mich zum Schluss der Vorsitzende

	der Kommission, über was ich promoviert hätte, und dann hab ich wieder was gesagt, was so schön war: „über kognitiv induzierte Verzerrung mit einer stereotypen Urteilsbildung" – das ist eine Aneinanderreihung leerer Begriffe, und der antwortete dann nur: „Ach, Sie werden sich bestimmt bei uns wohlfühlen." Deshalb war ich, wenn ich Hochstapler war, ja auch nur Hochstapler unter Hochstaplern.
(3) *Hürden*	S. V.: Woher wussten Sie, was gefordert ist, welche Art Vortrag man halten muss, was bei der Kommission ankommt, dass man „über die Köpfe hinweg reden muss"?
	G. P.: Also es geht bei dieser Sache, die ich gemacht habe, eigentlich darum, die Regeln beherrschen zu können, ohne sie zu kennen. Und infolgedessen entzieht sich vieles der Darstellung durch das Wort, der Darstellung durch die Sprache, oder zumindest durch meine sprachlichen Möglichkeiten, mit Sprache umzugehen. Thomas Mann hätt's vielleicht gepackt.
(3 a) *Quelle des Wissens*	Ich hab eine ganz hoch entwickelte Intuition. Und das war, glaube ich, der Schlüssel; nicht nur dafür, dass ich die Stelle bekam und dort Karriere gemacht habe, sondern auch für den alltäglichen oberärztlichen Dienst. Das war der Schlüssel; hat kaum einer verstanden, Intuition.
Hürden *(3 b)* *Interpretation der Hochstapelei/Rückschlüsse auf die Opfer der Täuschung*	S. V.: Wenn Sie über Regeln, die man beherrschen muss, ohne sie zu kennen, reden – an welche Regeln denken Sie da? G. P.: Naja, Sie brauchen ja für den emotionalen und sozialen Umgang mit Menschen, müssen Sie sich ja irgendwie so verhalten, dass Sie auf diese Menschen so angenehm wirken, dass die von Ihnen so begeistert sind, dass sie Sie haben wollen und 39 andere wegschicken. Und ich meine, die 39 anderen waren Fachärzte der Psychiatrie und Neurologie und zum Teil ha-

	bilitiert – und ich der einzige Postbote.
(4) *Information*	Das finde ich schon sehr komisch, dass sozusagen alle Fachärzte gehen müssen und der einzige Postbote dann eingestellt wird.
Interpretation der Hochstapelei	Und das sagt ja nicht nur was über meine begrenzte Intelligenz, sondern das sagt ja vor allen Dingen was über sozusagen die Dummheit, ja, die Einfältigkeit dieser Leute, dieser Psychiater. Darum habe ich auch immer behauptet, ich habe ja eigentlich den Leuten den Spiegel vorgehalten und Ihnen Gelegenheit gegeben, sich zu blamieren. Ja, und dann haben Sie in den Spiegel gesehen und sahen hässlich aus und haben nicht gelernt, sondern haben auf den Spiegel eingeschlagen und mich traktiert mit irgendwelchen psychiatrischen Diagnosen; aus Selbstschutzgründen. Also, im Rahmen des Strafverfahrens hat man mich begutachtet. Herr Professor Leigraf, Psychiater aus Essen, hat festgestellt, ich würde leiden an einer narzisstischen Persönlichkeitsstörung. Das hat mir sehr gefallen. Zumal man mit so was ja … Also ich hab mal in einer Osttalkshow gesagt, mit so was wird man im Westen geboren.
	S. V.: Sie wurden demnach enttarnt. Wie?
	G. P.: Ja, das war simpel. Also erstmal zunächst, das ist ja auch noch witzig, ich meine, ich hab mich da beworben und da war ich mir noch nicht so ganz sicher, dass das auch alles … Ich hab da ja richtig Karriere gemacht. Die haben mich da in eine Chefarzt-Position genötigt und ich weiß nicht was alles und beurteilt: „Herr Oberarzt Doktor Postel übertrifft die Erwartungen" und so weiter.
(5) *Enttarnung*	Enttarnt, dadurch, dass, es gab eine Assistenzärztin aus dem Westen, die in dem Oberarztbereich ihrer Oberärztin, also der Ehroberärztin, nicht klarkam mit dieser Frau, und das fand ich verständlich, und dann habe ich sie in mei-

	nen geholt, und dann hat sie zu Hause erzählt, dass sie jetzt im Oberarztbereich des Dr. Postel sei, und da hat man sich an den Namen Postel erinnert. Die Eltern haben irgendwie ein Bild von mir gehabt, die kannten mich, und so schlug es ein wie eine Bombe.
(6) *(keine) Hürden*	S. V.: Gab es vor der Enttarnung brenzlige Situationen?
	G. P.: Nein. Nie. Wieder so eine naive Frage. Das geht immer davon aus, dass ich doch eigentlich die Sache nicht kann, konnte. Und das ist eben falsch. Weil ich nicht weniger wusste als diese Ärzte über Psychiatrie. Zumindest nicht weniger, möglicherweise mehr. Also vermittels der Intuition. Welche anderen Erkenntnisquellen mir zur Verfügung stehen! Diese Ärzte spulen, die machen das rational, sehr häufig, und spulen da was ab, was sie gelernt haben. Und diesen Umweg über die Ratio habe ich nie nötig gehabt. Ich hab unmittelbar, sozusagen durch Anschauung, Erkenntnis gehabt.
(7) *legale Rollen*	S. V.: Gibt es auch andere Rollen, die Sie übernommen haben?
	G. P.: Ja, also wir befinden uns ja permanent, in unserem sozialen Interagieren, in Rollen wieder ... also ...
	S. V.: Ich meine Rollen, die jemand der Postbote ist, eigentlich nicht spielen darf.
(8) *weitere Hochstapelei*	G. P.: Ja, ich war mal Leiter an der Flensburger Gesundheitsbehörde. Da war ich aber erst 21, 22.
(9) *Techniken*	S. V.: Wie ist es dazu gekommen?
	G. P.: Na, die suchten einen Amtsarzt, einen Leiter der Gesundheitsbehörde, und ich war damals der Meinung, ich sollte mich da bewerben. Hab ich mich beworben und da hab ich die Stelle gekriegt. Mit zwei Doktortiteln,

übrigens: Dr. Dr. Clemens Bartholdy. Weil ich dachte, bei zwei Doktortiteln werden die Fragen weniger, was übrigens auch zutrifft. Je mehr Titel, desto weniger Fragen, weil das Geniale muss dann im Raume stehen, das macht die Leute blind. Und vor allen Dingen fühlt man sich dann auch geehrt, dass man mit einem doppelt Promovierten Kaffe trinken darf oder ihn zu seinem Fest einladen darf. Ist übrigens so ein Kitschname. „Dr. Dr. Clemens Bartholdy". „Clemens" heißt „der Sanftmütige", „Bartholdy" klingt wie Musik. Dr. Dr. Clemens Bartholdy, ein wirklich schöner Name. Zu schön, um wahr zu sein. *(lacht)*

S. V.: Es wurden doch auch formale Voraussetzungen gefordert. Zeugnisse und dergleichen.

G. P.: Ja, aber das hat keinen interessiert. Es wurde vorausgesetzt, dass das da ist. Es ist ja nie einer auf die Idee gekommen, dass sich jemand bewirbt, der nicht Arzt ist. Aber natürlich, dass musste da sein, um es abzuhaken. Jetzt wollen Sie wissen, wie ich das ... das ist nicht schwierig. Soll ich, soll ich jetzt Tipps geben? Ja, da es die nicht echt gab, mussten die ja sozusagen synthetisch entwickelt werden. Das bezeichnet man sozusagen justiziell als Fälschung. Also ich hab, es ist einfach, ich hab ja Freundinnen und Freunde, die ordentlich Medizin studiert haben, Ärzte waren, und hab dann einfach 'ne Approbationsurkunde genommen und die fotokopiert. Hab da den Namen rausgemacht, deren Namen, hab das noch mal kopiert und da hatte ich, sage ich mal, ein Blankoformular. Dann hab ich meinen Namen eingesetzt und hab's noch mal fotokopiert. Dann hatte ich 'ne Approbationsurkunde und so weiter auf meinen Namen. Und dann musste das beglaubigt werden. Dann hab ich als Dr. von Berg, als Leiter der behördenübergreifenden zentralen Beschaffungsstelle, bei der Städteverwaltung Berlin angerufen und

	gesagt, wir würden jetzt auch die kleinen Stempelfirmen ins Behörden-Lieferprogramm aufnehmen, bräuchten dazu aber Leistungsnachweise. Und dann bin ich als mein eigener Bote am Nachmittag des selbigen Tages zu dieser Firma gegangen und hab das Dienstsiegel der Generalbundesanwalt *[unverständlich]* mitgenommen. Da hab ich noch Behördenrabatt gekriegt.
(10) *Hürden*	S. V.: Spezielles Wissen wurde schon gebraucht an manchen Stellen, oder?
	G. P.: Ja. Also, medizinisches ... also ....
	S. V.: Oder was würden Sie sagen, was waren die Voraussetzungen, was muss man wissen?
	G. P.: Man muss erstmal die psychiatrische Sprache beherrschen. Und wenn Sie eine Sprache beherrschen, können Sie mit der Sprache ja eigentlich alles ausdrücken.
(11) *Wissensquelle*	S. V.: Woher beherrschten Sie diese Sprache?
	G. P.: Darauf kann ich nicht antworten. Ich kann darauf wirklich schlecht antworten. Ich hab mich immer interessiert für Motivationstheorien und -strukturen, warum Menschen wie handeln, tja, so psychologische Fragestellungen. Da hab ich schon mal das ein oder andere gelesen. Aber ich habe nie systematisch auf meinen Oberarztantritt hin etwas vorbereitet. Aber ich hatte eine Affinität zu dem Thema und ich war zugleich der Meinung, dass ich so völlig ungebildet bin, und der Meinung sei, dass ich ein bisschen lernen müsste. Außerdem bin ich auch sprachlich nicht ganz unbegabt. Find ich jedenfalls. Aber vielleicht ist das auch Hochstapelei.
(12) *Hürden*	S. V.: Würden Sie sagen, dass auch Kleidung, bestimmte Gesten usw. ...
	G. P.: Ja, ja, sicher. Sie mussten schon den Oberarzt, der da gesucht wurde, oder gewollt

	wurde, darstellen können.
(12 a) *Hürden*	S. V.: Woher wussten Sie, wie man ihn darstellen musste, um glaubwürdig zu sein?
	G. P.: Ja, weil ich der ja war. Also im Ernst, ich hab mich nie verstellt. Ich hatte halt meinen Stil und ich wär halt nicht mit gelbem Hemd und weißen Punkten gekommen, sondern ich trag halt meine blauen Klamotten oder was. Ich hab halt so meinen Stil, und der Stil stimmt überein mit dem Stil, der da gefragt war. Also ich musste mich halt bewegen können, also, bewegen können in diesem Bereich, den Oberarzt darstellen können, und ich konnte mich, also die meisten Leute, nehmen wir mal an, sie hätten diese Hürden geschafft, die wären ja aufgefallen.
(12 b) *Hürden*	Sie hätten sich in der Klinik nicht bewegen können. Sie müssen, wenn Sie ne Oberarzt-Visite machen ne bestimmte Inszenierung haben. Das ist ne Liturgie irgendwie, die stimmen muss. Es ist schon wichtig, wo Sie die Hände tragen und wie Sie auftreten und...
(14) *Wissens-Quelle*	S. V.: Woher haben Sie diese Gestiken, diese Mimiken? Kommen Sie aus einem Ärzte-Elternhaus ...?
	G. P.: Ne, ne, keinesfalls. Ich bin ja so akademisch dann doch sozialisiert. Meine erste Freundin war Lehrerin, die zweite Richterin, ich war eigentlich nur im akademischen Milieu unterwegs. Und zuerst sehr devot in meiner Haltung, weil ich immer der Meinung war, dass die alle viel unendlich viel klüger waren als ich selber, und das hat mir nicht gepasst, das hat mich auch gekränkt. Meine Freundin war viel klüger als ich, das fand ich sehr kränkend. Darum war ich der Meinung, dass ich ganz viel lernen muss. Aber so das akademische Milieu, also ohne 'ne Sozialisation im akademischen Milieu hätte ich das nicht machen können. Weil, ich musste ja doch wissen,

	wie man sich bewegt und wie man sich verhält. Und das hab ich aber nicht sozusagen wie ein Affe so menschliche Verhaltensweisen nachahmt gemacht, sondern das ist auch jetzt, auch heute, in mir und das war auch damals.
(15) *(keine) Hürden*	S. V.: Und glauben Sie, dass das gelungen ist, weil Sie so gut waren?
	G. P.: Nein, ich glaube es nicht. Erstmal glaube ich nicht, dass man, das habe ich auch immer gesagt zur allgemeinen Erheiterung, dass man intelligent sein muss, um als Oberarzt in einer psychiatrischen Klinik bestehen zu können. Muss man überhaupt nicht. Keinesfalls. Das ist eher hinderlich. Zum anderen bin ich auch gar nicht intelligent. Das hat Herr Professor Leigraf ja mit seinem IQ-Test nachgewiesen, dass das irgendwie sehr dürftig nur ist. Und, ich glaube, dass Psychiater und diese ganze akademische Welt hemmungslos von den Laien und den Leuten, die da nicht daran teilhaben, überschätzt werden. Und ich hab da halt so ein bisschen das Latein der Ärzte übersetzt, in eine einfache Sprache gebracht – und umgekehrt.
(16) *Manipulations-Mechanismen*	S. V.: Sehen Sie bestimmte Mechanismen in Ihren Gegenübern, die unterstützen, dass Sie so etwas machen können?
	G. P.: Ja, ja, natürlich. Ich meine, erstmal glaubt jeder das, was er gerne glauben möchte. Das ist schon mal etwas ganz Wesentliches. Sie haben ja den Tunnelblick. Der Verliebte, der glaubt ja nur alles Gute über sein Gegenüber, der Begeisterte ist halt ... also ich hatte ja irgendwie einen Heiligenschein da. Also ich hab mal irgendwie begriffen, dass der Wille das Eigentliche im Menschen ist und dass der Intellekt nur im angestellten, im nachgeordneten Verhältnis sozusagen steht. Sie müssten halt den Willen des Menschen für sich haben. Und deshalb sind wir sehr häufig in Situationen, wir wenden uns sozusagen an den Intellekt

	des Menschen und merken gar nicht, dass wir gar nicht mit seinem Intellekt, sondern mit seinem Willen konfrontiert sind, und das bringt nur Verdruss. Und man fand mich nett, und darum hat man mich auf Händen getragen und man hat mir aus der Hand gefressen. Dann hat man mich nach sechs Monaten zum Chefarzt gemacht; zum Kabinettsbeschluss des sächsischen Landesministeriums; was Wahnsinn ist. Man wollte das. Ich war Sympathieträger. Das können Sie sich ja leicht vorstellen, oder? *(lacht)*
(17) *Rolle des Respekts*	Aber ich hätte das auch alles nicht machen können ohne 'ne gehörige, ich hab natürlich diesen Berufsstand, also nicht einzelne Leute, die zum Teil auch, aber, verachtet. Ich hab das nicht ernst genommen. Ich hätte das ja nicht machen können, wenn ich sozusagen Achtung und Respekt gehabt hätte vor diesem *[unverständlich]*.
(18) *Definition Lüge/Hürden*	S. V.: Würden Sie sagen, dass Sie oft gelogen haben?
	G. P.: Nein. Nicht jede unwahre Aussage, die ich ja zweifelsohne häufig gemacht habe, hat die sittliche Qualität einer Lüge. Man muss manchmal, sozusagen, der Wahrheit mit der Lüge, in Anführungszeichen, zum Durchbruch verhelfen. Auch das gibt's.
	S. V.: Unwahre Aussagen mussten Sie aber schon viele treffen?
	G. P.: Ne, eigentlich nur eine. Ich musste eigentlich nur sagen im Bewerbungsgespräch „Ich bin Arzt und hier sind meine Zeugnisse". Alles andere war ja, sozusagen, oberärztlicher Alltag. Ich musste ja nicht immer neu irgendetwas erzählen. Ich war ja mit mir völlig im Einklang. Ich habe meinen Job gemacht und war erschöpft, hab mich gefreut, hab mich geärgert, war amüsiert und hab rumgebrüllt –

	alles Mögliche.
(19) *Hürden/Darstellung*	Das ist ganz wichtig, dass man als Oberarzt auch mal über die Station schreit wie ein Wahnsinniger, so dass die nachgeordneten Ärzte glauben, sie würden gleich geschlagen. Ganz wichtig. Aber nicht zu häufig. Nur einmal im Jahr. *(lacht)*
	S. V.: Als Sie im Bewerbungsgespräch die Unwahrheit gesagt haben, waren Sie da nervös, hätte man Ihnen da Unsicherheit ansehen können?
(20) *Manipulations-* *Mechanismen*	G. P.: Nö. Ich war mir doch meiner Sache sicher. Ich wusste, dass sich da 40 Ärzte beworben haben, ich wusste aber, dass ich die Stelle bekomme. Und in dieser vollkommenen Sicherheit bin ich dahin gegangen. Ich habe zum Beispiel angefangen, ich habe den Leuten gesagt, ich hätte ein bisschen das Gefühl, ich sei noch nicht so ein alter Profi in Vorträgen dieser Art, und Freunde hätten mir gesagt, ich sollte auch jetzt sagen, vor diesem Vortrag, dass ich ein bisschen Angst hätte vor diesem Vortrag. Vielleicht würde die Angst dann weggehen. Das war mein Prolog zu diesem ganzen Vortrag, und da ging ein Raunen da durch, da hat man sich gefreut. Und da hab ich sozusagen, Sie müssen sich, wenn Sie einen Vortrag halten, oder ein Gespräch führen, müssen Sie sich immer eines Kontaktes vergewissern.
	Sprache hat ja mehr Dimensionen als Informationsweitergabe. Sie müssen sich an den Willen wenden, an das Herz, wie immer Sie das nennen wollen, und nicht an den Intellekt. Und mit dieser launigen Bemerkung, die ja auch irgendwie ganz nett ist, und kein Mensch würde sagen, ich hab Angst vor diesem Vortrag, weil ich nicht ein Profi bin, und 'ne Freundin hat mir gesagt, ich soll mal sagen, dass ich diese Angst hätte und vielleicht hätte ich die dann gar nicht mehr, da haben sich alle

	gefreut. Das war der Bogen. Und dann bin ich mit meinem Vortrag, der ja nun wirklich gut war, muss man sagen, ne *(lacht)*.
(21) *(keine) Hürden*	S. V.: Gab es denn Situationen, in denen beispielsweise eine konkrete medizinische Frage gestellt wurde, die sie definitiv nicht adäquat hätten beantworten können?
	G. P.: Na, das ist wieder so eine, Entschuldigung, aber wirklich naive Frage. Die enthält die Implikation, es gäbe in der Psychiatrie falsch und richtig. Das ist aber eigentlich mitnichten so, weil, in der Psychiatrie können Sie eigentlich, gibt es viele Grauzonen und Zwischentöne, und vieles können Sie in psychiatrischen Gutachten auch das Gegenteil und das Gegenteil vom Gegenteil auch als richtig begründen. Also was, also ich meine, ich war Weiterbildungsbeauftragter der Ärztekammer, und ich hab Krankheitsbegriffe eingeführt, die es überhaupt nicht gibt. Vor Psychiatern! Die „bipolare Depression dritten Grades". Keiner da traut sich, eine Frage zu stellen. Nein, also, so viel wie die über Psychiatrie wussten, wusste ich schon lange, is' doch völlig klar.
(22) *(keine) Hürden*	S. V.: Und wenn einer gefragt hätte?
	G. P.: Na, er hätte eine Antwort gekriegt.
	S. V.: Welche zum Beispiel?
	G. P.: Na, das kommt sehr darauf an, was er gefragt hätte. Also wenn er mich gefragt hätte, wie ich eine bestimmte Befundsituation einschätze und zu welcher Diagnose ich käme, werde ich ihm das erzählen, das ist keine Kunst. Psychiatrisch zu diagnostizieren kann jeder. Na, jeder natürlich nicht. Sie brauchen was dazu. Aber Sie brauchen sicherlich nicht unbedingt ein Medizinstudium dazu.
(23) *das Gegenüber*	S. V.: Sind Menschen naiv?
	G. P.: Das ist eine naive Frage. Ja, Entschuldi-

	gung, aber das muss ich immer wieder sagen, weil es gibt sehr naive Menschen, wobei ich Naivität als positiv empfinde, muss ich auch sagen, und es gibt sehr schlaue, durchtriebene Leute.
(24) *(keine) Hürden*	S. V.: Ich frage mich, ob so etwas gelingen kann, nur weil gut dargestellt wird oder weil Menschen prinzipiell ...
	G. P.: Ich hätte das alles viel schlechter noch darstellen können. Und ich hätte es trotzdem alles geschafft. Die Leute sind sehr, nicht sehr naiv, ich würde das nicht als naiv bezeichnen, weil das für mich eine positive Begrifflichkeit ist, sondern als sehr schlicht, als ausgesprochen schlicht und wenig klug, und das Medizinstudium ist ja nun auch wahrlich kein bildungsförderndes Studium. Find ich. Ich habe sehr viel Dummheit da getroffen unter Ärzten. Hätte ich auch nie für möglich gehalten.
(25) *Prinzipienfrage: Wer darf welche Rolle spielen?*	S. V.: Gab es bei Ihren anderen Hochstapeleien, obwohl Sie diese ja nicht so betiteln würden, Situationen, in denen Sie dachten, „Oh, jetzt fliegt's gleich auf", dass Sie eine Rolle spielen, die Ihnen eigentlich nicht zusteht?
	G. P.: Nein, also, kann ich mich nicht erinnern, nö. Wieso steht mir das nicht zu? Vielleicht, ich meine, das ist ja die Frage, vielleicht hat die Natur mich schon dafür vorgesehen? Nur das Ministerium nicht. Oder steht das denen nicht zu, die zwar über ... ist die Frage wer Arzt ist. Ich meine, ob ein Ministerium einen Arzt bestellt oder die Natur selber. Also ich kenn viele Ärzte, von denen ich ganz sicher bin, dass denen sozusagen ihr Arztsein überhaupt nicht zusteht, die irgendwie bessere oder auch schlechtere Kaufleute sind, nichts anderes. Ich weiß von Ärzten, die Diagnosen stellen und zu Indikationen kommen, nur um Geld zu verdienen. Weiß ich. Unglaublich. Schier unglaublich.

(26) *Der Geld-Aspekt*	S. V.: War Geldverdienen ein Aspekt?
	G. P.: Ne, hat mich nie interessiert, bis heute nicht. Geld. Für Geld interessier ich mich wenig. Is' ja auch ne Bildungsfrage. Dazu bin ich zu klug. Geld nährt ja nicht wirklich.
(27) *Manipulationsmechanismen*	S. V.: Sie haben gesagt, es gab keine brenzligen Situationen. Haben Sie diese vermieden, indem sie solche „Tricks" angewendet haben wie vom Thema abzulenken, wenn eine unangenehme, eine möglicherweise enttarnende Frage gestellt wurde?
	G. P.: Nein, ich habe zwar mal solche Seminare besucht, aber damit kommt man nicht weiter. Ich habe solche Tricks nie angewandt, nie nötig gehabt. Verstehen Sie das, was ich meine? Ich hätte *[unverständlich]* nie ausführen können, wenn sie sich darauf beschränkt hätte, Tricks anzuwenden, um Leute auszutricksen. Sie müssen eigentlich, um in einer solchen Rolle bestehen zu können, eigentlich nichts können, sondern was sein. Also ich kam mir häufig vor, als wäre ich Oberspielleiter, der da so einen Kindergarten zu beaufsichtigen hat.
(28) *Hürden*	Und sie durften keine falschen Entscheidungen treffen. Das war auch ganz wichtig. Sie hätten jeden Tag sehr viele falsche Entscheidungen treffen können. Und ich bin ja so ganz gut begabt darin, unter Zeitdruck Entscheidungen zu treffen. Die Staatsanwaltschaft hat ermittelt und ermittelt, die haben nichts gefunden, wo sozusagen ärztliche Fehler geschehen sind. Das ist doch für sich schon interessant, sehr interessant: Postbote ist zwei Jahre Oberarzt und hat keinen Fehler gemacht.
(29) *(kein) Hürden*	S. V.: Und es war reine Intuition?
	G. P.: Ja, das war Intuition, und es ist auch schwierig in der Psychiatrie wirklich Fehler zu machen, weil Sie eigentlich alles immer irgendwie begründen können;

(30) *(keine Hürden)*	warum Sie Tavor *(ein Beruhigungsmittel; Anm. des Verf.)* geben, warum Sie's nicht geben; warum Sie jemanden zwangseinweisen oder warum Sie es nicht tun. Sie können beides begründen. Ich hab ja, ich war ja gerichtlicher Sachverständiger, und zur Frage der Schuldfähigkeit, und da habe ich die Meinung vertreten, dass wenn jemand eine Straftat begeht, er auch ein Recht auf eine Antwort auf diese Tat hat, eine Antwort der Gesellschaft auf diese Tat hat, in Form einer Strafe, weil ich nicht weiß, wer ich bin in dieser Welt, wenn ich keine Antworten bekomme auf das, was ich tue. Solche Antworten ihnen zu unterschlagen empfand ich als unbarmherzig. Und darum war ich gegen inflationären Umgang mit Schuld mildernden oder Schuld ausschließenden Paragraphen. Darum war ich bei sächsischen Richtern hoch angesehen. Und bei sächsischen Staatsanwälten schon sowieso.
(30) *nicht binäre Code-Abfrage*	S. V.: Hätten Sie sich auch vorstellen können eine Rolle zu spielen, in der es richtige und falsche Antworten gegeben hätte?
	G. P.: Nein, nein. Ich hätte ja nicht die Rolle des Bäckers spielen können oder des Mathematikers. Vielleicht die des Soziologen. Das sind ja auch so Hochstapler, ganz schreckliche Leute, die sind noch viel schlimmer als die Psychiater. Ich hab neulich mal so soziologische Vorlesungen zu lesen versucht, das ist mir aber nicht gelungen, wobei nicht der Grund darin lag, dass ich zu dumm bin, sondern dass die sozusagen leere Begriffe der keinerlei Anschauung zugrunde liegt, sie hin und her werfen. So was kann man schreiben, wenn man ein bisschen verrückt ist und Professor, aber so was kann man nicht denken. Ach so, Sie machen das für eine soziologische Sache. Ja, is' doch schön. Die sind übrigens noch viel besser als ich, diese Soziologie-Professoren-Hochstapler, weil die es wirklich dazu gebracht haben, dass sie so im

	äußeren Anschein über Jahrzehnte, vielleicht über Jahrhunderte, in hohem Ansehen sind und viel Geld dafür kriegen.